독일
아리랑

독일 아리랑

발행일	2015년 12월 22일			

지은이	김 용 출			
펴낸이	손 형 국			
펴낸곳	(주)북랩			
편집인	선일영		편집	김향인, 서대종, 권유선, 김성신
디자인	이현수, 신혜림, 윤미리내, 임혜수		제작	박기성, 황동현, 구성우
마케팅	김회란, 박진관, 김아름			
출판등록	2004. 12. 1(제2012-000051호)			
주소	서울시 금천구 가산디지털 1로 168, 우림라이온스밸리 B동 B113, 114호			
홈페이지	www.book.co.kr			
전화번호	(02)2026-5777		팩스	(02)2026-5747

ISBN	979-11-5585-816-5 03910(종이책)		979-11-5585-817-2 05910(전자책)

이 도서의 국립중앙도서관 출판예정도서목록(CIP)은 서지정보유통지원시스템 홈페이지(http://seoji.nl.go.kr)와
국가자료공동목록시스템(http://www.nl.go.kr/kolisnet)에서 이용하실 수 있습니다.
(CIP제어번호 : CIP2015034660)

성공한 사람들은 예외없이 기개가 남다르다고 합니다.
어려움에도 꺾이지 않았던 당신의 의기를 책에 담아보지 않으시렵니까?
책으로 펴내고 싶은 원고를 메일(book@book.co.kr)로 보내주세요.
성공출판의 파트너 북랩이 함께하겠습니다.

독일 아리랑

김용출 지음

1960, 70년대 '한강의 기적'의 첫 주역인 2만여 명의 파독 광부와 간호사들
이젠 아리랑이 된, 그들의 고통과 슬픔의 한 서린 50년
그 진실과 이면을 밝혀 현대사를 재조명하다

북랩 book Lab

'한강의 기적' 신화의 첫 주역을 찾아서

"영국이 300년, 미국이 100년, 일본이 60년 걸린 걸 한국은 30년 사이에 이룬 거예요. 그렇게 짧은 시간에 그런 변화를 소화해낸 것도 놀라운 일이죠. 늘 시끄럽고 문제가 많은 게 사실이지만 전반적으로 한국은 잘했다고 봐야 해요."(김종혁·배노필, 2009.8.17, 40면)

존 던컨(John Duncan) 미국 UCLA 한국학연구소장은 2009년 8월 국내 언론과의 인터뷰에서 한국의 경제 성장에 대해 이같이 찬사를 보냈다. '영국이 300년 걸린 것을 한국이 30년 만에 해냈다'는 것이다. 던컨만이 아니다. 많은 학자와 전문가들이 한국의 급속한 경제성장을 '한강의 기적'이라고 호평한다.

세계인들이 '한강의 기적'으로 부르는 1960, 70년대 한국 경제의 성장. 우리들은 과연 어떻게 바라보고 설명해야 하는가. 우리들은 그동안 이를 제대로 봐왔던가.

박정희(朴正熙·1917-1979) 대통령 또는 박정희 체제에 대한 부정否定으로 1960, 70년대 한국 경제의 성장을 부정하며 눈을 감아버린 건 아닌가. 아니면 당시 한국을 둘러싼 국제질서나 국민이나 기업의 분투, 박정희 체제가 야기한 민주주의 후퇴 등은 외면한 채 경제적 성취만을 애써 강조하며 이를 '박정희 우상화偶像化' 담론으로만 몰고가진 않았던가.

진보와 보수의 두 진영은 그동안 서로에 대한 적의 속에서 이 같은 시각을 공공연히 드러내며 반목과 갈등을 거듭해왔다. 하지만 두 진영 모두 출발점과 시각은 서로 대척점에 서있을 지라도 본질적으로 같은 오류를 범한 건 아닌가 하는 생각이 들었다. 그건 두 진영 모두 1960, 70년대 한국 현대사를 바라보고 규명하는 데 있어 '박정희 프레임(frame)'에 갇혀 있던 게 아니냐는 것이다. 거의 모든 것을 박정희 대통령을 중심으로 분석하고 해석했다는 비판에서 자유롭지 못해서다. 1960, 70년대 독일로 떠나간 광부 및 간호사의 삶과 기록을 더듬는 동안 줄곧 떠오르던 생각 가운데 하나였다.

그래서 다시 묻는다. '한강의 기적'으로 불린 1960, 70년대 한국 경제의 비약적인 성장을 어떻게 바라보고 해석해야 하는가.

나는 생각했다. 1960, 70년대 한국 경제의 성장을 총체적 또는 종합적으로 이해하기 위해서는 박정희 대통령의 역할만이 아니라 시민, 기업 등 다른 경제 주체의 역할과 대외환경 변화 등도 함께 고려하지 않으면 안 된다고. 특히 같은 시기 이름도 명예도 없이 스러져간 수많은 민초들의 땀과 눈물을 정면으로 바라보지 않고선 결코 제대로 볼 수 없다고.

졸저 『독일 아리랑』은 바로 이 같은 문제의식에서 출발했다. 즉 파독 광부와 간호사를 중심으로 민중의 시각에서 1960, 70년대 한국 현대사를 기록하고 재해석해보고 싶었다. 1960, 70년대 한국 경제의 비약적인 성장에 대한 필자 나름의 시각과 해석인 셈이다.

이를 위해 2004년 5, 6월 독일 현지 취재와 이후 국내에서 문헌 연구와 인터뷰 등 2년여를 취재와 연구에 투자했다. 물론 현실적인 생활을 해나가야 했기에 이 책에만 전력투구를 할 수는 없었음도 미리 밝힌다.

구체적으로 제1장에서는 2004년 '마지막 한국인 파독 광부' 정용기의 삶을 통해 역사의 영역으로 퇴장한 파독 광부의 의미를 되새기려 했고, 제2장에서는 광부 파독이 이루어진 과정의 진실과 이면을, 제3장에서는 파독 광부의 선발과 교육, 독일의 지하 1,000m에서 흘린 땀과 눈물을 살펴본다. 제4장에서는 '신화의 동반자'였던 파독 간호사를, 제5장과 제6장에서는 파독 광부 사회에 영향을 미친 현대사와 계약 기간 3년을 마친 이후 광부들의 행로를 추적했다. 제7장에서는 2차 파독과 파독 광부 사회를, 제8장에선 파독 광부 또는 광부 파독이 한국 현대사에 남긴 성과를, 제9장에서는 독일 지하에서 이름 없이 숨져간 광부들의 삶을 더듬었다. 마지막 10장에서는 서독 차관의 의미와 함께 파독 광부가 한국 현대사에서 제대로 조명 받지 못한 이유 등을 살폈다.

나는 이를 통해 1960, 70년대 '한강의 기적'이라 불리는 한국 경제성장의 첫 주역인 파독 광부와 간호사를 역사에서 온전히 복원하려고 '시도'했다. 한국 현대사에 대한 시각 교정도 '시도'했다. 다만 말 그대로 시도에 불과하다는 점 또한 고백하지 않을 수 없겠다. 시간과 필자의 개인적인 역량 등의 한계로 전체적인 상象을 제대로 그리지 못했을 수도, 일부 내용은 진실과 다를 수도 있어서다.

마지막으로 『독일 아리랑』이 세상에 나올 수 있도록 취재와 인터뷰에 적극적으로 응해주고 자료를 제공해준 파독 광부와 간호사를 비롯한 모든 이들에게 심심한 고마움을 표해야겠다. 강선기, 김문규, 김성칠, 김우영, 김이수, 김일선, 김태우, 박성옥, 송준근, 이구희, 이용기, 이원근, 장재인, 정용기, 조립, 최병진, 홍종철…. 이들의 적극적인 증언과 그들이 건네준 소중한 자료는 진실로 나아갈 수 있는 '등대'가 됐음을 고백한다.

아울러 취재와 집필에 음양으로 도움을 준 사광기 전 사장과 윤남수 유럽본부장, 류영현 기자 등 세계일보 관계자들에게도 심심한 감사의 말을 전한다. 그들의 진심 어린 도움이 있었기에 『독일 아리랑』은 세상에 나올 수 있었다. 마지막까지 원고를 다듬어 주고 책으로 출간해준 ㈜북랩의 손형국 사장님께도 감사를 드린다.

전 세계를 놀라게 한 '한강의 기적'의 첫 주역인 파독 광부와 파독 간호사들의 땀과 눈물, 역정에 이 책을 온전히 바친다.

> 풀이 눕는다
> 바람보다도 더 빨리 눕는다
> 바람보다도 더 빨리 울고
> 바람보다 더 먼저 일어난다
>
> —김수영, <풀>에서

차례

제1장

역사로 퇴장한
'신화神話'

아듀! 마지막 한국인 파독 광부

"한국 역사책에 기록될지는 알 수 없지만, 올 가을 한국 제2국영 방송국(MBC를 가리킴)에서 3차례 연속으로 '독일의 한국인'(2004년 6월 방영된 다큐멘터리 3부작 '독일로 간 광부 간호사')이 방송된다면, 이제까지 수천 명의 한국인 광부 중에서 마지막까지 지하에서 근무한 한국인 광부 정용기는 유명해질 것임이 틀림없다."(Han, 2004. 5. 10쪽)

독일의 광산전문 월간지 『스타인콜레(Steinkohle)』가 2004년 5월호의 피쳐(Feature)기사에서 임박한 퇴임을 조명한 '마지막 한국인 파독 광부' 정용기(1949년생). 잡지는 그가 '틀림없이 유명해질 것'이라고 전망했다.

그로부터 4개월이 흐른 2004년 9월 말. 정용기의 '마켄 누머(Markennummer)'가 캄프린트포트(Camp-Rintport)시의 프리드리히 하인리히(Friedrich-Heinrich)광산에서 조용히 사라졌다. 마켄 누머는, 우리의 '주민등록번호'처럼, 특정 광산에 속해 있는 광산 노동자임을 나타내는 일종의 '광부등록번호'이다. 마켄 누머가 사라진다는 건 더 이상 광산 노동자가 아니라는 의미다. 정용기는 그해 9월을 끝으로 회사를 그만뒀다. 그의 퇴직으로, '한국인 파독 광부'는 이제 현실에서 역사歷史의 영역이 됐다. 거친 숨결은 아련한 배경으로 사라지고 사료로 무장한 서늘한 활자들이 활보하는 역사의 영역으로.

'마지막 한국인 파독 광부' 정용기의 흔적을 느끼기 위해서는 전형적인 '광산 도시' 캄프린트포트로 가야 한다. 캄프린트포트는 독일의 대표적인 공업지역인 노르트라인베스트팔렌(Nordrhein-West-falen) 주의 주도州都 뒤셀도르프에서 자동차로 20여 분쯤 북서쪽으로 달리면 나타난다.

광업이 성황을 이루던 시절, 캄프린트포트 거리는 터키와 유고슬라비아, 한국 등에서 온 광산 노동자들로 북적거렸다. 1970년대 캄프린트포트에서만 한국인 파독 광부가 500명을 넘어 곳곳에서 검은 머리의 한국인들을 만날 수 있었다. 많은 시민들이 광업과 관련된 일을 했고, 거리는 광산에서 흘러나오는 '돈'으로 활력이 넘쳤다.

하지만 1990년대부터 광업이 쇠락하면서 캄프린트포트도 위기를 맞았다. 많은 광산이 차례로 폐업하고 대신 그곳에는 다른 업종의 기업이 속속 입주했다. 광산 노동자들도 직종을 바꾸거나 일을 그만둬야 했다. 2006년 현재 캄프린트포트의 인구는 5만 명 안팎. 광업의 쇠락과 함께 한국인 파독 광부도 크게 줄었다. 1980년

300여 가구로 줄더니 2006년 현재 캄프린트포트에 살고 있는 한인 가구는 40여 가구에 불과했다. 인근의 켈덴과 나인벨, 노에킬켄, 메아스까지 포함해도 70가구 수준으로 줄었다.

아우토반(Autobahn·자동차 전용 고속도로)에서 자동차를 타고 가다 캄프린트포트 시내로 향하거나 혹은 자전거나 도보로 시내를 둘러보면 하늘을 향해 웅장하게 뻗은, 사각 기둥 모양의 구조물을 볼 수 있다. 바로 프리드리히 하인리히 광산의 상징인 '샤크트(Schacht)'다. 샤크트는 지하 1000m 안팎을 내려가는 엘리베이터가 있는 수직항으로, 지하의 갱구와 연결되는 구조물이다. 가까이 가서 보면 샤크트 건물 외벽은 누렇게 바래 칙칙한 느낌을 지울 수 없다. 근처의 기숙사 건물은 쾌적한 전원주택으로 변해 있어 극적으로 대비되기도 한다.

프리드리히 하인리히 광산은 1872년 디어가르트(Diergardt) 남작이 프로이센 정부로부터 대여 받은 탄 지대에 자신의 이름을 붙이고 석탄을 캐면서 시작됐다. 이 광산은 4개의 샤크트에서 한때 연간 최대 259만t의 석탄을 생산하기도 했다. 하지만 현재 하인리히 광산도 문을 닫았고, 대신 지멘스가 보콜트(Bocholt)에 있는 휴대폰 부품회사를 이곳으로 옮겼다. 광산 폐업으로 인해 발생하는 유휴 노동력을 흡수하기 위한 조치였다. 하지만 나이가 많은 광산 노동자들이 첨단 전자산업 노동자로 변신하는 건 쉽지 않았다. 변신에는 상당한 지식과 기술, 변화에 대한 적응력이 필요했지만, 나이 많은 광산 노동자들은 상대적으로 그런 능력이 떨어지는 탓이다. 파독 광부 출신 김일선의 설명이다.

"전자회사에 다니기 위해서는 일정 수준 이상의 기술이 필요하다. 신기술 취득에 장벽이 거의 없는 젊은이들은 지멘스 분사에 쉽게 옮겨갈 수 있었다. 하지만 신기술 취득에 상대적으로 어려움을 겪을 수밖에 없는 고령자들은 대부분 광산에서 '노동자'로서의 생활을 끝내는 경향이 있었다."

미래보다 '과거형'에 가까운 프리드리히 하인리히 광산. 하지만 한국인들에게는 결코 잊어서는 안 될 '역사의 현장現場'이다. 이른바 '한강의 기적'이라 불리는 한국 경제성장의 디딤돌이 된 광부 파독派獨의 마지막 흔적이 남아있기 때문이다. 이곳은 '마지막 한국인 파독 광부' 정용기가 마지막까지 땀을 쏟은 광산이었다.

<표 1> 한국인 광부가 주로 근무한 독일 광산(RAG=루르탄광, EBV=에슈바일러탄광)

도시 또는 지역	광산 이름	소속
겔젠키르헨(Gelsenkirchen)	샬케(Schalke)	RAG
겔젠키르헨	콘스탄틴(Constantien)	RAG
겔젠키르헨	비스마르크(Graf-Bismarck)	
도르트문트(Dortmund)	그나이제나우(Gneisenau)	RAG
뒤스부르크(Duisburg)	함본(Hamborn Friedrich-Thyssen)	RAG
뒤스부르크	발줌(Walsum)	RAG
딘스라켄(Dinslaken)	로베르크(Lohberg)	RAG
레클링하우젠(Reckinghausern)	레클링하우젠(Reckinghausern)	RAG

레클링하우젠	에발드(Fwald)	RAG
뤼넨(Lunen)	빅토리아(victoria)	
보쿰(Bochum)	보쿰 로트링겐(Bochum Lothringen)	EBV
보트롭(Bottrop)	프란츠 하니엘(Franz Haniel)	RAG
아헨(Aachen)	에밀마이리쉬(Emil-Mayrisch)	EBV
아헨	알스도프(Alsdorf)	EBV
아헨	굴라이(Gulay)	EBV
알렌(Ahlen)	베스트팔렌(Westfalen)	EBV
에센(Essen)	하인리히(F.Heinrich)	EBV
오버하우젠(Oberhausen)	스테어크라데(Sterkrade)	
오버하우젠	오스터펠드(Osterfeld)	RAG
카스트롭라욱셀(Castrop-Rauxel)	빅토 이칸(Victor-Ickan)	RAG
카스트롭라욱셀	시어도르프에밀마이리쉬(SiersdorfEmilMayrisch)	EBV
카스트롭라욱셀	에린(Erin)	EBV
캄프린트포트(Kamp-Lintfort)	프리드리히 하인리히(Friedrich-Heinrich)	RAG
헤어네(Herne)	플루토(Pluto)	RAG
헤어네	쾨닉스그루베(Konigsgrube)	

<출처> 재독한인글뤽아우프친목회, 1997, 115-128쪽; 한국파독 광부총연합회, 2009, 126-127쪽 참고

한국인 파독 광부들은 정용기가 마지막까지 일했던 캄프린트포트의 프리드리히 하인리히 광산을 비롯해 이역만리 독일의 지하 곳곳에서 땀을 쏟았다. 뒤스부르크의 함본과 발줌광산, 아헨의 에밀마이리쉬와 알스도프 및 굴라이광산, 알렌의 베스트팔렌광산, 에센의 하인리히광산, 카스트롭라욱셀의 시어도르프에밀마이리쉬광산…. 많은 한국인들이 청춘을 불사르며 땀을 흘린, 결코 잊어서는 안 되는 곳들이다.

"마지막 파독 광부는 운명"

운명이 너를 시험할 때는 그럴만한 이유가 있는 것이다.
운명이 네게 자중할 것을 바라는 것이다! 잠자코 따르라!

-괴테, 「잠언의 서」에서

오전 7시쯤 눈을 뜬다. 간단히 씻고 자전거를 타고 집 근처에 있
는 '캄프(Kamp) 성당'에 가서 기도한다. 가끔 아내 서성심이 동행한
다. 30분 정도 기도를 한 뒤 아우구스틴거리의 집으로 돌아와 오
전 8시 10분쯤 아침 식사를 한다. 보통 밥을 먹지만 일을 나가지
않을 때에는 밥 대신 빵으로 해결한다. 오전 10시쯤 자전거를 타고
공장에 출근해 10시 50분까지 옷을 갈아입는 등 작업 준비. 오전
11시부터 지하 케이블카의 일종인 디젤카체의 운전을 시작, 오후 7
시까지 일한다. 점심은 미리 준비해 배고플 때 지하에서 해결한다.

오후 7시 30분쯤 퇴근. 가족과 함께 저녁을 먹고 텔레비전을 보거나 산보를 하다가 밤 12시쯤 잠자리에 든다.

프리드리히 하인리히광산 근무 당시 정용기의 하루 일과日課다. 광산 노동자로 일할 당시 그의 생활은 마치 시계추처럼 규칙적이었다. 마지막 파독 광부 그룹이던 2차47진의 일원으로, 1977년 독일에 건너온 정용기는 그렇게 27년간 하인리히 광산을 떠나지 않았다. 그야말로 '푸른 청춘靑春'을 지하 막장에 온전히 묻은 것이다.

정용기에게 '마지막 한국인 파독 광부'라는 것은 어쩌면 운명運命 같은 것이었다. 큰 고비가 여러 차례 있었지만, 운명은 그때마다 그에게 광부의 삶을 지켜줬기 때문이다. 특히 1995년 찾아온 두 번의 결정적인 위기가 최대 고비였다.

먼저 찾아온 것은 '죽음의 그림자'였다. 1999년 5월 어느 날 오후 7시. 작업을 마친 정용기는 광산 샤워실에서 평소처럼 몸을 씻고 있었다. 그런데 오른쪽 가슴이 부은 듯한 느낌이 들지 않는가. 하지만 그는 크게 신경 쓰지 않았다. 고교 시절 태권도 전국대회에서 은메달까지 따낼 정도로 건강에는 자신이 있어서였다. 그런데 10일이 지나도 차도를 보이지 않았다. 뭔가 이상했다. 그래서 주치의인 닥터 피어페를 찾아갔다. 주치의는 진단서를 끊어주며 말했다.

"가슴 부근에 염증이 생긴 것 같다. 나로서는 도저히 그 원인을 알 수가 없으니, 전문 병원에 가 정밀진단을 받아보는 것이 좋을 것 같다."

정용기는 다음날 오전 주치의의 소개로 전문병원을 찾았다. 전문병원에서도 염증 같다며 조직검사를 하고 싶다고 했다. 아무런 걱정을 하지 않았기에, 그는 흔쾌히 승낙했다. 병원 측은 곧바로 그를 마취했다. 수술은 오전에 시작돼 오후에 끝났다. 그는 마취에서 깬 뒤에야 자신의 상태가 심각하다는 걸 알게 됐다. 침대 주변에는 의사 5, 6명이 근심스럽게 그를 내려다보고 있었고, 가족 또한 눈물을 글썽이며 지켜보고 있었다. '급성急性암'이라고 했다. 광산에서 오래 일하다보면 걸리는 병의 일종으로, 심각할 경우 20일 정도밖에 살지 못할 수도 있다고, 병원 측은 설명했다. '이렇게 끝나는 것인가.'

정용기는 퇴원하겠다고 병원 측에 밝혔다. 신변 정리를 하고 싶었다. 병원 측은 '본인이 원한다면'이라는 단서를 달아 퇴원을 허락했다. 그는 아물지 않는 몸을 이끌고 가족여행을 떠났다. 마음의 정리가 필요해서다. 한국에 있는 가족이나 친구 등 아무에게도 사실을 알리지 않았다.

그런데 정용기는 여행에서 극적인 체험을 하게 된다. 그날 오후 9시쯤, 그는 여행지 근처의 한 성당을 찾았다. 성당에는 20여 명의 신자들이 예배를 보고 있었다. 기도가 곧 시작됐다. 그도 열심히 기도했다. 그런데 어느 순간 그의 가슴과 양손이 불이 붙은 듯 뜨거워졌다. 손도 대지 못할 정도로 '불덩어리'였다. 땀이 비 오듯 흘러 내렸다.

극적인 체험을 한 지 1주일쯤 후. 정용기는 전문병원을 다시 찾았다가 검진 결과에 깜짝 놀라고 말았다. 언제 그랬냐는 듯, 가슴이 흔적 하나 없이 깨끗해져 있었다. 암이 사라진 것이다. 새 삶을 얻었다. 본인과 가족은 말할 것도 없고, 의사도 놀랄 수밖에 없는 결과였다. 운명이라고밖에 달리 표현할 길이 없었다.

　같은 해 9월에는 전혀 다른 위기가 찾아왔다. 광산이 잇따라 폐업하거나 폐업 일정에 들어가면서 회사는 나이 먹은 노동자들에게 퇴직을 권고했다. 많은 광산 노동자들이 '옷을 벗었다'. 한국인 파독 광부들이 대거 퇴직한 것도 바로 이때였다. 땀 흘리던 많은 동료들이 줄줄이 퇴직하자, 정용기도 고민하지 않을 수 없었다. 광산을 떠난 파독 광부 가운데 상당수가 자영업을 시작했다. 그도 장사를 생각했다. 하지만 결론을 내기가 쉽지 않았다. '장사를 시작할까, 아니면 광산 노동을 계속 할까.'

　9월 어느 토요일 오후. 정용기는 자신의 거취를 주제로 응접실에서 가족회의를 열었다. 가족들의 솔직한 의견을 듣고 싶었다. 가족 의견을 들은 뒤 자신의 퇴직 여부를 최종 결정할 생각이었다. 아들 회건과 딸 회선이 차례로 의견을 말했다.

　"저는 아버지 어머니와 함께 같이 웃으며 지내는 게 더 좋습니다. 나이를 먹어 곧 서로 떨어질 텐데, 가족이 함께 지낼 수 있는 시간이 얼마나 되겠습니까. 집에서 장사하는 것도 쉽지만은 않을 것입니다. 함께 할 시간이 없는 장사보다 가족과 함께할 시간이 많은 직장생활을 하길 원합니다. 필요하다면 저의 용돈을 더 아껴 쓰겠습니다."

　"우리는 아빠 엄마의 사랑을 원하지, 결코 돈을 원하는 게 아닙니다. 장사보다는 직장생활을 했으면 좋겠습니다."

　가슴이 뭉클했다. 두 자녀의 말에는 가족 사랑이 가득 담겨 있었기 때문이다. 모든 것은 명확해졌다. 그는 최종 결정을 내렸다.

"그렇다면 (나의) 근무를 연장하도록 하겠다. 가족의 경제적 부담도 덜고 가족과 더 많은 시간을 함께 보낼 수 있다면 계속 일하겠다. 비록 큰돈을 벌진 못하겠지만…"

정용기는 두 아이가 대학에 다녀야 한다며 회사에 연장 근무를 신청했다. 회사의 인사 담당자는 그의 연장 근무를 허락했다. 처음 적응기 6개월을 제외하고 그의 근무성적은 매우 뛰어났기 때문이다. 결국 결정적인 순간에 퇴직 대신 연장 근무를 택했고, 그 결정은 그에게 '마지막 한국인 파독 광부'라는 '명예名譽'를 안겨줬다.

'하인리히의 아저씨'로 우뚝 서기까지

　어둠이 짙게 깔려있던 1977년 10월 26일 오후 7시 독일 프랑크푸르트국제공항. 전날 오후 3시 한국 김포공항을 이륙한 독일 루프트한자(Lufthansa)여객기가 미국 알래스카 등을 거쳐 20여 시간 만에 도착했다. 한국인 137명이 다소 피곤한 표정으로 공항 트랙에 내렸다. 1963년 12월 시작된 광부 파독의 마지막 그룹인 파독 광부 2차47진이었다. 서독은 경제사정 때문에 1978년부터 외국인 노동자의 신규고용을 전면 금지했고, 광부 파독도 이들을 끝으로 종료됐다.

　많은 한국인 파독 광부들이 아헨과 겔젠키르헨 등의 광산을 배정받고 여러 대의 버스에 나눠 탔다. 버스는 어둠을 뚫고 아우토반을 시속 200km가 넘는 속력으로 내달렸다. 정용기를 비롯해 한국인 20여 명을 실은 버스 한 대도 노르트라인베스트팔렌 주로 향하기 시작했다. 지정된 광산으로 곧장 달린 다른 버스와 달리 이 버스 안에는 불안不安이 짙게 드리워져 있었다. 주독 한국대사관에서 나온 노무관은 버스 속에서 어디론가 계속 전화를 했다. 대사관 및 독일 광산회사와 연락을 취하는 듯했다.

"이쪽 광산도 받지 않는다고 합니다. 어디로 보내야 합니까?"

"○○○○의 사정은 어떠한가?"

"거기도 받을 수 없다고 합니다. 어떻게 해야 합니까? 명확한 지침을 주십시오."

버스는 처음 레클링하우젠 방향으로 달리다가 여러 차례의 전화 통화 끝에 방향을 돌려 캄프린트포트로 향하기 시작했다. 프리드리히 하인리히 광산 기숙사가 비어 있었기 때문이라는 얘기는 나중에야 알려졌다. 정용기는 이렇게 '혼란스럽게' 캄프린트포트에 오게 됐다. 혼선은 광부파독 업무를 책임진 한국해외개발공사의 부적절한 업무처리 때문이었다. 즉 파독 광부 선발시험에 합격한 사람들이 부여받는 '코드번호(Code Number)'대로 독일 파견이 진행되지 못했다. 정용기의 파독 동료 강선기의 증언이다.

"파독 광부 선발시험에 합격한 사람이 받게 되는 코드번호대로라면 우리들은 좀 더 빨리 독일에 왔어야 했다. 하지만 무슨 이유에서인지 모르지만 뒷번호를 받은 사람들이 먼저 채워지고 우리들은 나중으로 밀렸다. 중간에 한국해외개발공사 측으로부터 '중동에 가라'는 타협도 받았다. 우리들은 거부했다. 그래서 우린 '밀어내기식'으로 독일에 오게 된 것이다. 프랑크푸르트공항에 도착할 때까지도 우리가 일할 광산은 정해지지 않았다. 결국 노무관이 '총대'를 메고 됐고, 어렵게 프리드리히 하인리히 광산으로 오게 된 것이다."

정용기는 캄프린트포트의 하인리히 광산에서 1개월간 광산노동자 재교육을 받은 뒤 지하 노동을 시작했다. 첫 직무는 오전반 채탄 보조 작업. 일 자체도 무척 힘들었고, 새벽 4시에 일어나는 것도 힘들었다. 여기에 말마저 통하지 않아 고통은 가중됐다. 당시 상황을 설명하던 그는 고개를 절레절레 흔들었다.

"너무나 고통스러웠다. 그래서 꾀병을 부리는 수밖에 없었다. 근무를 하루걸러 빠지다시피 했다. 그러다보니 근무 성적은 형편이 없었다. 3개월이 지난 뒤 첫 봉급은 750마르크에 불과했다. 가불을 빼고 하숙비를 내고 나니 (쓸 돈은) 200마르크 정도밖에 남지 않았다."

1978년 5월. 정용기에게도 기회機會가 찾아왔다. 회사 측이 근무를 바꿔달라는 그의 요구를 수용해준 것이다. 근무 시간은 오전에서 밤으로, 일도 채탄 보조에서 '공중 기차'로 불리는 '디젤카체' 운전으로 바뀌줬다. 오후 6시 출근해 다음날 새벽까지 일하게 됐다. 새벽 4시 전후에 일어나야 했던 오전 근무와 달리 출근은 한결 여유가 있었다. 새 일도 잘 맞았다. 지하 육체노동에 비하면 디젤카체 운전은 정교한 손기술이 필요할 뿐 상대적으로 힘이 덜 들었다.
정용기는 이후 27년간 프리드리히 하인리히 광산에서 변함없이 디젤카체의 운전사로 근무했다. 다만 광산 근무경력 17년이 되던 1995년 밤근무에서 낮근무로 한차례 옮겨 오전 11시부터 오후 7시까지 일하게 됐다. 정용기는 근무가 지속되면서 나중에는 눈을 감고서도 디젤카체를 운전할 수 있을 정도로 익숙해졌다.

정용기는 퇴임 직전 프리드리히 하인리히 광산 노동자 사이에서 '아저씨'로 불렸다. 광산 내 최고령자였음에도 묵묵히 자신의 일에 최선을 다했기에 붙여진 '영광의 이름'이었다. 물론 '하인리히의 아저씨'로 불리기까지 그는 많은 땀과 눈물을 흘려야 했다.

27년의 세월이 흐르는 동안 정용기를 둘러싼 환경도 많이 변했다. 혈혈단신孑孑單身으로 독일에 왔던 그에게 따뜻한 가족家族이 곁에 있다는 게 가장 큰 변화였다. 그가 독일로 건너오던 1977년 임신 7개월이던 아내 서성심은 서울 불광동에서 혼자 살고 있었다. 군복무 중이던 1972년 위문편지를 계기로 만난 그녀다. 그는 아내를 혼자 지내게 할 수 없어 부모가 살고 있던 전남 무안에 가 살게 했다. 서성심은 3개월 후인 1978년 1월 첫째 회건을 낳았다. 정용기가 아내와 아들 회건을 독일로 부른 것은 파독 3년째이던 1980년 4월쯤이었다. 독일 생활에 적응, 자신감이 생긴 이후다.

정용기 부부는 1983년 3월 파독 이후 처음으로 한국을 방문, 뒤늦게 결혼식을 올렸다. 전남 무안군 중앙예식장에서 열린 결혼식은 고향 친구의 사회로 진행됐다. 1984년 6월에는 독일에서 둘째 회선을 낳았다. 아내는 2006년 현재 집에서 자동차로 30분 거리에 있는 회사에서 주 2, 3일 정도 일한다. 일하는 시간은 월간 68시간. 부족한 생활비를 보태기 위해서다.

정용기는 크지는 않지만 소중한 '내 집'도 마련했다. 2006년 현재 살고 있는 집은 1994년 월세로 살기 시작한 뒤 1997년 7만 마르크를 주고 구입했다. 그는 파독 직후 처음에는 다른 한국인 광부처럼 기숙사에서 생활했다. 대구와 호남 출신 동료 2명과 같은 방에서 생활했는데, 두 동료가 성격이 맞지 않아 자주 싸웠다. 그는 어느 쪽에도 끼지 못하고 1979년 5월 기숙사에서 나와 혼자 자취를 시작했다. 캄프린트포트 뫼저거리에서 월세 70-120마르크를 주고 부엌이 딸린 한 칸짜리 방을 구했다. 그 후 아내와 가족이 합류하자 회사 부근으로 이사했다. 부엌과 거실을 포함한 방 4개짜리 집이었다. 한때 다세대 주택에서 살기도 했다.

종교宗敎도 갖게 됐다. 정용기는 1984년 10월부터 가톨릭 성당에 다니기 시작했고, 그해 가을에는 김수한(1922-2009) 추기경을 만났다. 특히 1907년 네덜란드 헤이그에서 열린 만국평화회의에서 일제의 부당한 식민지배를 규탄하려다 여의치 않자 자결한 이준(李儁·1859-1907) 열사의 추모식 때 김 추기경을 직접 모시기도 했다. 불교신자였던 아내도 가톨릭으로 개종했다. 그가 종교를 갖게 된 데에는 독일 사회가 교육이나 결혼, 장례 등 생활의 많은 부문이 성당이나 교회 중심으로 이뤄지고 있어서다.

·
·
·
·
·
·
·

혼란스러움 또는 한국의 개발시대

예기치 못한 '사고'와 수배 생활, 군 입대와 고통스런 특수부대 훈련, 자해와 해군병원 치료, 파독 광부 선발과 1년간의 허송세월….

정용기의 삶은 독일에 정착하기 전까지 혼란混亂스러움의 연속이었다. 이는 자본주의를 전례 없이 압축적으로 살아야 했던, 그래서 그 시대를 산다면 대체로 피할 수 없었던, 개발시대 한국인의 자화상自畵像이기도 했다.

혼란스러움은 고교 졸업 이후 고조됐다. 고등학교를 졸업한 직후인 1968년 7월. 정용기는 광주 월산동에서 3년 선배가 운영하던 태권도장 '청도관'에서 사범 생활을 시작했다. 그는 중학교 1학년 때부터 태권도를 시작, 고교 1학년 때 전국대회에서 은메달까지 차지한 선수 출신이었다. 매일 오후 5시부터 오후 11시까지 도장에서 수강생들에게 태권도를 가르쳤다. 대신 선배는 그에게 생활비를 줬다. 숙식은 선배와 여관에서 함께 해결했다.

1년 후쯤인 1969년 7월. 전혀 예기치 못한 '사고'가 터졌다. 정용기는 오후 6시쯤 도장에서 수련생 50여 명에게 기본자세를 가르치고 있었다. 이때 다리 자세가 좋지 않던 한 중학생이 그의 눈에 들어왔다. 그는 다리 자세를 교정하기 위해 중학생에게 다가갔다. 정용기는 뒤에서 중학생의 다리를 손으로 잡아 자세를 교정하려 했다. 그런데 그가 중학생의 다리를 잡는 순간, 학생은 그대로 앞으로 꼬꾸라졌다. 학생은 1개월 후 숨지고 말았다. 도대체 알 수 없는 노릇이었다. 중학생의 부모는 그를 '과실치사' 혐의로 경찰에 고소했다. 너무 억울했다. 가해를 한 게 전혀 아니었기 때문이다. 나중에 안 사실이지만, 중학생은 간질 증세가 있었다고 한다. 그는 한동안 경찰을 피해 도망 다녔다. 지명수배도 받았다. 다행히 사정을 뒤늦게 안 중학생 부모가 고소를 취하하면서 그는 고통에서 해방될 수 있었다.

1970년 2월 자원한 군 생활軍生活도 혼란스럽기는 마찬가지였다. 정용기는 국군 보안대에서 근무하던 고교 선배의 도움으로 31사단 신병교육대의 취사병으로 근무했다. 서류상 취사병이었지만, 실제로는 훈련을 전혀 받지 않은 채 선배와 함께 여러 부대를 돌아다녔다. 그는 10주 후 수도권의 한 보안부대에 배치됐다. 신병교육대에서 총 한번 쏘지 않았기에 부대 훈련을 제대로 소화할 수 없었다. 자연스럽게 그는 부대 내에서 '고문관' 취급을 받았다. 선임병으로부터 몰매를 맞기도 했다. '기합'도 이어졌다. 쪼그려 뛰기, 원산폭격, 한강철교….

정용기는 6주 훈련이 끝난 뒤 다시 수도권 특수부대에 배치됐다. 그곳에서 6개월 동안 고된 훈련을 받았다. 그야말로 '손가락 하나로 사람을 죽일 수 있도록' 하는 훈련을 받았다. 훈련은 고통, 그 자체였다. 그는 도저히 버틸 수가 없었다.

1971년 2월 중순. 정용기는 부대생활이 너무 힘들어 극단의 선택을 했다. 자해自害였다. 초병 근무 중 미리 준비한 쇠파이프의 녹을 호주머니에서 꺼냈다. 손바닥에서부터 느껴지는 그 서늘함. 그는 손바닥을 입으로 가져간 뒤 확 털어 넣었다. 수통의 물을 마시며 배속으로 넘겼다. 며칠 뒤 소변에서 붉은 핏물이 나오기 시작했다. 시간이 지나면서 서서히 농도가 짙어갔다. 부대에서는 소변과 피검사를 차례로 했지만 원인을 알 수 없어 발만 동동 굴렀다. 그는 사단 의무대와 서울 수도병원을 거쳐 5월 경남 진해에 있는 해군병원으로 이송됐다. 특수부대로부터 벗어났다.

진해에는 자신의 이송移送을 축하하듯이 벚꽃이 활짝 피어 있었다. 정용기는 이전 부대로 돌아가지 않기 위해 시간을 계속 연장했다. 신장치료와 함께 치질수술도 받았다. 홀쩍 6개월이 지나갔다. 다행히 그는 병원장의 도움으로 특수부대로 복귀하지 않고 30사단의 평범한 보병부대로 배속됐다. 정용기는 그곳에서 중대장의 배려로 1973년 4월 무사히 군을 제대할 수 있었다.

마지막 독일에 오게 되기까지도 혼란스러웠다. 1975년 가을. 정용기는 서울 혜화동에 위치한 동성고에서 파독 광부 선발을 위한 체력검사와 면접시험을 봤다. 제대 후 독일에 가기 위해 1년여를 허송한 뒤다. 다행히 합격했다. 1976년 4월쯤 강원도 도계에서 10

일간 현장실습 교육을 받았다. 하지만 파독은 한동안 이뤄지지 않았다. 시험 합격 이후 독일로 오기까지 1년 넘는 시간을 허송해야 했다. 합격자 발표 이후 받았던 '코드번호'대로라면 파독은 진즉 이뤄져야 했다.

파독이 계속 미뤄지자, 정용기는 파독 동료들과 어울려 서울의 노동판을 전전輾轉했다. 신길동 재개발 공사와 소방도로 현장 등등. 생활비를 벌어야 했기 때문이다. 일이 끝난 뒤에는 질펀한 막걸리 파티를 벌이곤 했다. 돈도 제대로 모을 수가 없었다. 정용기의 혼란스런 삶은 프리드리히 하인리히광산에 정착定着한 뒤에야 끝났다.

태권도 은메달리스트의 꿈, 파독 광부

'마지막 한국인 파독 광부' 정용기가 파독 광부를 처음 꿈꾼 것은 고교 시절이었다. 비록 막연하게 꿈을 꿨지만, 정용기는 끝까지 포기하지 않았기에 꿈을 이룰 수 있었다. 포기하지 않고 간절히 원하며 치열하게 준비하는 자에게 꿈은 결국 현실이 된다.

정용기는 1949년 10월 31일 전남 무안군 현경면 평산리에서 상이군인 아버지 정찬호(1930년생)와 어머니(1931년생) 사이에서 3남3녀 가운데 장남으로 태어났다. 현경면은 무안읍에서 서쪽 방향으로 4km 떨어진 곳에 위치한다. 무안읍에서 걸어가면 40여분, 자동차로는 5분 정도 걸린다고 한다. 마을은 대체로 평지였고 뒤쪽으론 바다가 펼쳐졌다. 근처엔 일제 강점기에 만들어진 비행장 활주로도 있었다. 현경면은 전형적인 농촌으로, 고구마가 많이 생산됐다. 집집마다 트럭 20대 정도의 고구마를 캘 정도로 고구마를 많이 심었다. 무안 고구마는 전국적으로 유명했는데, 보통 '무안 고구마'라고 하면 '현경면 고구마'를 의미했다고 정용기는 자랑한다. 정용기가 살던 마을에는 150가구 정도가 살았다. 다산茶山 정약용 연구가로 알려진 박석무의 고향이기도 했다.

아버지 정찬호는 6·25 상이군인 출신이었다. 전쟁 도중 오른쪽 다리에 관통상을 입고 제주도에서 치료를 받았다. 보행에는 지장이 없었지만, 힘든 농사일을 하기엔 어려움이 적지 않았다. 아버지는 고구마 중개를 통해 생계를 유지했고, 동네 이장도 맡았다. 어머니는 전형적인 주부였다.

다른 농촌 어린이처럼, 정용기는 어릴 적부터 논으로 밭으로 뛰어다녔다. 풀을 베거나 소를 키우는 게 그의 일이었다. 1956년 현경초등학교에 입학했다. 학교는 집에서 약 2km 떨어져 있었다. 마을의 또래 친구는 17, 18명. 농사일이 없을 때면 친구들과 어울려 구슬치기와 술래잡기 등 많은 놀이를 하며 보냈다.

1962년 현경초등학교를 졸업하고 목포에 위치한 덕인중학교에 입학했다. 무안에서 목포로 '조기 유학早期遊學'을 간 셈이다. 아버지가 나름 배려한 조치였다. 목포에서는 외할아버지 친구인 김남철 전 민의원(현재의 국회의원)의 집에서 자취했다. 김 의원 가족과 외가는 의형제처럼 가깝게 지냈다.

목포 유달산 인근에 위치한 덕인중은 남녀공학이었다. 한 학년은 6학급으로 이뤄졌고 동급생이라도 당시엔 나이차가 서너 살까지 나기도 했다. 덕인중에서는 대다수 학생이 운동을 했다. 각 반마다 공부 잘하는 몇 사람을 제외하고는 모두 운동을 하는 일종의 '체육 특성화 학교'쯤 될 터다. 졸업생들은 체육인으로 성장하거나 육군사관학교 지원을 통해 군인의 길을 걷기도 했다. 정용기도 자연스럽게 운동을 했다. 그가 선택한 운동은 태권도跆拳道. 1962년 5월 중순부터 태권도장 '청도관'을 다녔다. 입문 동기도 재밌다.

"집 앞에서 자취하던 제대 군인이 태권도복을 검은 줄로 매고 도장에 가는 모습이 너무 부러웠다. 제대 군인은 전남대표로 뽑혀 전국체전에도 출전했는데, 그의 도복을 들고 다니면서 태권도를 배우기 시작했다."

정용기는 중학교 2학년 때부터 각종 태권도 대회에 출전하기 시작했다. 중학교 3학년 때에는 목포 대회에서 우승했다. 목포 시내의 각 학교에서 1명씩 출전하는 대회였다.

1965년 덕인고를 입학한 뒤 목포 대성동에서 자취했다. 학교에서 3km 정도 떨어진 곳이었다. 그는 태권도를 본격적으로 하기 시작했다. 그와 대련을 많이 했던 친구 가운데 한 명은 파독 광부 동기인 정효연(2차47진)이다.

고교 1학년이던 1965년 10월. 정용기는 서울에서 열리는 태권도 전국대회全國大會에 출전했다. 플라이급으로 출전한 그는 한 학년을 낮춰 출전하는 당시 관례에 따라 중학교 3학년 선수로 나섰다. 도 대표에 선발된 이래 꾸준히 준비했기에 컨디션은 좋았다. 소위 '날아다녔다'는 표현처럼 몸이 가벼웠다. 차례로 상대를 꺾고 결승까지 올랐다. 결승전 상대는 서울 대표인 한상열. 한상열의 장기는

'내리찍기'였다. 서로 팽팽하게 맞서면서, 경기는 그대로 끝날 것만 같았다. 하지만 경기 종료가 가까워지면서 그가 마음을 풀어놓는 순간, 한상열의 오른발이 허공으로 솟아오르는가 싶더니 그대로 그의 앞가슴에 내리꽂혔다. 승부는 그것으로 끝이었다. 순간의 방심으로 만회하기 힘든 점수를 허용했다. 종료 휘슬이 울렸고, 그는 은메달에 만족해야 했다. 한상열은 그보다 한수 위였다. 그는 이후에도 각종 태권도대회에 꾸준히 출전했다.

화려한 선수 생활과 달리, 학교생활은 실망失望스러웠다. 정용기는 고교 1학년 때부터 자취방에서 친구나 선배와 어울려 술을 마셨다. 결석도 잦았고, 성적도 떨어졌다. 고교 2학년이 끝날 무렵엔 아예 야간학교에 이름이 올려졌다. 고교 3학년 때에도 마찬가지였다. 술 마시는 횟수는 늘었고, 결석도 이어졌다. 대회가 없으면 학교엔 코빼기도 비추지 않을 정도였다. 정학을 비롯한 징계도 잇따랐다. 다행히 박길웅 선생 등의 도움으로 졸업장은 받을 수 있었다.

불우한 시절을 보냈지만 정용기에게는 남모르는 꿈이 있었다. 파독 광부派獨鑛夫가 되는 것이었다. 파독 광부 1차7진이었던 외삼촌 이일남의 영향이 컸다. 이일남은 가끔 조카 정용기에게 편지를 보냈고 100마르크라는, 당시로는 거액의 용돈도 함께 넣어줬다. 외삼촌의 편지와 용돈은 그의 마음을 확 사로잡았다. 돈은 친구들과 술 먹으면서 탕진했지만, 파독 광부의 꿈을 키우는 데에는 결정적인 영향을 미쳤다. 많은 운명의 행로가 그렇듯이, 그에게도 운명은 벼락처럼 다가왔다.

"신기한 외국 우표에 파란 딱지가 붙어 편지가 왔다. (외삼촌 이일남이) 많은 용돈을 붙여줘 소문이 쫙 났다. 대단했다. 친구들 사이에서 나는 선망의 대상이 되기도 했다."

외삼촌의 충고忠告도 영향을 미쳤다. 이일남은 정용기에게 보낸 편지에서 "어영부영 놀 바에는 차라리 독일로 건너와 광부가 돼라"고 권했다. 독일에서 온 편지와 100마르크라는 '거액'의 용돈을 받고 친구들의 부러움을 받던 '태권도 은메달리스트' 정용기. 그의 마음 한 구석에서는 파독 광부의 꿈이 꿈틀대고 있었다. '광부로서 독일에 가고 싶다…, 광부, 독일…, 독일, 광부…. 나는 언젠가는 반드시 파독 광부가 되고야 말리라.'

유한한 행위는, 때맞춰 떨면서 기우는
연약한 분수와도 같이
무한한 동경에서 솟아오른다.
하지만 보통은 우리에게 말없는 분수,
우리의 즐거운 힘은-이 춤을 추는 눈물 속에서 나타난다.

-릴케, 「서시」에서

제2장

가슴 아픈
광부 파독의 진실

.
.
.
.
.
.
.

1963년 12월 한국인 광부 독일에 서다

　　독일 루르(Ruhr) 지역의 주요 공항으로, 노르트라인베스트팔렌주의 뒤셀도르프(Dusseldorf)시에 위치한 뒤셀도르프국제공항. 추위가 힘을 키우기 시작하던 1963년 12월22일 현지시간 오후 9시(한국 시간 오전 5시)쯤 에어프랑스 707편이 마찰음을 내면서 착륙했다. 비행기는 하루 전인 21일 오전 9시 45분(한국 시간) 서울 김포공항을 출발(『서울신문』, 1963.12.21. 7면 참고), 앵커리지를 경유하는 북극항로를 통해 19시간 만에 도착했다. 공항에는 최덕신(崔德新·1914-1989) 주독 한국대사와 루르광업소 관계자 등이 기다리고 있었다.

　　말쑥하게 신사복紳士服을 차려 입은 탑승객 123명이 비행기에서 차례차례 내리기 시작했다. 모두 검은 머리 한국인들이었다. 독일의 광산에서 푸른 청춘을 불사르기 위해 날아온 파독 광부 1차1진이었다. 대부분 양복을 입었고 머리에 포마드 기름까지 바른 이도 있었다. 많은 이들이 목에 고급 카메라를 걸었다. 누가 봐도 '멋진 신사'들이었다.

독일인의 눈에는 이들이 어떻게 비쳤을까. '맙소사'라는 말로 상징되듯이, 독일 광산회사 관계자의 눈에는 지하 1,000m에서 사투를 벌여야 할 광산 노동자의 모습으로 보이지 않았던 모양이다. 한국인 파독 광부들의 입국 당시를 기억하는 광산회사 간부의 회고다.

"처음 한국 광부들이 전세 비행기를 타고 뒤셀도르프공항에 도착했을 때의 광경이라니. 맙소사. 머리엔 포마드를 반지르르 바르고 넥타이에다 카메라는 거의 한 대씩 목에다 걸고 트랩을 내려서는데. 이건 관광객인지, 비즈니스맨인지…."(남정호, 1997, 169쪽)

파독 광부들도 이날 눈앞에 펼쳐진 풍경에 놀란 듯 트랩에 내려서면서 이리저리 고개를 돌리곤 했다. 일부는 소리쳐 환호하기도 했고, 일부는 걱정 어린 시선을 보냈다.

최 대사는 공항에서 가진 환영식에서 "이곳에서는 모두 한국 광부를 환영하고 있으니 아무쪼록 최선을 다해 한국 광부의 명예名譽를 지켜달라"고 파독 광부들에게 부탁했다(노상우, 1963.12.23, 7면 참고).

파독 광부들은 전날 오전 경제기획원 이창제 사무관의 인솔을 받아 에어프랑스 전세기에 몸을 싣고 김포공항을 출발했다. 태극기가 흩날리는 가운데 가족들이 공항까지 나와 건승을 기원했다. 파독 광부들의 가슴에는 이역만리 먼 곳에서 자신의 꿈을 이뤄보려는 열정熱情이 부글거리고 있었다. 그들은 그렇게 한국을 뒤로하고 독일로 향했다.

뒤셀도르프공항에 도착한 파독 광부 1차1진 123명은 두 곳으로 분산 배치分散配置됐다. 63명은 뒤스부르크(Duisburg)시에 있는 함본(Hamborn)광산에, 나머지 60명은 아헨(Aachen) 지역에 있던 에슈바일러광산(EBV) 소속의 메르크슈타인 아돌프(Merkstein Grube Adolf)광산에 각각 배정됐다.

함본광산은 서독의 수도이기도 했던 본(Bonn)과 클뢰크너(Kloeck-ner)광산 중간쯤에 위치했고, 프리드리히 티센(Friedrich-Thyssen) 광업소와 베스텐데 광업소, 로베르크 광업소 등 3곳으로 구성돼 있었다. 광업소 간 거리는 25km 안팎. 함본 프리드리히 티센 광업소는 루르탄광주식회사(RAG) 소속이었다. 5개의 샤크트가 있었고 탄광의 최대 깊이는 1,023m. 1975년 150만t의 생산량을 기록했지만 1977년 문을 닫았다. 에슈바일러광산은 본에서 남쪽으로 100km쯤 떨어진 곳에 자리했다. 메르크슈타인, 오프덴 등 5개 지역으로 분산돼 있고, 이들 광업소 간 거리는 20km 안팎이었다(최재천, 1964.12.13, 6면 참고).

5일 뒤인 12월 27일. 1차1진의 나머지인 124명도 노동청 심강섭 직업안정국장 직무대리의 인솔 아래 독일로 건너왔다. 이들 가운데 62명은 북부 에센(Eessen)탄광에, 62명은 북부 클뢰크너광산에 각각 분산 배치됐다. 겔젠키르헨(Gelsenkirchen)에 위치한 에센광산은 훈서프리스, 카타리나 엘리자베스, 콘트로드라이피어 등 4개 지구로 이뤄졌다. 4개 회사에서 하루 9,000t의 역청탄이 생산됐다. 클뢰크너광산은 본에서 북쪽으로 160km 떨어진 곳에 자리했다.

카스트롭라욱셀(Castrop-Rauxel)과 라우헬 등 2개 지역으로 분산돼 있는데, 두 곳 사이의 거리는 약 40km(최재천, 1964.12.13, 6면 참고).

본래 1차1진으로 250명이 독일로 갈 예정이었지만 최종적으로 247명만이 독일 땅을 밟았다. 2명은 개인 사정으로 출국하지 못했고, 나머지 1명은 서독에서 입국을 거부했기 때문인 것으로 전해진다.

<표 2> 연도별 광부 파독 추이(1986년 현재, 단위: 명)

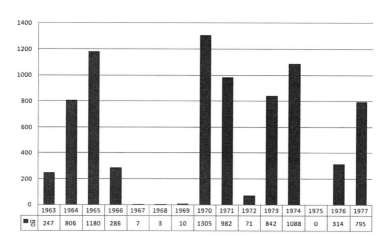

명	1963	1964	1965	1966	1967	1968	1969	1970	1971	1972	1973	1974	1975	1976	1977
명	247	806	1180	286	7	3	10	1305	982	71	842	1088	0	314	795

<출처> 재독한인연합회 편, 1987, 381쪽; 재독한인글뤽아우프회, 1997, 27쪽; 재독동포 50년사 편찬위원회, 2015, 28쪽 등 참고

1963년 12월 겨울의 시작과 함께 막이 오른 한국인 광부 파독. 광부 파독은 '한강의 기적'의 주춧돌을 놓으며 1977년 10월 26일(2차47진, 138명)까지 이어졌다. 주독 한국대사관의 1986년 발표 자료에 따르면, 파독 광부는 1963년 247명을 시작으로 △1964년 806명 △

1965년 1,180명 △1966년 286명 △1967년 7명 △1968년 3명 △1969년 10명 △1970년 1,305명 △1971년 982명 △1972년 71명 △1973년 842명 △1974년 1,088명 △1975년 0명 △1976년 314명 △1977년 795명 등 모두 7,936명에 이른다(재독한인연합회 편, 1987, 381쪽; 재독한인글뤽아우프친목회, 1997, 27쪽; 재독동포50년사 편찬위원회, 2015, 28쪽 참고).

　파독 광부들은 독일의 지하 곳곳에서 땀과 눈물을 쏟아내며 연금과 생활비 등을 제외하고 월급을 고스란히 조국의 가족에게 송금했다. 이 돈은 한국 경제성장을 위한 소중한 '종잣돈'이 됐다. 특히 이후 베트남 파병과 특수, 중동 건설특수 등 소위 대규모 '인력수출'의 신호탄이 됐다. 그리하며 파독 광부는 '한강의 기적'으로 불리는 1960, 70년대 한국의 경제성장에 디딤돌을 놓은, 진정한 신화의 첫 주인공主人公이 됐다.

　하지만 한국인 광부 파독이 누구에 의해 언제 어디에서 어떻게 결정되고 이뤄졌는지 제대로 알려지지 않고 있다. 여기에는 가슴 아픈 진실眞實이 웅크리고 있었다.

"지급보증 없앨 테니 광부 5000명 보내라"

"한국 정부가 제출한 사업계획을 서독 정부가 인정하고, 1억 5000만 마르크(미화 3750만 달러 상당)의 서독 차관을 승인하겠다."

한국인 광부 파독이 이뤄지기 2년 전인 1961년 12월 13일 서독 본에 위치한 독일 연방경제성의 경제차관 응접실. 상기된 표정의 한국인들에 둘러싸여 있던 독일인이 사무적인 목소리로 말했다. 한국인들은 정래혁丁來赫 상공부장관을 단장으로 하는 한국 경제사 절단이었고, 독일인은 루드거 폰 베스트릭(Ludger Westrick·1894-1990) 경제성 차관이었다. 독일 정부가 한국 정부에 차관借款을 제공할 것임을 공식적으로 밝힌 것이다. 한국과 독일 정부 간 12월 11일부터 시작된 3일간의 숨막히는 차관도입 협상이 끝나는 순간이었다.

정 장관은 베스트릭 차관에게 고맙다고 말한 뒤 백영훈白永勳 장관특보, 우용회 경제기획원 해외협력국장 등 사절단원들과 손을 맞잡고 기뻐했다. 서로 수고했다는 격려의 말도 오갔다. 루드비히 빌헬름 에르하르트(Ludwig Wilhelm Erhard·1897-1977) 경제성장관도 응접실로 나와 이를 축하했다. 곧이어 정 장관과 베스트릭 차관은 4개 항으로 이뤄진 「대한민국 정부와 독일연방공화국 정부 간의 경제 및 기술협조에 관한 의정서」에 서명했다(조세형, 1961.12.12, 석간 1면; 조세형, 1961.12.13, 조간 1면; 조세형, 1961.12.14, 석간 1면; 백영훈, 2001, 35-49쪽 등 참고). 이로써 5·16 군사쿠데타로 미국의 싸늘한 시선을 받던 박정희(朴正熙·1917-1979) 정권은 선진국으로부터 처음 차관 도입에 성공했다.

의정서는 독일 정부가 한국 정부에 기술원조와 함께 1962년부터 1966년까지 모두 1억 5000만 마르크를 제공하되, 약 절반 정도는 15년 상환에 연리 3%의 정부 차관(재정차관)으로, 나머지는 20년 상환에 최고 6% 연리의 민간투자에 제공(장기 수출거래를 위한 보증)한다는 게 골자였다. 쉽게 말하면 정부 차관과 상업차관을 합쳐 약 1억 5000만 마르크를 빌려주겠다는 것이다. 한국 경제사절단은 12월 17일 기분 좋게 귀국길에 올랐고, 뒷마무리는 백영훈과 우용회 국장이 맡아 현지에서 처리하기로 했다.

차관 교섭을 이끌었던 정 장관은 귀국 직후인 12월 18일 국내에서 서독 정부가 국영 독일재건은행(Kreditanstalt fuer Wiederaufbau, KfW)을 통해 제공하기로 한 정부 차관(장기 개발차관)은 △전화설비 △탄광개발 △전차도입 △조선공사능력 확장 4개 업종에, 장기 수출거래를 위한 보증을 해주기로 한 민간 차관으론 △금광개발 △종합제철소 △시멘트공장 △비료공장 4개 업종에 투자할 계획이라고 밝혔다. 다만 구체적인 실수요자 및 자원조사 실시는 1962년 초에 결정할 것이라고 덧붙였다(『한국일보』, 1961.12.19, 1면 참고).

하지만 서독 차관은 '결과적으로' 광부 파독으로 이어졌다고, 당시 물밑 교섭을 주도했던 백영훈은 주장한다. 한국 정부가 서독 정부로부터 받기로 한 차관은 정부 차관만이 아니라 '장기 수출거래를 위한 보증'을 하기로 한 '상업 차관'(민간 차관)도 포함돼 있었다. 상업 차관의 경우 당시 독일에서는 대체로 지급보증支給保證을 필요로 했기 때문에 이 문제를 해결하는 과정에서 한국인 광부 파독 문제가 비공식적으로 다뤄졌다는 것이다.

정 장관 등은 귀국한 후 상업 차관의 지급보증 문제를 해결하기 위해 부지런히 움직였다. 하지만 제3국 은행의 지급보증을 받기 어려웠다. 천병규 재무부장관이 홍콩으로 날아가 지급보증을 해줄 은행을 찾기도 했다. 홍콩 은행들은 지급보증을 해주지 않았다. 영국 런던의 금융가로 날아갔지만 역시 허사였다. 당시 한국 경제는 제3국 은행들이 믿고 지급보증을 해줄 상황이 아니었다. 한국은행 경제통계시스템(https://ecos.bok.or.kr/)의 무역외환 자료에 따르면, 1960년 당시 우리나라 수출액은 3,280만 달러에 불과한 반면 수입액은 3억 4350만 달러로, 만성적인 무역수지貿易收支 적자국赤子國이었다. 더구나 외환보유액은 겨우 1억 5700만 달러에 불과했다.

서독에서 이 소식을 전해들은 백영훈과 우용회 국장은 눈앞이 캄캄했다. 어렵게 얻어낸 서독 차관이 제3국 지급보증 때문에 무산될 위기에 처했기 때문이다. 두 사람은 주독 한국대사관이 있는 건물의 지하 바(Bar)에서 맥주를 마시며 하릴 없이 시간을 보냈다. 나라의 처지를 생각하면 가끔 눈물이 나오기도 했다.

20여 일이 지난 어느 날 오후. 주독 한국대사관 지하 바에 있던 백영훈에게 독일인 세 사람이 찾아왔다. 슈미트와 게하드 에벤디슈 등 그의 뉘른베르크대 동문들로, 당시 독일 연방정부 노동성에서 근무하던 공무원들이었다. 백영훈이 전하는 당시 대화의 요지다.

"백 박사, 왜 아직까지 한국으로 돌아가지 않고 있는가?"

백영훈은 이에 자신이 독일을 찾은 이유와 차관협상 결과, 그리고 상업 차관 도입을 위한 제3국 지급보증 문제 등 전후 사정을 얘기했다.

"어떻게 하면 좋겠는가? 참으로 답답하다."

"한국엔 실업자가 아주 많다고 들었다. 그게 사실인가?"
"그래, (한국에는 실업자가) 많이 있지. 그게 왜?"

"야! 그러면 방법이 있어. 힘내라. 우리들과 내일 아침에 주독 한국대사관에서 만나자."

"그게 뭔데?"

다음날 오전. 슈미트와 게하드 에벤디슈 등이 신응균(申應均·1921-1996) 주독 한국대사를 찾아왔다. 신 대사와 슈미트 및 게하드 에벤디슈 일행 사이에 다시 대화가 시작됐다.

"한국에는 특별한 직업이 없는 실업자가 많다고 들었습니다. 독일에 광부 5,000명을 보낼 수 있겠습니까? 독일 광산의 지하에서 일하게 하려는데, 유고슬라비아 사람들이 (지하에) 잘 들어가려 하지 않습니다."

"우리는 5,000명이 아니라 5만 명이라도 서독으로 보낼 수 있습니다."

"그렇다면 간호사 2,000명도 보내줄 수 있겠습니까? 시골에 병원을 지으려고 하는데, 간호사가 부족합니다."

"그것도 전혀 문제가 없습니다. 한국은 노동력이 아주 풍부합니다."

슈미트 등은 한국이 광산 노동자 등을 독일에 보내주면 지급보증 문제를 긍정적으로 해결해줄 수 있다는 제안을 했다. 상업 차관의 지급보증 문제해결의 실마리가 제시된 셈이다.

광부 파독은 이전 민주당 정권 시절에도 추진돼 왔지만 5·16 군사쿠데타로 중단된 상태였다. 한국과 독일 정부는 1961년 3월 18일 「대한민국 정부와 독일연방공화국 정부 간의 기술협조에 관한 의정서」를 체결해 독일에 기술훈련생을 소규모로 보내기도 했고, 4월 14일에는 대한석탄공사 사장이 독일을 방문해 지멘스(Siemens)사와 한국 광부의 고용 각서를 체결했다. 하지만 5·16 군사쿠데타로 광부 파독 계획은 실행되지 못하고 있었다(진실·화해를위한과거사정리위원회, 2009, 183-184쪽 참고).

신 대사는 즉시 박정희 당시 최고회의 의장에게 대화 내용을 긴급 전문으로 보냈다. 백영훈도 정 장관에게 긴급 전문을 쳤다. 한국 정부는 곧이어 광부 파독을 비공식적으로 승인했고, 서독 정부도 한국의 광부 5,000명 등을 3년간 산업연수생 신분으로 받는 조건으로 상업차관에 대한 지급보증을 해소하기로 했다. 즉 한국은 파독 광부를 보내고 대신 서독 정부는 상업 차관의 지급보증을 푸는 '윈윈(win-win) 거래'를 했다는 것이다. 백영훈의 증언이다.

"독일은 한국에 상업 차관을 제공하면서 별도의 예외규정例外規定을 둬 지급보증을 없앴다. 대신 신응균 대사가 한국인 광부 5,000

명을 3년간 서독으로 보낸다는 것을 각서로 써줘야 했다."

백영훈의 증언은, 한국 정부가 독일에 먼저 광부 파독을 제의했다고 일반적으로 알려진 것과는 달리 독일 정부가 먼저 광부 파독을 제의했다는 놀라운 주장이다. 만일 이것이 사실이라면, 서독은 차관협상 때 한국의 외환보유고나 지급보증 여력 등을 검토한 뒤 지급보증 문제를 매개로 광부 파독 문제를 매듭지으려고 한 게 아닐까라고 추론할 수 있을 것이다. 물론 현재까지 신 대사가 독일 정부에 써줬다는 각서의 존재나 내용은 공개되지 않고 있다.

실제 서독 정부는 1962년부터 정부 재정차관과 상업 차관을 집행하기 시작했다. 우리 정부도 1962년 3월 '해외이주법'을 마련해 정부 허가를 얻을 경우 법인 등을 통한 집단 및 계약 형태의 해외 이주를 가능하도록 제도를 정비했다. 5월 24일에는 독일의 기업 만(MAN)이 주독 한국대사관을 통해 한국 광부의 고용 의사를 밝혔다. 한국 정부는 1963년 2월 1일 주독 한국대사관에 서독 연방 보건성과 광부 파독 문제를 논의하도록 했고, 5월 11일 독일 노동성이 한국의 광부를 고용하겠다고 의사를 밝히자 광부 파독의 실무 작업에 착수했다(진실·화해를위한과거사정리위원회, 2009, 183-187쪽 참고).

> 길이 없다고, 길이 보이지 않는다고
> 그대, 그 자리에 머물지 마렴
> 길이 끝나는 곳에 길은 다시 시작되고
> 그 길 위로 희망의 별 오를 테니
> —백창우, 「길이 끝나는 곳에서 길은 다시 시작되고」에서

독일, 한국의 우수 노동력에 주목

독일은 왜 한국인 광부의 파독을 제의했을까. 전승국 미국의 눈치를 보던 서독이 거액의 정부 및 상업 차관을 박정희 정권에 제공하면서까지 한국인 광부 파독이 필요했던 것일까.

우선 서독의 당시 경제 상황을 살펴보면 서독이 한국인 광부 파독을 상당히 필요로 했음을 쉽게 알 수 있다. 서독은 당시 엄청난 활황기活況期였다. 강원룡(姜元龍·1917-2006) 목사는 광부 파독이 이뤄지기 직전인 1963년 4, 5월 서독의 상황을 이렇게 묘사하고 있다.

"1960년대 초의 서독은 이런 인물들(빌리 브란트 등)과 더불어 어디를 가든 새로운 건설의 에너지가 넘쳐흐르고 있었다. 정해진 일정에 따라 서독 각 지역의 도시와 농촌을 둘러보고, 탄광에 들어가 광부들과 함께 지내기도 했다. 내가 직접 느낀 것은 구석구석 부흥의 힘찬 약동이었다. 패전의 어두운 그늘은 어디에서도 찾아보기 힘들었다."(강원룡, 2003, 84-85쪽)

'라인강의 기적(Wirtschaftswunder)'으로 불리는 독일 경제의 부흥은 많은 노동 수요勞動需要를 낳았다. 특히 수직갱이라는 독일 탄광의 열악한 작업환경과 높은 위험도, 낮은 임금 등으로 광산 노동은 기피됐지만 경제가 살아나면서 에너지 수요가 급증해 자연스럽게 석탄에 대한 수요도 커져갔다. 광산 노동자의 수요가 커진 것도 당연했다. 더구나 거의 완전고용 상황에서 1961년 동독의 노동력마저 정치적인 이유로 유입이 중단되면서 노동력 수요는 더욱 커지게 됐다(전경수, 1988, 461-462쪽 참고).

특히 1963년 8월 전후로 일본의 광부 파독이 끝난 것도 광산 노동력 수요를 더욱 압박하는 요인이 됐다. 일본은 1950년대 후반부터 매년 광부 400여 명을 파독시켜왔지만 1963년 8월 계약만료 이후에는 파독을 중단했다. 일본도 자국의 경제가 급팽창하면서 노동력 수요가 급증한 때문이다. 이래저래 광산 노동력 수요가 늘어난 상황이었다.

독일은 전후 경제재건 과정에서 외국인 노동력을 적절히 활용했다. 1955년 이탈리아 노동자들을 불러들인 것을 시작으로 △스페인과 그리스(1960년) △터키(1961년) △모로코(1963년) △한국(1963년 광부, 1966년 간호사) △포르투갈(1964년) △튀니지(1965년) △유고슬로비아(1968년) 등 외국인 노동자를 차례차례 불러들였다.

이 같은 모든 상황을 감안하더라도 왜 하필 한국 노동자였을까.

이를 추적하다보면 독일이 한국에 서독 차관을 빌려준 다른 배경이 드러날 수도 있다. 우선 서독은 아시아인이던 일본 광부들이 1957년부터 1963년까지 성실하게 일하는 모습을 보고(진실·화해를위한과거사정리위원회, 2009, 183쪽 참고), 같은 아시아 사람인 한국 노동자의 가능성을 판단했던 것으로 추정된다. 일본 노동력의 우수성은 다음 글에서 엿볼 수 있다.

"체구가 작은 동양인에 대한 당초의 불안도 가시는 한편 그들이 노동실적도 우수하며 민활하고 성실하므로, 서독 측은 1963년 내에 일본 광부 1,500명을 더 채용하려고 했다. 하지만 이 계획은 크게 차질이 생겼다."(정해본, 1988, 57-58쪽)

더구나 독일은 이미 한국 노동력의 우수성을 나름대로 파악하고 있었던 것으로 추정된다. 왜냐하면 광부 파독 제안이 있던 1961년 11월 이전 상당수 한국인이 이미 독일에서 일하고 있었고, 그들의 근면과 성실성 정도를 분석해보면 한국 노동력의 가능성을 충분히 판단할 수 있었기 때문이다.

독일의 한국인 노동력 분석 대상은 아마 노르트라인베스트팔렌 주의 뷔페탈(Wuppertal)과 근교 도시의 방직紡織공장에서 일했던 한국인 여성 노동자였을 가능성이 적지 않다. 현지 교민들에 따르면, 한국인 방직공장 여성 노동자들은 가톨릭 등 종교단체 관계자의 주선으로 1960년 전후 서독 공장에서 일하고 있었다. 규모는 40-70명 사이로 추정된다. 한국 여성들의 서독 봉제縫製공장 취업을 주선한 사람 가운데 한 사람은 문보니파치오 수녀였다. 2006년 현재 독일에 생존한 것으로 알려진 그는 1960년 전후 한국 봉제공장 여성들을 뷔페탈의 방직공장에 취직시켰다. 취직한 여성들은 대부분 수녀원과 관련 있는 여성으로 파악됐다. 파독 광부 김일선의 얘기다.

"문 수녀가 서독에 (한국 여성들의) 취업을 알선한 이유는 한국 방제 공장에 근무하던 여성들의 열악한 여건을 보고 안타까웠기 때문이다. 다른 수녀도 한국 여성을 차례로 부르면서 뷔페탈과 크레펠트(Krefeld), 렘사이드 등의 방직 및 양말 공장에 적지 않은 한국 여성들이 일했다."

이들 한국 여성이 일했던 회사 가운데 대표적인 곳이 독일 기독민주당(CDU) 성향의 타케재단이 운영하던 공장이었다. 가톨릭 신자인 타케는 뷔페탈에서 방직 및 섬유공장을 가진 중소기업 전문가로 알려져 있다. 특히 자선사업 및 장학 사업을 했기에 기독민주당뿐만 아니라 주 정부 안에서도 상당한 영향력을 가진 인물로 평가됐다.

한국인 방직공장 여성들에 대한 평가는 비교적 좋았다. 이들은 1970년대 초까지 집단으로 공장에서 근무했는데, 이는 독일 사회에서 어느 정도 우수성을 인정認定받았다는 걸 의미한다. 파독 광부 1차1진으로, 통역을 했던 조립의 증언이다.

"1970년대 초 어느 날 타케 공장에서 한국인 노동자들이 스트라이크(Strike) 비슷한 문제를 일으켰다. 문제 해결을 위해 대사관 노무관 등과 함께 현장에 갔다. 한국인 여성 노동자들이었다. 임금을 착취당했다고 오해한 것이다. (그들에게) 해명을 해줘 (문제가) 해결됐다. 그 사건을 접하고서야 한국인 여성 노동자들이 이미 오래 전부터 (독일에서) 일하고 있었다는 걸 알게 됐다."

종합해보면, 한국 정부와 차관 교섭이 한창이던 서독은 외국인 노동력이 절대적으로 필요한 상황이었고, 일본인 광부와 서독에 진출해 있던 한국 여성 등을 통해 한국 노동력의 가능성을 어느 정도 파악한 것으로 분석된다. 즉 서독은 한국인 노동력을 주목했고, 상업 차관은 지지부진한 광부 파독 문제를 매듭짓고 한국 광부들을 독일로 데려올 좋은 계기였을 수 있다는 얘기다.

내가 그의 이름을 불러주기 전에는
그는 다만
하나의 몸짓에 지나지 않았다.

내가 그의 이름을 불러 주었을 때
그는 나에게로 와서
꽃이 되었다.

-김춘수, 「꽃」에서

노동력과 '종잣돈'의 교환

　박정희 정권의 입장에서 서독의 차관은 어떤 의미였을까. 생각지도 못했던 대규모 광부 파독까지 약속해야 할 만큼 중요했던 것일까. 그리고 광부 파독에 대해서는 어떤 생각을 가지고 있었을까.

　1961년 5월 16일 새벽. 박정희 소장을 중심으로 한 일단의 '정치 장교'들이 군사쿠데타를 일으켰다. 4·19혁명으로 이승만 정부가 전복된 지 겨우 1년이 지난 때다. 미국 등 서방진영은 박 소장의 쿠데타에 반대했다. 5·16쿠데타 직전 파키스탄에서 쿠데타가 일어나는 등 자칫 아시아에서 쿠데타가 도미노처럼 확산될 우려가 있었다. 미국의 존 F. 케네디(John Fitzgerald Kennedy·1917-1963) 대통령은 자국 내 악화되는 경제상황과 쿠데타에 대한 불만 등으로 대한對韓 경제 원조를 중단하고 대신 차관 형식으로 바꿨다. 열악한 경제상황에서 미국의 대한 경제원조가 차관으로 바뀐 건 원조에만 의

존해오던 한국 경제에는 '치명타'였다. 박정희 정권은 국내외 사정으로 인해 자본資本이 절실히 필요했다.

1960년대 한국 경제는 대단히 열악했다. 한국은행 경제통계시스템(https://ecos.bok.or.kr/) 자료에 따르면, 1960년 우리나라 총인구는 2,501만 명이었고, 명목 국내총생산(GDP)과 명목 국민총소득(GNI)은 나란히 20억 달러에 불과했다. 1인당 명목 국민소득(GNI)은 80달러 수준. 산업 구조도 농림어업이 39%로 매우 높은 반면 광공업은 14.5%, 전기가스수도업과 건설업은 각각 0.6%와 3.3%, 서비스업은 42.6%로 농업사회를 벗어나지 못하고 있었다. 노동소득 분배율(38.4%)과 저축률(8.1%), 국내 투자율(9.7%)도 저조했다. 도로의 총연장은 2만 7,169km였고, 도로포장율도 3.7%에 그쳤다. 자동차 보유대수는 3만대 수준. 화폐 발행액과 광의의 통화량(M2)도 각각 146억 원과 249억 원에 불과했다. 수출액은 3280만 달러인 반면 수입액은 3억4350만 달러로, 수출입의 대對 GNI 비율은 15.4%에 그쳤다. 외환보유액도 1억 5700만 달러에 불과했다.

박정희 국가재건최고회의 의장은 1961년 11월 13일 미국의 대한 경제원조 중단을 풀기 위해 방미했다. 11월 14일에는 백악관에서 케네디 대통령과 회담했지만, 돌아온 것은 냉대뿐이었다. 박 정권은 다급해졌다. 자칫 한국 경제의 붕괴로 이어져 정권의 존립 자체도 위기가 올 수 있는 상황이었다. 자본의 확보 여부에 따라 정권의 성패가 갈리는 절체절명의 상황이었다. 어떻게 해서든 급격히 감소하던 미국 대한원조를 대체할 수 있는 '돈'이 필요했다. 재미 언론인 문명자(文明子·1930-2008)의 지적이다.

"박정희는 자신들이 수립한 1차 경제개발 5개년 계획을 수행할 자금 및 공화당 정치자금을 마련하기 위해, 급속히 감소하던 미국의 원조를 대체할 자금원이 절대적으로 필요했다."(문명자, 1999, 213-214쪽)

하지만 불안한 국내 정치와 열악한 경제 상황, 더구나 쿠데타로 집권한 박 정권을 못마땅해 하는 미국의 심기를 거스르면서까지 한국에 돈을 빌려줄 나라는 보이지 않았다. 이런 상황에서 부각된 나라가 바로 서독이었다. 서독은 우리와 같은 분단국가였다. 백영훈의 설명이다.

"우리가 찾아갈 수 있는 유일한 선진국은 서독뿐이었다. 서독은 눈부신 경제성장으로 '라인강의 기적'을 이룩한 국가였다. 동서로 분단된 나라였기에 한국의 사정을 어느 나라보다 잘 이해할 수 있는 처지이기도 했다."

그래서 박 정권은 육군소장 출신인 정래혁 상공부장관을 단장 겸 특명전권대사로 해 한국경제사절단을 구성, 자신의 친서를 들고 독일에 급파시켰다. 여기에 백영훈과 우용회 국장을 비롯해 함인영 차관보와 백명원 한국은행 외환관리부장 등 7명이 가세했다. 독일의 유태계 상인 슐 아이젠버그도 동행했다. 한국경제사절단은 1961년 11월 13일 서북항공기편으로 독일로 날아갔다.

아울러 우리 정부는 광부 파독 자체가 갖는 긍정적인 효과도 주목했다. 즉 광부나 간호사 등 노동력을 해외에 보냄으로써 만연해 있던 실업을 줄이고 사회 안정을 이룩하는 한편, 해외에 파견된 인력이 보내는 외화 송금 등을 통해 경제개발 추진 자금을 확보할 수 있을 것으로 판단했던 것이다(진실·화해를위한과거사정리위원회, 2009, 181-182쪽 참고).

'오르도학파'의 우정

　서독 정부와의 차관교섭도 쉽지 않았지만, 정작 어려운 것은 차관 교섭 테이블을 마련하는 것이었다는 게 관계자들의 증언이다. 서독과의 차관협상에서 최대 고비는 서독 경제의 '수장首將' 루드비히 에르하르트 경제성장관을 비롯, 경제성 고위 당국자들을 만나는 것이었다. 에르하르트 장관은 한국의 경제사절단을 쉽게 만나주려 하지 않았다. 신응균申應均 주독 한국대사가 발 벗고 나섰지만 모두 허사였다. 한국의 경제사절단은 서독 경제정책을 틀어쥐고 있던 에르하르트 장관을 만나지 못하는 한 소득 없이 돌아가야 할 판이었다.

　에르하르트 장관이 이끄는 서독은 엄청난 경제성장을 이룩하고 있었지만, 제2차 세계대전 이후 미국의 경제원조인 '마셜 플랜(Marshall Plan)' 원조를 받고 있었다. 따라서 5·16쿠데타로 집권한 박정희 정권을 달갑지 않게 여기던 미국 존 F. 케네디 대통령의 심기를 거스르면서까지 박 정권을 지원하기에는 부담스런 처지였다.

이때 두각을 나타낸 사람이 백영훈白永勳이었다. 먼저 서독 정부를 설득할 수 있는 한국 측 핵심 논리論理를 제공했다. 경제사절단을 이끌었던 정래혁 당시 상공부장관의 회고이다.

"5·16이 난 해인 1961년 가을. 서독 정부의 공공차관을 교섭하기 위해 도독渡獨했다. 이때 본인의 주 보좌역은 백영훈 박사와 공업국장인 함인영 박사였다. 백 박사는 독일에서 경제를 공부한 분이니까 그곳 사정에 정통해 있었다. 독일 경제재건의 저력을 잘 알고 있었고, 경제성장을 위해 해외에 자본재를 수출해야 한다는 원리를 잘 파악하고 있었다."(정래혁, 2001, 276쪽)

백영훈은 서독과의 협상 이론과 전략을 제시했을 뿐만 아니라 양국 정부 간 협상 테이블을 마련하는 데에도 결정적으로 기여했다. 정부 간 협상이 이뤄지기 전, 그는 매일 본(Bonn)대학에서 경제학을 가르치고 있던 프리츠 포크트 교수의 집을 찾았다. 동독이 고향인 포크트 교수는 그의 뉘른베르크대 스승이었다. 그는 포크트 교수의 소매를 붙잡고 방독의 목적을 설명했다. 때론 포크트 교수의 부인을 붙잡고 하소연하기도 했다.

"한국의 경제성장을 위해 서독으로 돈을 빌리러 왔습니다. 한국은 지금 죽을 지경입니다. 외환 보유고와 국민소득 등 모든 것이 열악합니다. 우리는 돈이 필요합니다. 교수님, 도와주십시오."

한국경제사절단은 이 사이 영국의 산업시설을 시찰하고, 이탈리아와 스위스를 거쳐 독일 기업을 시찰하고 있었다. 지성至誠이면 감천感天이었을까. 포크트 교수에게서 연락이 왔다.

"협상 창구는 에르하르트 경제성장관이 될 수 없고, 대신 루드거 폰 베스트릭 경제성차관으로 해 비공식적으로 만나라."

비공식적 협상이라는 점과 파트너가 경제성 최고 책임자인 에르하르트 장관이 아닌 차관이라는 점 등은 다소 아쉬운 대목이지만, 당국자를 만날 수 있는 자체만으로도 일단 성공의 발판을 마련한 셈이었다. 정부 간 협상채널이 열렸기 때문이다.

한국과 서독 간 차관교섭 회담이 시작된 것은 1961년 12월 11일. 한국경제사절단이 한국을 떠난 지 거의 1개월이 다 돼가던 시기였다. 협상에는 한국 측 대표로 정 장관과 신응균 주독 한국대사 등 10명이 나섰고, 서독 측에서는 베스트릭 경제성차관과 브루노 태팬 외자협조처장, 프리츠 슈페펠트 외자협조처차장 등 10명이 나섰다. 비공식 협상은 독일 연방경제성차관의 응접실에서 열렸다. 베스트릭 차관은 능숙한 솜씨로 협상을 이끌었다. 베스트릭 차관과 한국 경제사절단과의 주요 대화 요지다.

"돈(차관)을 빌려서 무엇을 하려 하십니까?"

"우리는 낙후된 경제를 발전시키기 위해 서독의 차관을 빌려 공장을 짓고 사업을 하려 합니다."

한국경제사절단은 미리 준비했던 사업 계획서와 공장 리스트를 베스트릭 차관에게 자세히 설명했다. 한국이 서독 정부에 제시한 공장 및 사업은 △호남비료 나주공장 건설 △인천 한국기계공장 확장 △석탄공사 관산중장비 △인천제철 확장 △삼척 동양시멘트 공장 △중소기업 기계공장 지원 등이었다. 한국경제사절단과 서독 정부 간 설명과 질문, 대답이 이어졌다. 한국 측은 한국 사람이 근면한 민족이며 한국은 동아시아의 민주주의 보루로서 잠재성이 있음을 강조했다(정래혁, 2001, 276-277쪽 참고).

회담 이틀째인 12월 12일. 차관교섭의 최대 고비였던, 한국경제사절단과 에르하르트 경제성장관과의 만남이 이뤄졌다. 정 장관과 신 대사는 30여 분간 에르하르트 장관과 회담했다. 나중에 수상이 된 에르하르트 장관은 육중한 체격에 입엔 시가를 물고 협상단을 맞았다. 정 장관은 경제개발 5개년 계획을 설명하고 경제원조와 차관을 부탁했다. 에르하르트 장관은 건전한 장기계획에 대해선 원조를 할 것이라고 원칙적으로 답변했다. 이날 회동에서 비로소 차관 제공이 사실상 승인됐다.

협상 3일째인 12월 13일. 베스트릭 차관은 한국경제사절단과의 협의에서 차관 규모를 최종적으로 확정했다. 서독은 한국이 요구하는 3억 마르크(약 6000만 달러)의 절반 수준인 1억 5000만 마르크(약 3750만 달러)를 제공하기로 했다.

그렇다면 포크트 교수는 어떻게 해 한국경제사절단에 서독 정부와 비공식 협상채널을 연결해줄 수 있었을까. 거기엔 전후 독일 경제부흥을 주도한 '오르도(Ordo·질서)학파'의 인맥人脈이 있었기에 가능했다. 포크트 교수는 서독 경제정책을 주도한 에르하르트 경제성장관과 같은 뉘른베르크대(Friedrich-Alexander-Universität Erlangen-Nürnberg, FAU) 출신의 오르도학파였다. 주로 뉘른베르크대 출신들로 구성된 오르도학파는 '사회적 시장경제 체제(Social Market Economic System)'론을 주장했다. 사회적 시장경제란 민간 기업에게 가능한 최대의 자유주의적 시장경쟁을 보장하지만, 사회적 형평과 시장질서 확립을 위해 필요한 만큼 정부의 시장개입을 허락하는 체제이다. 고전적 자유주의와 사회주의의 장점을 접맥한 것으로, 고전적 자유주의와 사회주의 모두와 차별성이 있다는 게 백영훈의 설명이다.

"고전적 자유주의에 의하면 정부개입은 무조건 불필요한 것으로 이해하고 있지만, 사회적 시장경제는 건전하고 효율적인 시장기능을 위해 정부개입도 필요하다는 입장이다. 사회적 시장경제는 시장의 사회적 기능을 강조한 점과 공정한 경쟁이 정부법령에 의해 보장돼야 한다는 점에서, 문제를 하나하나 풀어간다는 현실적인 정책론이라는 점에서, 이상적으로 역사적인 법칙성에 바탕을 둔 사회주의와도 근본적인 차이가 있다."(백영훈, 2001, 139쪽)

특히 오르도학파의 사회적 시장경제론은 에르하르트가 서독 경제성장관이 되면서 구체화됐다. 에르하르트가 이끄는 경제성에 오르도학파의 창시자 중 한 명인 알프레드 뮐러-아르막(Alfred Muller-Armack·1901-1978)이 가세하면서 사회적 시장경제론은 더욱 강화됐다. 독일 경제발전을 이끈 국가발전의 핵심 전략이 됐고, '라인강의 기적'으로 이어지며 그 권위를 인정받았다.

백영훈과 포크트 교수와의 인연이 시작된 것은 1956년. 그가 뉘른베르크대 경제학과 대학원으로 옮기면서 시작됐다. 뉘른베르크대 경제학과는 오르도학파의 본류로, 막스 베버(Max Weber·1864-1920)와 에르하르트 등이 배출된 곳이다. 백영훈은 고故 신태환 전 서울대 교수의 소개로 이곳에서 포크트 교수를 처음 만났다.

백영훈은 1956년 서울대에서 석사학위를 받은 뒤 1958년 8월 뉘른베르크대 에를랑겐대학원에서 박사학위를 받았다. 논문은 「후진국의 공업화 발전이론」. 그는 이 논문에서 후진국의 발전 전략으로 수출주도 경제성장 전략을 제시했다.

백영훈은 포크트 교수가 마련한 파티에서 한 당부當付를 지금도 잊을 수 없다고 회고했다. "독타 백(Doctor Park)", 포크트 교수는 이렇게 다정스럽게 부른 뒤 당부했다.

"너는 죽어서도 이제 박사다. 우리가 학위를 주는 것은 조국을 위해 일하라는 의미이다. 쓸 일이 많이 있을 것이다. 정부나 기업에서 일하지 말고 꼭 학자가 되어라. 나와 이 약속을 지킬 수 있겠느냐?"

"교수님, 그렇게 하겠습니다. 약속합니다. 정부나 기업에 들어가서 일하지 않고 학자로서 국가에 기여하겠습니다."

백영훈은 포크트 교수의 당부를 잊을 수 없었다. 이후 '경제발전 5개년 계획' 수립과 서독과의 차관교섭 등에 기여함으로써 포크트 교수와의 약속을 지켰다고 필자에게 회고했다.

'경제개발 5개년 계획' 수립에 기여

　백영훈은 뉘른베르크대에서 박사학위를 받은 뒤 바로 귀국하지 못했다. 1000달러 안팎이던 항공료가 없어서였다. 그래서 포크트 교수 밑에서 아르바이트를 하며 항공료를 모으고 있었다. 1958년 어느 날, 서독 언론에 그의 박사학위 수여 소식이 실렸다. 이를 읽은 손원일 당시 주독 한국대사가 장준걸 경제참사관을 통해 그를 불렀다. 손 대사는 이때 백영훈이 항공료가 없어 귀국하지 못하고 있다는 사연을 알게 됐고, 이 사실을 이승만 대통령에게 편지로 알렸다. 이 대통령은 백영훈에게 항공비용을 보내줬다.

　1958년 11월 2일 서울 여의도 비행장. 그는 이승만 대통령이 보내준 항공료로 비행기 표를 구해 금의환향錦衣還鄉했다. 공항에는 어머니와 아내 방한진 씨 외에도 김일환 상공부장관이 기다리고 있었다. 지프를 타고 경무대로 들어간 그는 이 대통령과 프란체스카 여사를 만났다.

백영훈은 그해 11월 20일 중앙대 경제학과 교수로 채용됐다. 임영신 당시 중앙대 총장은 루이스 홀에서 그에게 직접 교수 임명장을 줬다. 그는 '경제학 박사 1호'라는 별칭이 붙었다. 강의실은 학생들로 인산인해를 이뤘다.

하지만 1961년 5·16쿠데타가 터지면서 그의 인생도 바뀌었다. 강의를 하던 어느 날 오전. 경찰 3명이 강의실로 들이닥쳤다. 경찰은 그를 다짜고짜 강단에서 끌어내린 뒤 곧장 서울의 수색예비사단으로 끌고 갔다. '정의사회 구현'을 명분으로 시작된 '병역 기피兵役忌避' 단속 대상으로 몰린 것이다.

백영훈은 7월 1일 충남 논산훈련소에 끌려갔다. 오전 6시 훈련소 운동장에서 박병권 연대장이 지켜보는 가운데 훈련병을 대표해 선서했다. 짧은 머리에 검게 그을린 얼굴. 연단 위에는 5·16 이후 변화된 훈련소 모습을 취재하러 온 기자들이 지켜보고 있었다.

"나 경제학 박사 백영훈은 군대를 기피했습니다. 이제는 국가를 위해 충성을 하러 왔습니다!"

선서는 1주일 내내 계속됐다. 훈련생 대표로 기자들이 찾아올 때마다 훈련소의 변화된 모습을 설명해야 했다. 고통스러웠다. 그는 그곳에서 3개월간 박종세(1935년생) 전 KBS 아나운서와 함께 혹독한 훈련을 받았다. 박종세의 회고이다.

"나와 함께 중앙대 교수였던 백영훈 박사가 훈련생 대표를 맡았다. 기자들이 5·16 이후 달라진 논산훈련소의 모습을 취재하러 오거나, 고위층 인사들이 시찰을 나올 때면 나와 백 박사가 훈련생 대표로 나가 달라진 훈련소를 홍보하고 군인의 각오를 얘기하곤 했다. 백 박사는 나보다 나이도 많았고 박학다식했다. 외부 인사를 상대로 훈련소 상황을 조리 있게 설명할 때는 나도 경청할 정도였다."(박종세, 2004, 97쪽)

하지만 쿠데타 세력에 의해 고초를 당한 그는 박정희 정권의 최대 업적 가운데 하나로 꼽히는 '경제개발 5개년 계획'의 수립에 적지 않은 기여를 했다.

논산훈련소에서 군복무 중이던 1961년 10월 어느 날. 백영훈은 한준섭 소령의 안내로 지프차를 타고 서울 남산 중앙정보부로 들어갔다. 건물 현관에는 선글라스를 낀 채 권총을 찬 젊은 사람이 기다리고 있었다. 김종필 중앙정보부장이었다.

"백 박사를 찾느라 고생했습니다. 잘 도와주십시오."

백영훈은 이후 남산 중앙정보부 지하실에서 최경진 등에게서 '혁명 공약'과 정부 이념 등을 교육받은 뒤 '정책판단관'에 임명됐다. 언론인 출신인 신 모 씨가 정치담당 정책판단관이 됐고 그는 경제담당 정책판단관이 됐다. 그는 팀장으로서 백명원 한국은행 외환관리부장 등과 함께 팀을 이뤘다. 자문위원회에는 이창렬, 최호진, 이경헌 교수와 나익진 차장 등 7-8명이 위촉됐다.

백영훈 등은 한국 경제발전 전략과 구체적 실행계획을 놓고 밤샘 토론을 계속했다. 자문위원과도 수시로 의견을 교환했다. 물론 장면 민주당 정권의 '경제개발 3개년 계획'을 상당 부분 참고했다. 그렇게 1개월여. 경제개발 5개년 계획이 만들어졌다.

1962년 1월 13일. '제1차 경제개발 5개년 계획'이 발표됐다. 핵심 내용은 백영훈의 박사학위 논문에서 이미 어느 정도 윤곽이 잡혔던 후진국 공업화 전략戰略인 '수출주도輸出主導형 경제성장 전략'이었다. 그는 한국 경제발전 모델과 전략으로서 '불균형不均衡 성장 모델'과 함께 '수출주도형 경제성장 전략'을 제시한 것이다. 백영훈의 설명이다.

"비록 장면 민주당 정권의 '경제개발 3개년 계획' 가운데 농촌개발 등 상당수 정책을 채용했지만, 우리의 '경제개발 5개년 계획'은 수출주도형 경제성장 전략이라는 점에서 핵심적인 차이가 있다."

물론 이 같은 평가에 이견이 없는 건 아니다. 박정희 정권의 경제개발 5개년 계획안을 건설부안과 최고회의안, 경제기획원안, 상공부안 등으로 구분한 이완범은 5개년 계획안의 국가발전 전략의 핵심은 민주당 장면 정권에서 유래했고, 수출주도형 발전전략은 이때에도 녹아있지만 1964년 이후부터 본격적으로 채택됐다고 분석했다.

"자유당 정권의 계획은 다부문 균형성장 모델이었는데, 민주당 정권의 그것은 요소공격식 불균형 성장론이었다. 불균형 성장론은 박정희 정권의 경제개발계획이 민주당 정권의 그것에서 그대로 계승했던 점이다."(이완범, 2006, 60쪽)

백영훈은 1962년 1월 발표된 '제1차 경제개발 5개년 계획'안에서 수출주도형 발전전략을 전면적으로 주장하지 못한 것은 최고회의 측 박희범 교수 등의 반대가 컸기 때문이었다고 회고했다.

가난한 국비 유학생, 기내식에 울다

　광부 파독과 서독 차관 도입에 적지 않는 기여를 하는 등 한국과 독일 간 가교 역할을 한 백영훈白永勳은 가난한 국비 유학생國費留學生 출신이었다. 시대의 격류에 휩쓸리기도 했고, 때론 국가적인 가난에 남모르는 서러움도 겪어야 했다.

　1930년 전북 김제에서 태어난 백영훈은 1950년 고려대 경제학과에 입학했다. 하지만 입학 3개월 만에 6·25전쟁이 발발하면서 '인민의용군'으로 끌려갔다. 한강 다리가 끊겨 서울 시내를 배회하다가 붙잡힌 것이다. 서울 수송초등학교에서 훈련을 받고 포항작전에 투입된 그는 미군의 폭격이 빗발치던 순간을 이용, 탈출에 성공했다. 이후 고향 전북 김제의 친척집에서 숨어 3개월을 보냈다.

　인천상륙작전으로 9월 28일 서울이 수복되자, 그는 대구에 있던 고려대 임시학교에서 수업을 받기 시작했다. 하지만 또다시 '국군

학도병'으로 징집됐다. 징병 1기였다. 1951년 2월. 백마고지에서 4개월째 전투에 참여했던 그는 영어를 할 수 있다는 이유로 부대 내에서 비공식적인 노무단 관리장교역을 맡았다. 특히 이항로 중대장에게서 미군 3사단 옆 '국민방위군' 통역장교로 근무하라는 지시를 받고 국민방위군에서 근무하기도 했다.

1년 2개월 뒤 국민방위군이 해산되면서 서울 병무청에 전역신고를 하러 갔다. 하지만 병무청 측은 다시 군대를 가야 한다고 했다. 군복무 기록 자체가 없는 데다가 국민방위군에서 받은 군번은 가짜라는 게 이유였다. 두 번이나 군대에 끌려갔지만 또다시 군대에 가야 하다니.

백영훈은 억울했다. 그래서 징집을 연기시켜주는 국비유학생에 주목했다. 군대 징집을 연기하기 위한 불가피한 선택이었다. 1954년 국비유학생 모집에 응모했다. 그는 그때 양정고에서 영어교사 아르바이트를 하며 서울대 경제학과 대학원에 재학 중이었다. 유학 대상 국가는 미국과 영국, 프랑스, 독일 4개국. 그는 미국과 영국의 경쟁률이 너무 높아 상대적으로 낮은 독일을 지원했다. 그는 4.5대 1의 경쟁을 뚫고 합격, 1955년 2월 독일로 유학을 가게 됐다.

1961년 서독과의 차관 교섭이 있기 6년 전인 1955년 2월 어느 날 밤. 서독 프랑크푸르트 공항에서 비행기 한 대가 착륙하자마자 한 한국인이 트랙 위를 미끄러져 달려 나왔다. 쫓기는 듯한 모습이었다. 국비유학생 백영훈이었다.

백영훈은 5일 전 서울 여의도공항에서 출발했다. 그는 한 번도 기내 음식을 먹지 않았다. 식사를 나르던 여승무원이 무엇을 먹겠느냐고 물으면 한결 같이 답했다. "노우(No)." 기내식을 먹으면 식사 값을 추가로 내야 하는 줄 알았기 때문이다. 그에게는 전북 김제에서 어머니가 준 양말 속 15달러가 전부였다.

하지만 배가 너무 고팠다. 첫 경유지인 홍콩에서 다른 비행기로 갈아타기 직전 가판 수레에서 팔던 바나나를 샀다. 1달러를 건네니 주인이 가판수레에 놓인 바나나 절반을 줬다. 한 무더기였다. 봄베이와 뉴델리, 베이루트, 테헤란, 텔아비브, 로마 등 7-8곳을 거쳤다. 식사시간마다 그는 바나나를 먹었다. 평소에 밥만 먹어왔던 그였기에 계속된 바나나식사에 탈이 났다. 얼마 지나자 배가 꼬이고 설사가 났다. 화장실에서 주저앉기를 몇 번.

로마에서 미국인이 자신의 옆 좌석에 탔다. 미국인은 한국인 유학생이 화장실에 들락거리는 모습을 보더니 마카로니를 시켜 줬다. 식사를 사주는 줄 알았기에 "댕큐(Thank you)"를 연발했다. 그런데 미국인이 비행기가 프랑크푸르트공항에 도착할 때까지 밥값을 내지 않는 게 아닌가. 기내식이 항공료에 포함돼 있다는 사실을 몰랐던 백영훈은 자신이 돈을 내야 하는 줄 알고 불안해졌다. 메뉴판의 비싼 술값을 고려하면 밥값도 엄청날 텐데. 불안하고 불안했다.

비행기가 멈췄다. 그는 출구를 빠져나왔고, 혹시나 밥값을 내라고 누가 부를까봐 가슴을 졸이면서 걸었다. 그런데 이때 뒤에서 갑자기 딱딱한 안내방송이 흘러나오는 게 아닌가.

"악톤! 악톤!(영어 Attention 의미)"

백영훈은 밥값을 내지 않는 자신을 찾는 소리인 줄 알고 달리기 시작했다. 쫓기듯이 비행기를 빠져나왔다. 당시에는 그가 6년 후 서독과의 차관협상에서 두각을 나타낼 줄 아무도 몰랐다. 가난한 시절, 우리들의 슬픈 자화상이었다.

> 가로등이 어둠 속에서
> 젖은 포도를 비추고 있다―
> 이 늦은 시각에 아직 잠자지 않는 것은
> 가난과 악덕뿐이다.
>
> ―헤세, 「깊은 밤거리에서」에서

보론: 서독 차관과 광부 파독 간의 관계

1963년부터 시작된 광부 파독과 1961년 12월 합의된 서독 차관과의 관계를 둘러싸고 국내에서는 적지 않은 논란論難이 벌어지고 있다. 한편에서는 파독 광부와 간호사의 임금을 담보로 서독의 상업차관을 빌려왔다는 '임금 담보설賃金擔保說'을 주장하는가 하면, 다른 한편에선 서독 차관과 광부 파독은 전혀 관계가 없다는 '무관계설無關係說'로 맞서며 공방이 벌어졌다. 각각의 주장을 좀 더 구체적으로 살펴보자.

먼저 '임금 담보설'은 2003년 11월 이후 '육사 교장의 편지'라는 제목으로 인터넷에 유포되면서 우리 사회에서 급속히 확산됐다. 김충배 전 육군사관학교장은 2003년 11월 22일 교내 강당에서 생도 1000여 명에게 이 같은 내용이 담긴 동영상을 보여준 것으로 알려져 있다. 다음은 인터넷에서 떠도는 '육사 교장의 편지' 중 관런 내용이다.

"지푸라기라도 잡고 싶은 마음에 우리와 같이 분단된 공산국 동독과 대치한 서독에 돈을 빌리려 대사를 파견해 미국의 방해를 무릅쓰고 1억 4000만 마르크를 빌리는 데 성공했다. 당시 우리는 서독이 필요로 한 간호사와 광부를 보내주고 그들의 봉급을 담보로 잡혔다."(김충배, 2003.11.)

이후 '광부와 간호사의 봉급을 담보로 서독 차관을 받았다'는 등의 내용이 각종 칼럼이나 게시판 등을 통해 꾸준히 확산돼 왔다.

조금 다른 맥락이지만, 1961년 서독 차관교섭 당시 물밑 협상을 주도한 백영훈도 자신의 책이나 각종 인터뷰, 강연 등에서 서독 상업차관의 지급보증 문제를 해결하는 과정에서 광부 파독이 양국 정부 간 비공식적으로 합의됐다며 차관 교섭과 광부 파독과의 관련성을 주장한다(백영훈, 2001, 45-49쪽 등 참고).

반면 간호사의 대규모 파독을 주도한 이수길李修吉 등은 1961년 합의된 서독 차관과 광부 및 간호사 파독 사이에는 아무런 관계가 없다고 주장한다. 이수길은 필자 및 각종 언론 인터뷰에서 "간호사 파독은 정부와는 무관하게 진행됐다. 간호사의 임금을 담보로 차관을 받았다든지… 등의 일부 보도는 사실이 아니다"(송병승, 2008.1.30.)고 강조했다. 1966년부터 대규모 간호사 파독을 주도한 사람으로서, 간호사 파독이 한국과 독일 양국 정부 간의 협상과 무관하게 민간 차원에서 자율적으로 추진됐다는 점을 강조한 것이다.

아울러 '진실·화해를 위한 과거사정리위원회'도 2008년 기자회견을 갖고 '임금 담보설'에 대해 사실 무근이라고 밝혔다. 과거사 정리위원회는 그 근거로 △1961년 서독 차관 가운데 장기 개발차관(재정차관)은 지불보증이 필요 없으며 상업차관도 독일 정부가 수출보증을 섰기에 지급보증이 필요 없었고 △광부 간호사 파독을 기록한 독일 측 자료의 어디에도 상업차관 지급보증에 대한 기록이 없으며 △상업차관 교섭과 실제 자금을 받은 시기는 1961-1962년인데 반해 광부 파독은 1963년, 간호사 파독은 1966년부터 이뤄지므로 시기적으로 맞지 않는다고 발표했다(진실·화해를 위한 과거사정리위원회, 2009, 195-205쪽 참고). 이후 이뤄진 많은 연구에서도 광부 파독은 상업차관 도입과 관계가 없다는 주장이 이어지고 있다(이영조·이옥남, 2013.2, 171-194쪽 참고).

과연 서독의 상업차관과 광부 파독과의 관계는 무엇일까. 진실은 무엇이고, 우리는 이 문제를 어떻게 바라봐야 하는가. 충분한 자료와 관계자 증언 등을 바탕으로 검증해야 하겠지만, 지금까지 확보된 제한된 자료와 증언을 토대로 잠정적으로 검토해보자.

먼저, 파독 광부 및 간호사의 임금을 담보로 서독 상업차관을 빌렸다는 '임금 담보설'은 두 나라 정부의 공식 서류로는 확인되지 않아 공식 자료상으로는 지지받지 못한 것으로 보인다. 서독 차관 도입과 관련한 핵심 서류인 1961년 12월 13일 의정서 등에서는 광부 파독 등이 전혀 거론돼 있지 않기 때문이다.

둘째, 그렇다고 당시 서독이 한국 정부에 제공한 차관은 '장기 개발을 위한 재정차관으로 지급보증 문제가 전혀 제기되지 않았다'

는 주장 또한 사실과 부합하지 않는 것으로 보인다. 왜냐하면 1961년 12월 13일 협정을 통해 들어온 독일 차관은 독일재건은행(KfW)에서 받는 정부(재정)차관만이 아니라 상업차관도 분명히 포함돼 있었기 때문이다. 정래혁 상공부장관 자신이 차관 협상이 타결된 후 귀국 기자회견에서 절반 정도는 정부 재정차관이었지만 나머지는 지급보증 등 독일의 민간 금융시스템에 따라 이뤄져야 하는 상업(민간)차관이라고 분명히 밝혔다(『한국일보』, 1961.12.18, 1면;『한국일보』, 1961.12.19, 1면 등 참고). 실제 이때 유치된 독일 상업차관은 이후 시멘트공장과 장성탄광 개발 등에 투입됐다.

셋째, 베일 속에 가려 있던 서독 상업차관의 지급보증 문제는 당시의 공식 기록에는 거론되지 않았고 1961년 12월 타결된 의정서에도 적시되지 않았다는 점에서 의정서 체결 이후 당국 간 후속 논의나 비공식적 협의가 이뤄졌을 가능성이 제기된다. 더구나 서독 상업차관은 헤르메츠(Hermerz)수출보험공사가 보증을 서고 KfW가 자금을 낸 것으로 알려져 있는데, 1961년 12월 13일 합의된 의정서에는 이런 내용이 전혀 적시돼 있지 않다는 점에서 의정서 체결 이후 협의가 이뤄졌을 가능성이 높은 것으로 보인다. 왜냐하면 정부 차관의 경우 KfW를 통해 자금이 제공될 것임이 의정서에 명시됐는데, 만약 상업차관도 KfW를 통해 제공될 것임이 그 당시 합의됐다면 역시 의정서에 적시돼 있어야 하지만 당시 의정서에는 적시돼 있지 않았기 때문이다. 이는 협상 당시에는 거의 문제가 제기되지 않다가 뒤늦게 지급보증 문제가 부각돼 애를 태웠다는 백영훈의 증언과도 일치한다. 실제 이후 진행과정을 보면 차관 제공이 곧바로 이뤄지지 않고 다소 시차가 드러난다. 한국과 독일 정부는 차관 교섭이 이뤄진 이듬해인 1962년 11월 13일 7500만 마르크의 상업 차관 가운데 3500만 마르크의 상업차관을 15개년에 걸쳐 개발차관으로 제공할 것을 규정하는 협정에 조인하는 등 후속 협의를 벌인 것이 확인됐다. 1962년 11월 조인식에는 우리 측에서 최덕신 당시 외무장관이 참석하기도 했다(『경향신문』, 1962.11.14, 1면 참고).

넷째, 더구나 1961년 서독 차관 교섭 과정에서 물밑 협상을 주도한 백영훈의 증언은 매우 구체적이고 일관돼 있어, 비록 증언을 뒷받침하는 객관적인 자료는 아직 제시되지 않았지만, 사실이 아니라고 부정하기도 쉽지 않아 보인다. 그는 각종 저술과 인터뷰에서 서독 차관 도입과 광부 파독이 밀접한 관련이 있고, 특히 상업차관의 지급보증 해소와 깊은 관련이 있었다고 구체적이고 일관되며 지속적으로 주장해왔다.

다섯째, 그렇다고 하더라도 백영훈이 주장하는 광부 파독과 서독 차관과의 관계성도 현실에서 구체적으로 그리고 곧바로 드러나지 않는다는 점에서 추가적인 검토가 필요해 보인다. 한국 정부와 서독 정부, 서독 탄광협회 사이에 진행된 광부 파독 과정을 들여다보면 광부 파독은 서독 차관 교섭이 이뤄진 지 1년이 더 지난 뒤에야 구체성을 띤다. 즉 광부 파독은 1962년 5월 서독의 유명 기업인 만(MAN)사가 주독 한국대사에게 한국인 근로자 500-1,000명의 고용의사를 표명하고 1963년 1월 한국 정부가 주서독 한국대사에게 서독으로의 인력진출 종합계획 추진을 지시하면서 본격화한다. 그해 5월 독일 노동성에서 한국인 광부 250명을 고용하겠다고 정식

의사를 표명하고 한국 정부가 마침내 광부 파독에 나서게 되기 때문이다(진실·화해를위한과거사정리위원회, 2009, 183-187쪽 등 참고).

여섯째, 방법론적으로 차관 도입과 광부 파독과의 관계를 현재 양국 정부가 공개하고 있는 공식 문서로만 검증하겠다는 것도 문제다. 진실 규명에 한계가 있기 때문이다. 민감하고 전략적인 외교 교섭의 경우 자료가 공개되지 않거나 아예 작성되지도 않는 경우가 많다. 아울러 실제 교섭도 공식적인 협상이 아닌 이면裏面 또는 물밑에서 이뤄지는 경우도 적지 않다. 그런 점에서 '악마'는 디테일(Detail)에만 숨어 있는 게 아니다. 악마는 빛나는 교섭장交涉場이 아닌 베일 속에도 자리하고, 화려한 세리머니(Ceremony) 순간이 아닌 그 이전 또는 그 이후에 몰려오는 존재 아니던가. 서독 차관과 광부 파독과의 관계를 공식 외교교섭 자료만으로 검증하려는 시도는 상당히 위험하다는 점도 지적하지 않을 수 없다.

이 같은 점을 종합해보면, 광부 파독과 서독 차관 도입과의 관계를 규명함에 있어 모든 가능성을 열어 놓고 총체적이고 심층적인 연구가 필요하다는 게 개인적인 생각이다.

제3장

지하 1,000m에서의
사투死鬪

.
.
.
.
.
.
.

1964년 5월 한국인 광부 입갱

밭을 타고 갈 수도, 차를 타고 갈 수도,

돌아서 갈 수도, 셋이서 갈 수도 있지만,

마지막 한 걸음을 너는

혼자서 떼어놓아야 한다.

-헤세, 「혼자서」에서

　'자연의 밤'은 물러갔으되, '육체의 밤'이 아직 항거하던 시각. 1964년 5월 11일 월요일 오전 5시 30분. 독일 노르트라인베스트팔렌 주 카스트롭라욱셀(Castrop-Rauxel)의 클뢰크너광산. 한국 광산과 달리 어마어마하게 큰 탈의실에 들어가 5-6m 높이에 매달려 있는 작업복을 보는 순간, 한국인 파독 광부들은 벌어진 입을 다물지 못했다.

놀라는 것도 잠시. 파독 광부 1차1진 60여 명은 이날 새벽부터 부지런히 작업복을 갈아입기 시작했다. '지하 전쟁'을 위한 장비를 하나씩 착용했다. 쏟아지는 탄 무더기에서 목숨을 구해줄 '지켜어하이트'(Sicherheit·안전모)와 '슈헤'(Schuhe·안전신발), 어둠 속에서 길을 밝혀주는 '람페'(Lampe·전등), 가죽으로 제작된 특수 장갑, 가스 유출에 대비한 가스마스크, 낮은 탄층을 기어다닐 때 몸을 보호해주는 무릎 받침과 앞정강이 보호대, 내리막길 엉덩이 보호대…. 아울러 식사꾸러미와 4-6ℓ 안팎의 물도 함께 준비했다.

파독 광부들은 떨리는 마음으로 자신의 '마켄 누머'(Markennummer)가 적힌 출근표를 찍었다. 이틀 전에 갱내를 둘러보긴 했지만, 그것은 견학일 뿐이었다. 이날은 한국인 파독 광부 1차1진이 입갱入坑한 역사적인 날이었다. 지하로 내려가기 위해 샤크트 앞에 섰다. 긴장과 설렘, 더 많은 두려움. 보통 3층으로 돼 있는 이 승강기는 층마다 12-15명을 태웠다. 담당 직원은 탑승 인원을 철저히 제한했다. 안전사고를 우려해서다. 아래로 내려간다는 신호를 보낸 뒤 아래에서 응답이 있어야 승강기를 운행했다.

"어이, 김형, 글뤽아우프(Gluckauf·행운이 있기를)!"

"이형도 글뤽아우프!"

승강기가 지하를 향해 힘차게 내달리기 시작했다. 폭발적인 속도였다. 비행기가 급하게 내려갈 때 느끼는 것처럼 귀가 먹먹해 왔다. 불과 2, 3분 만에 지하 700m의 막장에 도착했다. 드디어 문이 열렸고, 지하 세계도 함께 열렸다. 희미한 백열등 불빛. 거대하게 펼쳐진 지하의 세계. 지하 막장은 짙은 안개가 낀 듯한 분위기였다.

한국인 광부들이 3년간 청춘을 불살라야 할 지하 채탄장. 지하 굴속은 살아 꿈틀거리며 그들을 기다리고 있었다. 그들에게 땀과 눈물을 흘리게 하고, '신화'를 안기려 하고 있었던 것이다.

1963년 12월 독일 뒤스부르크와 아헨, 겔젠키르헨, 카스트롭라 욱셀로 흩어진 한국인 광부 1차1진은 1964년 5월에야 지하 갱으로 들어갔다. 본래 6주간의 현지 교육이 끝나면 갱으로 들어가게 돼 있었지만 상당히 늦어진 것이다. 왜 이렇게 늦어졌을까. 여기엔 에피소드가 있었다. 바로 '회충蛔蟲' 때문이었다.

한국인 파독 광부들 대다수가 입항 전 실시된 신체검사에서 회충이 발견됐다. 서독 정부와 광산회사는 발칵 뒤집혔다. 회충은 독일에서는 이미 사라진 지 오래였기 때문이다. 서독 정부와 광산 회사, 주독 한국대사관 측은 한국인 파독 광부 가운데 유일하게 회충이 발견되지 않은 한 광부에 주목했다. 그에게서 '약사인 친구의 권유로 출국 전 회충약을 먹고 왔다'는 말을 듣고 회충약 수소문에 나섰다.

그는 '알'만 기억할 뿐 정확한 이름을 알지 못했다. '알 코파(Alcopar)'란 회충약이었지만, 서독에선 회충이 사라진 뒤였기에 약조차 구할 수 없었다. 영국에 사람을 급파, 회충약을 구해 한국 광부들에게 먹였다. 특히 이 과정에서 남모르는 노력을 했던 사람은 경제기획원에서 파견된 주독 한국대사관 직원 김태경 씨로 알려지고 있다. 1차2진 파독 광부 이구희의 증언이다.

"회충이 없던 유일한 한국인 광부는 자신이 먹었던 회충약 이름을 아무리 기억하려 해도, '알' 자밖에 떠오르지 않았다. 김태경 씨는 의사로 있는 유학생에게서 영국제 '알 코파'라는 회충약이 있다는 사실을 알게 돼, 영국으로 날아갔다. 그는 사비를 털어 알 코파를 구입, 파독 광부에게 먹였다."

서독 측은 만일의 사태에 대비, 상당 기간 약물치료를 하며 경과를 주시했다. 이 기간 동안 한국인 광부들은 실습과 지상 노동을 반복해야 했다. 입갱이 늦춰진 한국인 광부들의 고통과 불안은 대단한 것이었다.

"문헌에서도 찾기 힘든 이 충蟲 때문에 우리들이 입게 된 심신의 피해란 대단하다. '다른 외국인은 6주의 교육기간이 끝나면 입항하는 데 왜 당신네 한국 사람은 입항하지 않느냐'고 물으면 대답하기가 매우 곤란했다. 나는 수없이 이런 질문을 받았다. 쥐구멍이라도 있으면 들어가고 싶은 심정이다. 세월이 가면 이곳에 있는 외국인이 다 알게 될 것이라고 생각하면, 손가락질이나 받지 않을까 두려움이 앞선다. 한국에서의 변 검사는 어떻게 된 것인지 아직도 나는 모르고 있다…. 오늘도 약명조차 알 수 없는(이제는 알고 싶지도 않은) 약을 먹었다. 의사 입회하에서 약을 먹을 때마다 충을 가졌다는 열등의식으로 기가 죽는다. 타국인은 휴일을 즐기는데 침대에 누워 멀쩡한 환자노릇을 하자니 고역이 아닐 수 없다. 누구나 열등해지는 것을 원하지 않을 것이다. 가뜩이나 텔레비전을 통해 한국의 판잣집과 영양실조에 걸린 앙상한 한국 사람을 이따금씩 보는 이곳 사람의 눈에 우리들 역시 전부가 보균자라는 것을 알게 된다면 한국을 어떻게 평가할까? 가슴 아픈 일이다."(김한용, 1964.10, 204-205쪽)

주로 폐결핵 환자들을 제한했던 서독 정부는 이 사건 이후 한국 정부에 회충에 대한 검사를 엄격히 해달라고 요청하기도 했다. 특히 이후 「독일 탄광에서 한국 광부의 잠정적 취업계획에 관한 한·독간의 협정」(제1차 파독 광부 협정)에는 다음 항목이 추가됐다.

"선발된 매 지원자는 한국을 떠나기에 앞서 의사의 지시에 따라 회충을 없애기 위해 알 코파 약을 먹어야 한다."(재독한인글뤽아우프친목회, 1997, 33쪽)

<표 3> 광부 파독 관련 주요 일지

일 자	주 요 내 용
1961.3.18	「대한민국 정부와 독일연방공화국 간의 기술원조에 관한 협정」 체결
1961.4.14	대한석탄공사와 서독 지멘스사, 루르탄광에 한국광부 고용각서 교환
1961.12.13	「대한민국 정부와 독일연방공화국 정부 간의 경제 및 기술협조에 관한 의정서」 체결, 독일 정부 및 상업차관 도입
1962.5.24	서독 만(MAN)사, 주독 한국대사관에 한국인 근로자 500-1,000명 고용 의사 표명

1963.1.7	한국 정부, 주독 한국대사에게 인력진출 종합계획 추진 지시
1963.5.11	독일 노동성, 한국 광부 250명 3년간 고용 희망
1963.8.9	한국 정부, 서울시장 및 각 도지사에게 파독 광부 모집 지시
1963.12.16	한국 정부와 독일연방공화국 탄광협회, 「독일 탄광에서 한국 광부의 잠정적 취업계획에 관한 한·독 간의 협정」 ('제1차 파독 광부 협정') 체결
1963.12.21	파독 광부 제1차1진 123명 출국
1963.12.21 -1966.7.30	제1차 광부 파독
1969.4.15	함본광산 Theodor Tehorst 사장, 한국 방문 광부 파독 요청
1970.2.18	한국 정부와 독일연방공화국 정부, 「한국 광부의 취업에 대한 한·독 정부 간의 협정」('제2차 파독 광부 협정') 체결
1970.7.29	한국해외개발공사 서독주재 사무소 설치
1970.2.19- 1977.10.22	제2차 광부 파독
1973.11.23	독일 정부, '외국 노동력 도입 중지' 방침 발표
1978	독일 정부, 외국 신규 근로자 고용 전면 금지

<출처> 진실·화해를위한과거사정리위원회, 2009, 186-187쪽 참고

희망 또는 마지막 비상구

　한국 정부는 1963년 6월 10일 보건사회부를 주무관청으로 하는 대규모 광부 파독 계획을 수립했다. 광부 1,500명을 파독시킨다는 목표 아래 우선 500명을 보내기로 하고 8월 13일 '독일 파독 광부 선출위원회'를 구성해 파독 광부를 모집하기 시작했다. 정부는 파독 광부의 자격으로 △중학 졸업 정도의 학력을 가진 20세 이상 30세 미만의 남자 △탄광 근무경험자 등으로 했고, 근로 조건은 △3년 동안 독일 루르탄광에 노동력을 제공하고 기술훈련을 받는 대신 △162달러 50센트(약 650마르크)의 월급을 받는 것으로 했다.

　1차1진의 경우 처음 선발시험에 무려 2,894명이 응모, 3단계 선발 과정을 거쳐 1963년 9월27일 375명으로 압축됐다. 언론도 375명의 명단을 일일이 보도할 정도로 인기人氣였다. 파독 광부로 선발되는 것은 그 인기만큼 대단히 어려웠다. 오죽했으면 국회의원 선거에서 지역주민을 파독 광부로 뽑아주겠다며 한 표를 호소하는 후보까지 있었을까. 조정래의 소설 『한강』 제4권의 한 대목이다.

"나 이번에 여러 공약 중에서도 여러분의 귀가 번쩍 띄는 공약 한 가지를 자세하게 말씀드리고자 합니다. 그것이 뭐냐! 바로 서독에 가는 광부와 간호사의 문제올시다. 여러분도 진작 소문 들어다 알고 있겠지만 서독에 광부와 간호사로 가면 떼돈을 벌 수 있다는 게 사실입니다. 한 달에 쌀 열 가마 값이 넘는 돈, 일반 공무원의 7-8배가 넘는 돈을 버는 것이니 그것이 떼돈이 아니고 무엇이겠습니까. 계약 기간 3년 동안에 그 돈을 벌어오면 그 사람은 바로 떼부자가 됩니다. 여러분, 여러분은 떼부자가 되고 싶지 않으십니까!"(조정래, 2003, 245쪽)

그렇다면 파독 광부가 되기 위해 몰려든 그들은 누구였을까. 독일 현지에서 파독 광부 출신 등을 종합적으로 확인할 수 있는 자료를 확보하지는 못했다. 다만 "춥고 배고프던 시절 우리 사회의 다양한 군상群像들"이었다고, 파독 광부들은 증언했다. 즉 우리 사회의 민중民衆이었다는 얘기다.

"우리 광부들의 신상명세는 천차만별이었다. 진짜 광부에서부터 명동에서 주먹깨나 쓰던 건달, 대학 졸업 학사, 퇴직당한 고교 교사, 사업에 실패한 사업가, 예비역 중령 등등. 국회의원 비서관을 하다가 '영감'님이 다음 선거에서 낙선하는 바람에 서독으로 날아

온 친구도 있었다."(홍종철, 1997, 181쪽)

그들은 왜 파독 광부가 되려 했을까. 다양한 출신 성분만큼이나 파독 광부를 지원한 동기動機 또한 가지각색이었다. 이민을 목적으로 오는 사람, 유학을 계획하고 온 사람, 한국 사회의 탈출구로 생각한 사람, 돈을 벌기 위해 가는 사람….

상당수는 해외 이민移民이나 이주移住를 위한 방편으로 파독 광부를 지원했다. 파독 광부는 그들에겐 희망의 또 다른 '사다리'였던 셈이다. 실제로 이들 가운데 많은 사람은 계약완료 후 한국으로 귀국하지 않고 독일에 정착하거나 미국을 비롯한 제3국에 정착했다. 현재 독일에서 살고 있는 파독 광부 출신 최병진의 얘기다.

"돈을 벌려고 독일에 온 게 아니라, 애초부터 미국에 가기 위한 방편으로 파독 광부를 지원했다. 친구들끼리 모여 앉아 얘기할 때면 '어떻게 해서라도 내가 먼저 미국에 들어가겠다'고 말했다. 친구의 도움으로 1964년 10월 독일에 오게 됐다. 미국행의 방편으로 독일행을 택했기에, 부모에게도 알리지 않을 정도였다. 큰 가방을 준비했던 다른 광부와 달리, 나는 만년필 한 개를 가슴에 꽂고 세면세트 하나 준비하고서 유람 가듯이 독일에 왔다."

유학을 위한 방편으로 파독 광부를 선택한 경우도 더러 있었다. 한국 경제나 개인 여건 때문에 해외 유학을 가기 힘들었던 사람들에게 파독 광부는 좋은 기회였다. 파독 광부 출신으로서 독일 본

(Bonn)대학에서 박사학위를 받은 조희영趙熙榮 전 동국대 교수가 대표적이다. 그는 광산에 배치된 지 3일 만에 스스로 대학을 찾아가 어학연수 과정에 등록했다(정성수, 2000.8.28, 해외판).

일부는 박정희 정권의 군사독재 등 암울했던 한국 사회를 탈출하기 위한 '비상구非常口'로써 광부 파독을 바라보기도 했다. '동백림(東柏林·동베를린) 사건'으로 옥고를 치른 박성옥의 경우다.

"살기 좋은 사회와 나라를 만들겠다는 생각을 가졌지만, 힘이 부족했다. 또 인간답게 살기를 바라는 생각을 사회가 수용할 수 있는 여건이 아니었다. 이러한 상황에서 파독 광부 모집은 새 기회를 갈망하는 이들에게 탈출구였고, 비상구였다. 개인적인 동기를 살펴보면, 1961년 5·16 쿠데타로 군인이 정치세력의 전면으로 등장, 사회를 지배하는 체제가 되면서 혁신계열의 '사회대중당' 활동을 했던 우리 같은 사람을 사회적 장애물로 인식하는 듯했다. 그래서 파독을 생각했다."

소수이지만, 어릴 적부터 독일을 비롯한 서구 문명에 대한 동경이나 호기심 등으로 파독 광부에 지원한 경우도 있었다. 조립의 경우다.

"사법고시를 한차례 치러 떨어진 뒤 군에 입대했고, 제대했더니 파독 광부를 모집한다고 해서 지원했다. 사실 독일은 중고교 시절부터 '유학을 갔으면' 하는 선망의 대상이었다. 공부도 더하고 싶었다. 그래서 독일에 오게 된 것이다."

　물론 독일의 선진 경제시스템과 근검절약하는 생활문화 등을 배워오겠다는 동기 때문에 파독 광부를 지원한 경우도 일부 있어 주목된다. 파독의 본래 목적 가운데 하나였던 '산업연수생' 제도의 취지와 직접적으로 일치하진 않지만, 그래도 그나마 부합하기 때문이다. 최병진의 증언이다.

　"선반 공장 직원이었던 박재규라는 사람은 '독일이 어떤 곳인지, 많은 것을 배워 오라'는 사장의 지시에 따라 독일에 온 경우였다. 선반기계 오퍼상을 하며 큰돈을 모은 사장은 파독 광부 1차1진으로, 독일에서 많은 것을 보고 느낀 뒤 귀국했다. 하지만 (사장과 달리) 박재규는 사정이 여의치 않아 3년 근무 뒤 독일에 눌러앉았다."

　하지만 대다수는 돈을 벌기 위해 파독 광부를 선택한 사람들이었다. 지긋지긋한 가난을 벗어나고 싶거나 부모에게 '쌀밥'에 '고깃국'을 실컷 먹여주고 싶어서, 아니면 어린 동생들의 학비를 마련하기 위해 독일 행을 택했다. 스스로 파독 광부 출신임을 밝히고『교수가 된 파독 광부』(2004)라는 책까지 낸 권이종이 대표적인 예다.

　"나는 귀가 솔깃해졌다. 소문에 듣자 하니 광부 경력이 없어도 다 해결하는 방법이 있다고 했다. 예나 지금이나 되는 것도 없고 안 되는 것도 없는 게 세상일인가 보다. 파독 광부야말로 이 시대가 낳은, 가난을 벗어나기 위한 최선의 방책이라도 되는 양, 수단과 방법을 가리지 않고 너도나도 브로커를 통해 용케 서류를 구비해 지원을 했다. 나 역시 용기를 내 파독 광부 모집에 응시를 했다."(권

이종, 2004, 46쪽)

독일 광부 만들기

　파독 광부는 어려운 경제 상황에서 큰돈을 버는 것으로 알려졌기에 선발 시험의 경쟁競爭은 치열했다. 2,894명이 응모한 1차1진의 경우 서류심사-경력조회-필기시험-적성검사(면접) 등을 거쳐 1963년 9월 27일 375명으로 압축됐다. 파독 광부들은 이후 일부 순서가 바뀌거나 때론 필기시험을 치르지 않는 경우도 있었지만 대체적으로 필기시험과 면접, 신체검사 등을 거쳐 뽑았다. 하지만 경쟁률이 워낙 치열했기에 시험 과정에서 우리의 '슬픈 자화상'이 녹아 있는 '추억追憶'이 쏟아졌다.

　필기시험은 대체로 광산에서 사용하는 용어와 연장의 이름과 기능 등 광산 실무와 관련된 내용이 다수를 이룬 가운데 일부 상식을 묻는 문제가 출제됐다. 면접은 광산 경력과 성실성 등을 점검하는 내용이 많았다. 하지만 지원자들은 갖가지 방법으로 면접을

통과하려 했다. 멀쩡한 손을 시멘트 바닥에 갈아 오는가 하면, 허름한 옷을 입고 오기도 했다. 먼저 치른 면접자의 질문이 재빨리 복사돼 뿌려지기도 했다. '가짜 광부경력 만들기'도 적지 않았다. 1주일-1개월 정도의 현장 경험이 1-3년짜리 광부 경력으로 둔갑하기도 했다. 특히 이 과정에서 광산회사와 뒷돈 거래도 적지 않았던 것으로 보인다.

신체검사는 당락에 적지 않은 영향을 미친 것으로 보인다. 서독 광업이 기계화가 많이 이뤄져 있다고는 하지만, 광산 노동은 기본적으로 육체노동肉體勞動이었다. 그래서 체력이 중요했다. 1972-73년 파독 광부 시험에 지원한 1,559명을 연구한 최삼섭의 연구에 따르면, 파독 광부 선발을 위한 신체검사 불합격률은 47.9%(746명)였다. 2명 가운데 한 명꼴로 탈락한 셈이다. 키는 160cm, 몸무게는 60kg 이상이어야 했다. 키와 몸무게 미달에 따른 불합격율은 각각 0.6%와 3.1%였다. 몸무게 때문에 탈락한 사람이 키 때문에 탈락한 사람보다 5배나 많다는 얘기다. 이는 체중 시험을 통과하기 위한 에피소드가 많은 배경이기도 하다. 요인별 불합격 비율은 척추 선천성 기형이 7.1%로 가장 많았다. 다음으로 골성관절염(6.3%), 폐섬유증(4.7%), 만성기관지염(4.6%), 고혈압(3.6%), 척추골절(3.4%), 체중미달(3.1%), 척추관절염(2.0%), 폐결핵(2.0%), 늑막염(1.7%), 척추열중(1.0%), 매독(1.0%), 색맹(1.0%), 신장미달(0.6%) 등이 뒤를 이었다(최삼섭, 1974, 25-33쪽 참고).

몸무게 문제로 불합격처리가 되지 않기 위한 파독 광부들의 노력은 눈물겨웠다. 밥을 몇 그릇씩 먹는 사람, 물을 잔뜩 먹는 사

람, 납덩이를 속옷 속에 넣고 저울대 위에 오르는 사람…. 한 파독
광부(1976년 3월 파독)의 고백이다.

"군에서 63kg 정도를 유지하던 나는 사회에 나와 1년간의 고생
과 심한 흡연으로 인해 53kg에 그쳤다. 체중미달로 1차 종합검진
에서 불합격 판정을 받았다. 그래서 일주일 후 체중만을 다시 확인
하는 재검사에 응해야 했다. 일주일 사이에 4kg(기준은 57kg)을 채운
다는 것은 도저히 불가능했다. 시간은 빨리 지나갔다. 꼭 (독일에)
가야겠다는 의지가 있었기에, 힌트를 얻어 팬티 밑에 납덩이를 매
달기로 했다. 동대문시장 주변을 돌아다니며 구입했던 작은 납덩
이도 고작 3kg밖에 늘리지 못했다. 나머지 1kg은 먹어 채우는 방
법밖에 없었다. 체중검사 날. 먹을 대로 먹었던 상태에 생계란 20
개를 풀어 마시고 저울에 올라섰다. 위장이 감당할 수가 없었다.
저울의 바늘눈금이 멈추자마자 화장실에 뛰어가 토하고 또 토했
다. 신체검사를 담당하는 분이 나를 조용히 방으로 불렀다. 부정
한 방법으로 검사에 응했다는 것 자체가 불합격이며, 위경련으로
죽을 수도 있다는 충고와 함께 나무라셨다."(안양수, 1997, 194쪽)

엑스레이(X-ray) 촬영도 중요한 시험이었다. 주로 폐결핵肺結核 여
부를 알아보기 위해서였지만 되레 경력 광부를 떨어지게 하는 요
인이 되기도 했다. 3년 이상의 대다수 경력 광부들은 엑스레이 검
사에서 폐에 탄가루가 있는 게 발견돼 탈락의 고배를 마셔야 했다.
아울러 1차1진 이후 회충의 보균 여부를 확인하기 위한 대변 채

취도 이뤄졌다. 시력과 혈압 등도 확인됐다. 멀리뛰기와 60kg짜리 모래주머니 들기 등도 측정됐다.

새로운 형식을 생각해 내어
죽은 가변으로 변한 형식에 종지부를 찍지 않으면
정신이 깃들어 있다 해도 즐길 수 없게 된다.

-괴테, 「모작」에서

어려운 선발 시험을 거쳐 뽑힌 한국인 광부들은 독일의 지하 갱에 들어가기 위해 국내와 현지에서 기초훈련과 독일어 교육을 받았다.

먼저 국내에서 이론과 실습 교육을 받았다. 1차1진의 경우, 국내 교육과 훈련은 2차로 나눠 실시됐다. 전반기 교육에선 1963년 10월 선발된 194명을 A, B조로 나눈 뒤 A조 91명은 10월 25일 장성 광업소로 보내져 지하작업 훈련을, B조 103명은 서울에서 독일어 어학훈련을 각각 받았다.

이렇게 194명의 훈련대상자들이 서울과 장성에서 훈련을 받고 있는 동안, 추가로 선발된 현직 광부 91명은 앞서 장성에서 실기교육 훈련을 받은 91명과 함께 11월 15일부터 서울에서 어학교육을 받았다. 서울에서 어학훈련을 받은 B조 103명도 장성광업소에서 실기훈련을 받음으로써 1963년 12월4일 훈련과정을 모두 마쳤다 (정해본, 1988, 60쪽 참고).

현직 광부는 2주 안팎의 어학교육만을, 그 외 사람들은 각각 2주

안팎의 어학교육과 현장 실기 교육을 차례로 받았다는 얘기다. 국내 사전 교육은 외견상으로는 대체로 독일 현지 교육과 엇비슷했다. 하지만 한국 측의 교육은 독일 현지 교육에 비하면 대단히 형식적形式的이고 피상적皮相的이었다는 평가다. 강원도 장성 광업소에서 1주일간 항내 훈련을 받은 한 1차1진 파독 광부는 "훈련을 담당하는 직원에게 담배나 하나 쥐어주고 동발을 세우는 요령을 대충 배웠다"고 털어놨다. 훈련을 시켜야 하는 광업소 측도 교육생을 귀찮은 존재 정도로밖에 생각하지 않았다. 1차2진 권이종의 지적도 엇비슷했다.

"한국 정부는 광부들을 모집해 일정 기간 독일어 강좌와 강원도 장성 등지의 탄광에서 몇 주간의 실습을 하게 했지만, 그것은 극히 형식적이었다."(권이종, 2004, 64쪽)

광부 파독을 한창 준비하던 정부는 12월 16일 독일 연방공화국 탄광협회와 「독일탄광에서 한국 광부의 잠정적 취업계획에 관한 한·독 간의 협정」(제1차 파독 광부 협정)을 체결, 광부 파독의 법적인 근거도 마련했다. 협정의 주요 내용을 살펴보면 협정 당사자는 한국 측은 노동청(한국 정부), 독일 측은 독일 연방공화국 탄광협회로 하고, 협정의 목적을 '한국 광부의 탄광지식을 향상시켜 한국 산업에 기여'로 규정했다. 광부의 취업기간은 3년으로 정했고, "독일어 강습을 보강하기 위해 한국 정부는 광부의 출발 전 2개월간 독일어 강습을 제공할 것"(제11장)을 규정하기도 했다(재독한인글뤽아우프친목회, 1997, 12-16쪽 참고).

파독 광부들은 독일 현지에서도 사전 교육을 받았다. 서독 현지에서 배운 교육 내용은 큰 틀에서는 한국과 비슷했지만 구체적인 방법과 내용에 있어선 한국의 그것과 크게 달랐다고 파독 광부들은 입을 모았다. 즉 한국의 교육은 피상적이고 형식적인 반면, 독일 현지 교육은 대단히 구체적具體的이고 실용적實用的이었다는 것이다.

파독 광부들은 독일 현지에서 보통 6주간의 교육을 받았다. 이는 한국 광부가 독일어를 충분히 사용하기 전까지 서독 도착 후 통상 6주간의 작업을 해야 한다고 규정한 '제1차 파독 광부 협정'에 따른 조치였다. 교육은 3주간의 지상교육과 3주간의 지하교육으로 구성되는 게 보통이었다. 그들은 또 이 기간 중에 의사소통을 위해 독일 광산회사가 제공하는 무료 어학 강습에도 참석했다.

지상 교육은 식기와 기숙사를 배정받은 뒤, 월요일부터 광산 본사에서 수업이 시작됐다. 오전 6시에 시작돼 오후 2시30분쯤 끝났다. 중간에 30분 정도 휴식 시간이 있어, 이때 점심을 먹었다. 실용독일어 위주의 언어교육과 함께 지하에서 쓰이는 연장 용어와 기능 등을 배우고 익혔다. 또 보편적인 신호법과 안전규칙, 기본적인 기계조작법, 광산 노동의 기본인 석탄을 캐는 방법과 동발을 세우는 요령 등도 익혔다. 실용적이고 실증적이었다. 언어 교육은 지하 현장과 밀접하도록 꾸몄고, 연장 용어와 기능 교육도 실물을 배치하는 등의 조치가 바로 그것이다.

"이곳 교육 방법은 몹시도 실제적實際的이라는 것을 느꼈다. '교육을 위한 교육'이 돼서도 안 될 것이며, '시험을 위한 교육'도 가치 있는 것은 못된다고 생각한다. 이 사람들의 교육이 물론 외국인을 위한 교육이겠지만, 차트 하나라도 섬세한 주의를 해 만들었다는 것을 알 수 있다. 내용 역시 간단하면서도 실용적이었다. 도구 기계의 명칭을 이해시키는 데에도 모든 것이 실제로 배치돼 있어 이해가 매우 빠르다."(김한용, 1964.10, 203쪽)

초기 한국인 광부들은 수업에 열중했다. 그래서 1차1진 한국인 광부 모두 1964년 2월 7일 치러진 지하작업을 위한 학과시험에서 합격했다.

"작년(1963년) 12월 두 차례에 걸쳐 서독 뒤셀도르프에 도착, 아헨과 카스트롭라욱셀, (뒤스부르크의) 함본, 겔젠키르헨 등 루르 탄광지대에서 기초교육과 지상실습을 해오던 우리나라 광부 250명은 지난 7일에 시행된 지하작업을 위한 여러 학과시험에서 한 사람의 낙오자도 없이 전원 합격했다. 애당초 급변한 기후와 맞지 않는 식성 때문에 받은 고통에서 벗어나 잘 적응해간다고 현지광부 오학봉 등 3명이 노동청장 앞으로 전해왔다."(『조선일보』, 1964.2.21, 6면)

지하 교육도 시간 운용 등에선 지상 교육과 비슷했다. 작업 종류와 연장 종류에 따라 소그룹별 실습이 이뤄지기도 했다. 현장에서는 보조 작업을 하며 실질적인 일을 배우기도 했다. 지하 실습은 주로 석탄 캐는 막장에서 보조를 하면서 작업을 배웠다.

지하 1,000m에서 뿌린 눈물

  지하 1,000m까지 미끄러지듯 내려가는 샤크트, 널찍하게 만들어진 터널 안으로 뻗은 지하 철로, 석탄층으로 파고들어가는 기계들…. 그야말로 거대한 지하 세계地下世界였다. 규모는 어마어마했고, 작업의 기계화에 마치 첨단 공장에 들어와 있는 느낌이었다.

  1964년 11월 어느 날 오전 6시 30분. 파독 광부 1차2진 권이종은 서독 에슈바일러광산(EBV) 소속의 메르크슈타인 아돌프탄광 지하 1,000m의 풍경에 깜짝 놀랐다. 규모의 거대함과 노동의 기계화機械化 때문이었다.

  그곳에서는 석탄을 자동적으로 파나가는 기계인 '호벨(Hobel)'이 거대한 굉음과 함께 1-3m 두께의 탄층을 위아래로 파 들어간다. 호벨에 달린 특수 칼날은 석탄 덩어리를 힘차게 갉아대고, 전차바퀴 같은 철판 벨트는 컨베이어벨트인 '판처(Panzer)'에 석탄을 실어나른다. 호벨이 전진함에 따라 갱 바닥과 천장 사이에 빈 공간이 생기고, 그 공간의 붕괴를 막기 위해 재빨리 '쇠동발'로 불리는 스템펠(Stempel)을 세운다. 쇠동발은 보통 50-60m의 막장마다 수백 개씩 투입된다. 호벨을 이용, 석탄을 캐나가는 한편 전진하기 위해서는 호벨이 지나간 뒤에 쇠동발을 계속 세워야 하고, 그러기 위해선 막장 후미에 세워진 쇠동발을 빼내야 한다. 뒤에 있는 쇠동발을 빼내 호벨의 전진 속도와 방향에 맞춰 쇠동발을 세우는 게 채탄의 원리다. 스템펠은 분실의 우려 때문에 숫자가 제한돼 있고, 호벨의 전진 속도에 맞추려면 쉴 새 없이 뒤에서 뽑아 앞에 세워야 한다. 특히 앞에선 1-3m 두께의 탄층이 떨어져 나가는 사이에 뒤에선 암석층이 계속 무너지기 때문에 작업은 한 치의 빈틈도 있어서는 안된다.

채탄부 노동자들은 바로 쇠동발을 뒤에서 빼내 앞에다 세우는 일과 탄을 모아 판처에 옮겨 나르는 일 등을 하는 사람들이다. 아울러 기계가 할 수 없는 일도 해야 한다. 즉 작업을 진행할 수 없는 급경사 지역이나 극히 좁은 곳에선 직접 '착암기'로 천공을 하고, 화약 발파도 해야 한다. 물론 기계 조작은 말할 필요도 없다.

채탄부 오전반으로 편성된 권이종도 후미의 쇠동발을 뽑아 채탄기 바로 뒤 빈 공간에 세우는 일을 했다. 소위 '동발공銅鉢工'이었다. 한국인 광부에게 주어진 가장 일반적인 일이었고, 또한 가장 힘든 일이었다.

서구인의 체형에 맞게 제작된 쇠동발은 한국인 광부들에게는 너무 무거웠다. 쇠동발의 무게는 보통 60kg 안팎. 가벼운 것은 40kg

짜리도 있지만, 무거운 것은 80kg에 이른 것도 있었다. 당시 평균 체중이 63kg 안팎으로 추정된 한국인 노동자가 60kg짜리 쇠동발을 하루 80개를 세우는 일은 고통 그 자체였다. 8시간 근무라면, 한 시간당 무려 10개를 세워야 한다는 얘기다. 여기에 안전 모자와 특수 신발 등 다른 장구와 기계 무게까지 더해졌다면, 그 고통은 상상을 초월한다.

특히 작업장이 평지가 아니라 상대적으로 높거나 낮거나 또는 경사진 곳이라면 일은 더욱 어려워졌다. 2m 높이라면 서서 작업이 가능하지만, 50-150cm에 불과한 곳에서는 허리를 굽히고 작업해야 했다. 자연히 쇠동발 들기는 더욱 힘들어질 수밖에 없다. 영락없이 군에서 배운 '포복'을 하듯이 작업을 해야만 했다. 파독 광부 김한용의 묘사다.

"몸의 자세를 완전히 낮추고 자재운반을 해야만 했다. 땀은 흘러 눈을 뜨지 못하게 하고, 바지는 다리에 휘감긴다. 허리를 치켜들 수도 없고 군대에서 배운 포복으로 150m을 왔다 갔다 하는 것은 그리 쉬운 일이 아니었다. 인간이 이렇게까지 하지 않으면 살 수 없는 것인가 하는 생각이 들었다."(김한용, 1964.10, 207쪽)

독일의 지하 1,000m 막장에서 가장 많은 한국인을 울렸던 쇠동발 작업. 독일 현지에서 만난 한국인 광산 노동자 대부분은 지하에서 동발을 붙잡고 펑펑 울었다고 증언했다. 1966년 8월 파독한 김태원의 고백이다.

"쇠동발을 뽑고 세우는 작업을 하는 한국인 광부 치고 이 쇠동발을 붙들고 울어 보지 않은 사람이 없다면, 납득이 가겠지요. 지금도 힘겨웠던 그 순간을 상상하기만 하면, 현기증이 날 지경입니다. 체격이 우리 두 배나 되는 외국 광부들에 비해, 너무도 가냘픈 허리를 가진 우리들은 동작은 빨랐지만, 힘은 당해낼 수가 없었습니다. 모든 사람들이 이구동성으로 이 정도의 일을 했다면 한국에선 앉아서도 큰 부자가 됐을 것이라고 말하는 것이었습니다."(김태원, 1997, 187쪽)

한국인들은 이역만리 독일의 지하 1,000m 막장에서 '땀과 탄가루'를 뒤집어쓰고 자기 몸만큼 무거운 동발을 쉼 없이 뽑고 또 세워야 했다. 쇠동발 하나 세우고 땀 한 움큼, 또 하나 세우고 눈물 한 움큼. 그것은 목숨을 건 전투 자체였다. 동발공뿐만이 아니었다. 많은 한국인 광산 노동자들은 운반공과 기계공, 전공, 잡부 등으로 독일의 지하에서 푸른 청춘을 불살랐다. 그들이 흘린 게 어디 땀뿐이었을까.

"나는 정신없이 삽질을 하면서 땀으로 범벅이 된 얼굴을 문질렀다. 갑자기 무리를 한 탓에 허리에 통증이 와서 조심스레 허리를 폈다. 그 순간, 달도 보이지 않는 지하 1,000m 막장 안에서 언젠가 무릎 위에 나를 누이며 귓밥을 파내 주며 '2대 독자인 장씨 집안에 시집와 너를 낳고 시집살이가 훨씬 수월해졌다'며 '너는 나의 은인'이라고 좋아하시며 눈물을 흘리시던 어머니가 떠올라 눈물이 쏟아졌다. 그 지독하다는 해병대 훈련소에서도 보이지 않던 눈물이었다. 한 삽질에 눈물 한 방울, 두 삽질에 눈물 또 한 방울! 마음속으로 고향에 계신 어머니와 가엾은 동생들이 떠올라 눈물이 펑펑 쏟아졌다."(장재인, 2002, 38-39쪽)

눈물 흘리며 빵을 먹어 본 적이 없는 사람은,
슬픔 속에 며칠 밤을 잠자리에서
울며 지샌 적이 없는 사람은,
그대를 알지 못하리라, 그대, 천상의 힘이여,

　　　　　　　　　-괴테, 「하프를 타는 사람(눈물)」에서

．
．
．
．
．
．
．
．

"우린 매일 목숨 건 전투를 했다"

갱내 열악한 환경環境도 파독 광부들의 어려움을 가중시켰다. 찌는 듯한 더위와 석탄가루와 돌가루 등 분진은 파독 광부의 안전을 심각하게 위협하는 요소였다.

더위는 살인적이었다. 지하 700-1,200m에 있는 독일 광산의 막장 온도는 섭씨 25-40도 사이로, 30도는 쉽게 넘는다. 가만히 서 있기만 해도 땀이 나오는 이곳에서 안전을 위해 '중무장'을 한 채 하루 평균 80여 개의 쇠동발을 세워야 했다.

그래서 권이종 등은 속옷만 입거나 아예 윗옷을 다 벗고 일하는 게 다반사였다. 땀에 젖은 팬티를 하루 다섯 번 이상을 짜 입어야 했고, 장화는 땀으로 젖어 열 번 이상 땀을 쏟아내야 했다. 김태원의 얘기다.

"작업장에서 팬티를 다섯 번 이상 짜 입어야 하고, 장화 속의 물을 열 번 이상 털어 쏟고 일하노라면, 물통 두 개는 금방 비어 버려 목은 타는 듯합니다."(김태원, 1997, 188쪽)

　석탄가루와 돌가루 분진도 그들의 안전과 생명을 위협했다. 호벨이 한번 지나가면 지하는 석탄가루가 자욱했다. 거기다가 후미의 쇠동발을 뽑을 때 암반층이 무너지면서 엄청난 분진을 쏟아냈다. 1m 앞을 보기가 어려울 때도 적지 않았다. 분진은 얼굴과 작업복을 새까맣게 만들 뿐만 아니라 손톱과 발톱, 콧구멍, 귓구멍, 눈 속으로도 파고들었다. 아무리 깨끗하게 씻어도 '가루의 흔적'은 몸 어디엔가 남아 있었다. 코나 입 등을 통해 목구멍을 타고 폐, 허파 등 호흡기로 들어와 한국 광부들에게 치명상을 가했다. 찌는 듯한 더위나 높은 노동 강도보다 정작 사람의 목숨을 위협하는 요인이기도 했다. 심하면 직업병인 '진폐증(Pneumoconiosis)'이나 만성 혹은 급성 질환인 '규폐증(Silicosis)'을 야기했다. 진폐증은 석탄가루 등이 오랜 시간 폐에 쌓여 호흡곤란이 생기는 질환으로, 악화될 경우 폐기종이나 폐암 등으로 발전할 수 있다. 규폐증도 실리카(규사)를 포함한 먼지가 폐에 쌓이면서 산소 공급이 원활히 이뤄지지 못해 폐에 흉터가 생기는 질환으로, 심하면 목숨을 잃을 수도 있다.
　권이종 등은 분진의 위험을 조금이라도 덜기 위해 '코담배'를 피우곤 했다. 작은 용기 안에 담긴 담배가루인 코담배는 코의 점막을 자극, 몸 속 석탄가루를 콧물과 함께 빠져나오도록 했다. 지저분하긴 했지만, 건강이 우선이었기 때문이다. 오죽했으면 분진의 위험과 높은 열기를 줄이기 위해 전날 저녁에 석탄에 많은 물을 줘야 했을까. 원병호의 묘사다.

"겨울을 얼마 남겨 두고 민주는 석탄에 물을 주는 작업을 하게 됐다. 물을 주어도 엄청나게 주는 것이다. 두 명이 한 조가 되어 하는 작업이다. 한명은 석탄에 약 2m 길이로 구멍을 뚫고 다른 사람은 뒤에 오면서 그 구멍에다 물을 준다. 석탄에 물을 준다고 하니 이상하게 생각할 것이다. 석탄층이 높은 막장에는 물을 많이 준다. 물을 주지 않을 경우, 석탄을 캐는 기계가 움직일 때 엄청난 석탄먼지가 생기게 된다. 먼지로 인해 앞도 분간하기 어려워 일하기도 불편했다. 석탄은 엄청난 열기를 가지고 있어 작업의 지장을 초래하기 때문에 열기를 식혀 주기 위한 것도 된다."(원병호, 2004, 265쪽)

한국인 파독 광부들의 직업병에 대한 자료를 구하지는 못했지만, 강도 높은 노동과 열악한 작업 환경 때문에 많은 한국인들이 위장병을 비롯해 소화기 계통의 질병과 감기와 몸살 등 기관지 계통의 질병을 앓았다고 파독 광부들은 증언했다.

어려운 조건에서 청춘을 불사른 그들은 얼마를 벌었을까. 한국인 광산 노동자들은 기본적으로 실적과 성과(실적임금제, 도급제)에 따라 임금을 받되, 결혼하고 자녀가 많을수록 많이 받았다. 반대로 근로소득세 등 세금은 결혼하고 자녀 수가 많을수록 상대적으로 더 적게 내는 시스템이었다. 일한 만큼 주고, 돈을 번만큼 세금으로 걷는 시장경제의 원칙에 '필요'라는 '사회성'을 가미하는 시스템이었다. '사회적 시장경제'가 임금과 세금징수에도 적용된 셈이다.

임금은 보통 '기본급여'와 '생활보조금', '광부 상여금(프리미엄)' 명목의 '수당' 3가지로 이뤄졌다. 미혼자는 급료와 생활보조금, 프리미엄이 총소득이 되지만, 기혼자는 여기에 가족수당(배우자수당과 자녀수당)이 추가됐다. 배우자수당이란 별거 명목이었다. 여기에 기혼자는 본인의 위험수당에 배우자, 가족의 위험수당까지도 받게 돼 미혼자와의 임금 격차는 더욱 커진다. 이와는 반대로, 자녀를 가진 기혼자는 총임금에서 무려 19%를 원천 징수하는 근로소득세를 상대적으로 적게 냈고, 미혼 노동자는 많이 냈다. 다만 소액인 사회보험료만 기혼자가 미혼자보다 조금 더 낼 뿐이다.

실제로 한국인 광산 노동자들은 근로소득세와 사회보험료, 여기에 귀국여비 적립금 등을 빼고 적게는 월 300마르크, 많게는 월 1,100마르크까지 받았다. 보통 600-700마르크를 받았다.

그렇다면 한국인 광부들에 대한 독일인과 현지 노동자들의 평가 評價는 어떠할까. 캄프린트포트 거리에서 만난 폴란드인 게하르트(1977-1994년까지 독일에서 광부로 근무)의 평가다.

"지하 작업 도중 만약 기계가 망가지면, 독일 사람들은 와서 요리조리 살펴본다. 하지만 한국 사람들은 만져보면서 고치려고 한다. 독일 사람들은 배우고 또 배우며 천천히 수준을 끌어 올린다. 그들은 느리지만 매우 정확하다. 반면 한국인과 일본인 등은 (일을) 잘할 땐 아주 잘하고, 못할 땐 정말 못한다. 기술자 간 실력 차도 많았다."

독일의 광산 노동은 보통 오전, 오후, 야간 3개 반으로 구분됐다. 오전반 노동자들은 오전 6시-오후 2시, 오후반은 오후 2시-오후 8시, 야간반은 오후 8시-오전 6시에 각각 일했다. 한국인들도 똑같이 적용됐다. 오전반의 경우 보통 오전 4시-4시 30분쯤 일어나 준비를 해야 한다. 작업 준비시간이 다른 직업에 비해 많이 필요했기 때문이다. 보통 작업 시작 1시간30분 정도 전부터 서두른다. 파독 광부 출신 권이종은 지금도 오전 4시 30분 전후엔 눈을 뜬다. 독일에서 광산 노동자로 근무했던 경험 때문이다.

한국인 광산 노동자들의 일상

　한국인 파독 광부들은 처음에는 거의 모두 기숙사寄宿舍에서 생활했다. 1966년 3월 에센광산에서 근무하던 한국인 431명 가운데 95%인 409명이 기숙사에서 생활했을 정도다(정해본, 1988, 115쪽).

　기숙사에서는 3-5평 남짓한 방에서 2명, 많게는 4명이 함께 지냈다. 가구는 침대와 함께 책상과 의자, 옷장이 각각 하나씩 배치돼 있었다. 취사장과 목욕탕 및 세면장은 공동으로 사용했다. 공동생활이었기에 불편했다는 의견도 있다. 원병호의 지적이다.

　"4명이 써야 하는 기숙사에서 대단히 비인간적인 생활을 해야 한다. 각자의 작업시간이 다를 경우, 일을 나가는 사람과 쉬는 사람이 엄청나게 불편하다. 아침 6시에 일을 들어가는 경우, 적어도 4시 30분에는 일어나 준비를 해야 한다. 아무리 조심을 해도 3시에 오는 사람을 선잠 자게 만들고, 낮 12시에 나갈 사람의 잠을 설치게 한다. 이러한 형편없는 기숙사 환경은 특히 한국 광부에게 심각한 상황이다."(원병호, 2004, 225쪽)

살기 위해선 먹어야 했다. 권이종은 오전 4시쯤 일어나 아침을 준비했다. 아침은 간단히 국수와 독일 가게에서 쉽게 구할 수 있는 국물이 보통이었다. 물론 여유 있는 주말에는 밥과 국을 해 먹었다. 갱내에서 간단히 점심을 먹기 위해 빵이나 김밥 등을 준비했다.

파독 광부들은 초기에는 한국 음식을 만들어 먹고 싶어도 이에 알맞은 재료가 마땅치 않아 곤란을 겪었다. 다소 물기가 없는 쌀은 그래도 구할 수 있었지만, 김치를 만들기 위한 채소류와 양념류는 쉽게 구할 수 없었던 탓이다. 그래서 양배추 등을 썰어 소금에 절인 다음 고춧가루를 넣어 약간 붉은빛이 나면 '김치'가 되곤 했다. 백상우의 기억이다.

"김치라고 양배추를 대강 썰어 소금에 절인 다음 고춧가루를 넣어 약간 붉은빛이 나면 최고였다. 이것이 며칠 후에 약간 신맛이 날 때 삼겹살 찌개를 해먹을 땐 '둘이 먹다가 한 사람이 죽어도 모를 정도'로 맛이 좋았다. 또는 양배추를 가늘게 썰어 식초에 담근 것을 물에 빨아 고춧가루를 쳐 대용으로 먹었다. 아마 이런 것을 김치라고 하면 '김치님'이 욕먹을 것 같고, 그래도 꼭 김치라고 이름을 붙이자면 '김치 팔촌' 쯤 되는 것이었지만, 김치에 굶주린 우리에겐 별미였다. 일반 독일시장에서는 배추, 무 같은 건 찾아볼 수가 없었고 독일에서 제일 크다는 항구도시 함부르크에서 가끔 배추가 발견됐다."(백상우, 1997b년, 214-215쪽)

일부 재치 있는 파독 광부는 멀리 함부르크나 네덜란드까지 가서 물고추나 숙주나물 등 한국 음식 재료를 구해 음식을 만들어 먹곤 했다. 특히 한국인 광산 노동자가 계속 늘어나면서, 기숙사 인근 시장에도 한국 음식 재료가 나오기 시작했다. 물론 판매자도 한국인이고 구매자 또한 주로 한국인이다. 네덜란드나 일본, 대만 등에서 생산 또는 제조된 멸치, 된장, 간장, 고추장, 두부, 잡채 등을 구해와 파는 형식이었다. 고향故鄕에 대한 그리움과 입맛의 보수적인 성격 때문에 날개 돋친 듯 팔렸다.

시간이 좀 더 지나면서, 김치를 담그기 위해 배추를 키우는 사람도 생겨났다. 독일 기후와 토양 등에 맞지 않아 여러 차례 실패 끝에 재배에 성공, 김치를 해먹기 시작했다. 일부 노동자는 된장과 청국장까지 만들기도 했다.

하지만 음식문화의 차이 등으로 인해 발생한 에피소드도 적지 않았다. 독일 사람은 된장 청국장 등 한국의 전통음식에 대해 질색窒塞했다. 냄새 때문이었다. 특히 많은 한국인이 좋아하는 마늘에 대해선 경기를 일으킬 정도였다. 장재림의 얘기다.

"어제(1965년 4월 12일) 윤 모 씨는 원기를 돋우기 위해 닭을 사다가 마늘과 쌀을 집어넣고 푹 고아먹었다. 평소 선임자의 신임이 두터울 만큼 착실한 그가 작업장에 도착, 작업사항에 관해 물으려고 입을 열기가 무섭게 독일인 3명이 뺑소니를 치더란다. 하도 어처구니가 없어 멍하니 서 있는데 얼마 후 반장이 쫓아와 '오늘 하루만 휴가를 줄 테니 출갱하라'고 사정했다. 윤 씨는 기가 막혀 왜 그러느냐고 묻자, 반장 또한 코를 틀어막고 물러서며 마늘 냄새 때문에 같이 있을 수 없다고 말했다."(장재림, 1969.5, 338-339쪽)

한국인 광산 노동자가 즐겼던 별미別味는 삼겹살이나 돼지비계, 족발이었다. 한국에 비해 가격이 저렴할 뿐만 아니라 돼지비계가 몸속에 배인 탄가루까지 없애준다는 얘기까지 돌면서 주말마다 돼지고기 냄새가 기숙사에 진동했다. 맥주에 돼지족발 한 입을 물고 한없이 즐거워했던 그들이었다.

서로 침묵을 지키고 있는 것은 좋은 일이며,
서로 마주보고 웃는 것은 더욱 좋은 일이로다.
－니체, 「친구들 사이에서」에서

주말이나 일이 없는 날에는 동료들과 운동을 하기도 했다. 화창하게 맑은 1966년 8월 14일, 서독 아헨의 에슈바일러광산(EBV) 소속 메르크슈타인 아돌프광산 운동장에서 열린 '8·15광복 체육대회'의 풍경이다.

"우윳빛 하늘 높이 태극기가 나부끼는 '뎅크말 플라치'. 대한의 건아들이 육체의 향연을 벌이게 된다. 서독에서는 광복절 기념행사로 지난해(축구 경기는 1964년부터 열렸지만, 정식 대회 형식으로 치러진 것은 1965년부터라고 해석된다)부터 4대 광산대항 축구경기가 거행됐다. 금번에는 에슈바일러광산에서 주최해 아돌프운동장에서 막이 올랐다."
(장재림, 1969.5, 341쪽)

8·15광복 체육대회는 1964년부터 시작돼 파독 광부들의 대표적인 행사가 됐다. 1964년에는 뒤스부르크의 함본광산에서 열린 뒤 1965년엔 카스트롭라욱셀의 클뢰크너광산에서 열렸다. 그리고 1966년 아헨의 메르크슈타인 아돌프광산 운동장에서 다시 열린 것이다.

"멀리 있는 벗들이 모여들어 즐거운 비명을 울리곤 한다. 만나서 기쁘고 손수 밥을 하느라 진땀을 뺀다. 얼마나 반가운 상봉이랴! 고국을 떠날 때만 하여도 모두 단벌신사였지만 이제는 어엿한 국제신사. 어느새 배웠는지 택시까지 몰고 와 경기장 밖은 자동차 전시장 같은 느낌을 준다. 시합은 리그전으로 응원단까지 등장했다. 함본광산은 가장 보수가 좋으므로 응원단 역시 호화찬란하였지만 개인기만은 EBV를 당하지 못했다. EBV팀이 우승을 차지했다. 오후 7시부터 카지노 홀에서 노래자랑을 하는데 초만원. 복도 한구석에서 노랫소리만 들릴 뿐 가수의 얼굴은 쳐다볼 수 없다."(장재림, 1969.5, 341쪽)

태극기가 꽂혀져 있는 운동장 한편에서는 한국 음식이 제공됐다. 경기가 끝나면 근처에서 노래자랑도 열리는 등 8·15광복 체육대회는 세월이 흐르면서 점차 종합문화축제_{祝祭}로 발전해 갔다.

체육대회에서 단연 인기를 모은 것은 리그전으로 열린 광산대항 축구대회였다. 이 대회를 위해 광산마다 축구팀을 꾸려 자체 훈련이나 지역의 축구팀과 경기를 하며 실력을 쌓을 정도였다.

이처럼 한국인 광산 노동자의 가장 보편적인 여가_{餘暇}활동은 체육_{體育}이었다. 모두 남성이었기 때문에 아무래도 친목 도모를 위해 체육만한 것을 찾기가 어려웠으리라. 특히 한국인 누구나 쉽게 접할 수 있는 축구는 한인사회를 묶어주는 촉매역할을 톡톡히 했다.

태권도도 체육대회 등을 통해 독일 사회에 빠르게 전파되기 시작했다. 광산 노동자 가운데 유단자들이 체육대회 이후 열린 '한국인의 밤' 등의 행사에서 태권도 시범을 보이거나, 근무 후 도장에서 태권도를 가르쳤다. 백상우의 설명이다.

"한국 민족문화이자 국기 태권도가 독일에 첫선을 보인 것은 바로 이때 파독된 광부사범과 극소수인 유학생이다…. 광부가 운집돼 있던 광산촌별로 실시했던 8·15광복절 기념행사 같은 것에 따르는 '한국인의 밤'이라는 축제에서 태권도 시범 겸 차력술을 선보였다. 사범들의 묘기는 독일인을 포함한 관중으로부터 열렬한 환호를 받았다. 이것을 계기로 광부 사범들은 어려운 광산 근무에도 공·사설 도장에서 태권도 시간사범으로 활약하기 시작했다."(백상우, 1997a, 222-223쪽)

특히 1965년 4월 주독 한국대사관의 알선으로 태권도 순회시범

단이 조직돼 서독 뮌헨에서 묘기를 선보일 기회를 갖게 됐다. 이 대회가 텔레비전으로 중계되면서 태권도는 독일 사회에 본격적으로 알려지게 됐다. 파독 광부의 영향으로 독일의 태권도 인구는 점점 늘었다. 파독 광부 가운데 태권도 유단자들은 태권도 사범으로 전업하기 시작했다. 이들은 이후 독일뿐만 아니라 유럽의 곳곳에서 태권도를 보급했다.

파독 광부들이 운동만 한 것은 아니었다. 휴가 기간엔 독일의 주변국인 프랑스나 네덜란드 등을 여행旅行하며 견문을 넓혔다. 언어와 지리적 문제 때문에 개인보다는 집단으로 또는 삼삼오오 여행을 가는 경우가 많았다.

카스트롭라욱셀의 클뢰크너광산과 아헨의 에슈바일러광산에서 일하던 파독 광부 71명과 31명이 각각 1966년 3월과 6월 프랑스 파리를 단체 여행한 얘기는 아직도 입에서 입으로 전해 내려온다. 내용은 프랑스 파리의 센강(la Seine)을 여행하다가 고향과 조국이 너무나 그리워 눈물을 펑펑 흘렸다는 것이다. 에슈바일러광산 한국인 노동자들의 눈물 젖은 얘기다.

"오후 늦게 가랑비를 맞으며 우리는 유람선을 탔다. 배는 1, 2층 모두 관광객으로 초만원이었다. 안내원이 불·영·독어로 관광설명을 시작하자, 배는 출발한다… 가난한 호주머니를 털어 맥주를 샀다. 저만치 앞질러 달리는 배 위에는 벌써부터 쌍쌍이 원무를 추고 있다. 우리 배 1층에서도 상송가락이 울려 퍼진다. 한 사람 두 사람 춤과 포옹이 시작되고… 외로운 우리는 자리를 떠나야 했다. 선상에 올라와 보니 동료들뿐이다. 거기서 우리는 권커니 잣거니 서로의 술잔을 들어 회포를 나눈다. 배는 시떼(Cite)섬을 한 바퀴 돌아가는데, 강변에서는 우리를 향해 손을 흔들며 보란 듯이 입을 맞춘다. 우리들 중 누군가가 먼저 '아리랑'을 부른다. 나도 모르는 사이에 (노래를) 따라 부르고, 노래는 합창으로 변했다. 가슴이 찢어질 것만같다. 노래는 '봉선화'로 바뀌고 끝내 흐느낌으로 변하고 말았다. 나와 우리와 조국을 위해 울어야 하는 현실, 끝내 우리는 함성을 터뜨리고 말았다. 대한민국 만세! 대한민국 만세!"(장재림, 1969.5, 253쪽)

"외국인 노동자라고 푸대접하지 마라"

1965년 4월 6일 오전 6시 서독 카스트롭라욱셀의 클뢰크너광산.
작업 준비가 한창일 이 시각에 팽팽한 긴장감이 흘렀다. 한국인
광산 노동자 186명이 회사와 독일 정부 측에 강한 불만을 표시하
며 대거 입갱入坑을 거부拒否하고 나섰기 때문이다. 이곳에 근무하
는 한국인 노동자 265명 가운데 무려 70%가 참여한 것이다.

파독 광부들의 대규모 입갱 거부 사태는 우발적인 사건에서 비
롯됐다. 한국인 광산노동자 1차2진인 이덕연이 '비협조적'이라는
이유로 독일 노동자에게 구타를 당한 것이었다. 이덕연은 코뼈가
부러지는 중상을 입었다. 한국인 노동자들은 이에 전날인 5일 저
녁부터 구타한 독일 노동자의 징계를 요구하며 집단행동을 결의했
다. 한국인 광산 노동자들은 이 씨 구타에 대한 조치만을 요구한
것은 아니었다. 다음은 한국인 광산 노동자들의 요구조건이다.

- 외국인이라고 푸대접하지 마라
- 독일인과 똑같은 임금을 달라
- 가족수당을 소급 지급하라
- 우리에게 맞는 일자리를 달라
- 탄광회사를 위해서만 일하는 통역을 파면하라
- 한국에서 온 고춧가루를 착취한 통역은 사실을 밝히고 자진 사퇴하라!
- 보조통역은 우리와 같이 입항하라

　임금인상과 수당 지급, 직무배정 전환 등 경제적 요구와 함께 통역에 대한 뿌리 깊은 불만, 구조적인 외국인 차별 철폐 등 민족적 요구도 동시에 분출噴出했다. 즉 구타 사건을 매개로 그간 쌓여 있던 회사에 대한 불만과 함께 민족적 감정, 보편적인 인권의식 등이 복합적으로 폭발한 것으로 분석된다. 당시 외국인 노동자外國人勞動者로서 그들이 받았을 차별대우의 모습은 1년 후인 1966년 아헨의 에슈바일러 굴라이광업소에서 일어난 다음의 모습과 비슷할 것으로 판단된다.

　"1주일 전 난쟁이 항장이 부임하였는데 그는 평소에 아부가 심하고 높은 사람으로부터 신임을 두텁게 하기 위해 도급단가를 인하할 뿐만 아니라 전 항장과 묵계된 4% 인상안도 철회한다고 했다. 한국인 광부들은 막장에서 작업을 포기, 휴식을 취하고 있었다. 그때 항장이 들어와 꼬마 송 영감을 보고 '당신 일 안하면 귀국시켜 베트남에 보내겠다'고 조롱 섞인 공갈을 하더라는 것이다. 송 영감은 말이 되지 않아 비웃고만 있으려니까 '그렇게 웃는 것도 오늘이 마지막이야, 베트남 가서 죽고 싶어?'라고 했다. 지렁이도 밟으면 꿈틀하는 법. 모멸을 받고서 견딜 수 없어, 모든 동료가 뛰쳐나왔다. 독일인들은 우리의 고국이 너무 멀리 떨어져 있고 또 항공료가 비싸다는 약점을 이용해 툭 하면 귀국시킨다고 한다. 그들은 베트남전에 참전하고 있는 것을 실업자 구제방안으로 착각하고 있는 모양이다."(장재림, 1969.5, 353쪽)

하루 전날 연락을 받았던 주독 한국대사관 노무관은 4월 6일 오전 2시 클뢰크너광산에 도착, 한국인 노동자들을 달랬다. 대화와 타협을 통한 문제 해결을 요청했다. 이를 위해 일단 작업에 지장이 없도록 작업장 복귀를 종용하기도 했다.

하지만 파독 광부들은 입갱을 계속 거부했다. 광산회사 측은 가해자 인사 조치는 약속했지만, 임금인상이나 가족수당 지급 등의 문제는 독일법과 '제1차 파독 광부 협정' 등에 저촉된다며 요구조건의 수용을 거부했다. 양측이 팽팽히 맞서면서 하루가 지났다.

4월 7일. 이번에는 최덕신崔德新 주독 한국대사까지 현지로 달려왔다. 최 대사는 한국인 노동자들에게 사건의 전말을 들은 뒤 작업장으로 돌아가 달라고 간곡하게 설득했다. 파독 광부들은 대사의 명령을 수용하는 방식으로 입갱하기로 의견을 모았다. 한국인 노동자의 대답이다.

"입갱하도록 하겠다. 그러나 이것은 (독일) 광산과의 합의에 의한 것이 아니라, 독일 땅에서 한국대사의 명령은 지상명령이므로, 국민으로서 우선 할 일을 하는 것이라는 걸 알아주기 바란다. 10일 간의 시한부로 사건해결을 광산에 요구한다. 우리의 요구 조건이 이뤄지지 않을 때는 다시 입갱을 거부하고, 최악의 경우 계약을 포기하고 귀국하겠다."

4월 8일 오후 10시. 한국인 노동자들이 갱으로 다시 들어갔다. 재입갱해 작업을 하는 동안, 광산회사는 파독 광부 이덕연을 구타한 독일 노동자에 대해 인사 조치했지만 그 외의 요구는 모두 거부했다.

사건은 이후 대사관측이 적극적으로 설득에 나서면서 유야무야됐다. 여기에 탄광회사 측의 해고 압박도 적지 않은 영향을 미쳤다는 분석이다. 즉 한국인 노동자들의 무단결근은 해고사유에 속하며 따라서 '제1차 파독 광부 협정'의 "계약 만료 전 한국 광부의 유책사유로 인해 귀국할 때 그 여비는 본인이 부담해야 한다"는 규정(제20장 2항)을 근거로 귀국경비도 본인이 부담해야 한다고 압박했다.

비록 한국인 파독 광부들의 입항거부 사태는 주독 한국대사관 측이 적극적으로 나서고 광산회사까지 거들면서 마무리됐지만, 사건은 독일 및 국내 언론에 게재되는 등 적지 않은 파장을 남겼다(『경향신문』, 1965.4.10, 8면 참고).

'입갱거부 사태'가 있은 지 10여일 뒤인 4월 22일 이번에는 모로코인과의 집단폭행 사건이 터지기도 했다. 서독에 진출한 외국인 노동자 가운데 상당한 비중을 차지하고 있던 모로코 노동자들과 물리적으로 충돌, 한국인이 이겼다는 내용이다. 이 사건도 민족 간 대결과 갈등으로 인식되면서, 한국인 파독 광부 사회에서 '무용담'처럼 퍼져나갔다.

'입갱 거부 사태'와 '모로코인 충돌사건'은 한국 정부와 서독 정부 또는 광산회사, 한국인 광산 노동자 모두에게 상당한 영향을 미쳤다. 파독 광부 관리시스템이 도마 위에 올랐을 뿐만 아니라 파독 광부에게는 자신들이 '외국인 노동자外國人勞動者'라는 자각을 일깨웠다.

우선 한국인 광산 노동자에 대한 체계적인 관리 문제가 대두됐다. 1965년 7월 1차5진이 합류하면서 한국인 노동자는 뒤스부르크의 함본광산에 638명, 아헨의 에슈바일러광산에 745명, 카스트롭라욱셀의 클뢰크너광산에 267명, 겔젠키르헨의 에센광산에 447명 등 2,097명에 달했다. 관리시스템이 불가피한 상황이었다. 독일은 한국 정부에 노무관勞務官의 파견을 강하게 주문했고, 결국 '노무관'으로 상징되는 관리시스템이 도입됐다.

1965년 말까지 노무관은 5명으로 늘었다. 노동관보 3명은 광산 현장(한광수-에슈바일러, 김우환-클뢰크너 에센, 최철호-함본)으로 보냈고, 서기관급 노무관은 독일탄광협회에, 부이사관급 노무관은 주독 한국 대사관에 주재시키며 전체를 관리하도록 했다.

아울러 한국인 광산 노동자들도 이 같은 사건을 통해 그들이 독일 사회를 살아가는 '외국인 노동자'라는 존재 의식을 갖게 됐던 것으로 보인다. '외국인 노동자'라는 존재의식은 △그들이 독일 사회와 독일 광산사회에서 주류가 아닌 비주류, 마이너리티(Minority)이고 △독일의 법과 제도, 질서를 지키며 살아야 한다는 것을 깨우쳤다. 그들은 고향이나 고국을 둥진, '제7의 인간(A Seventh Man)'인, 한시적인 이주자 또는 이주 노동자였던 것이다.

더구나 한국인 파독 광부들은 외국인 노동자 사회에서도 자신들이 터키나 스페인, 모로코인보다 소수少數라는 것을 깨닫게 됐다. 정해본의 연구에 따르면, 1965년 9월 30일 기준으로 한국인 광산 노동자(2,084명)는 독일에서 일하는 전체 광부 40만 7,929명(독일인 38만 1,692명, 외국인 2만 6,237명) 가운데 0.5%에 불과했고, 외국인 광부(2만 6,237명) 가운데에서도 겨우 7.9%를 차지할 뿐이었다. 외국인 광산 노동자로는 터키가 37.6%로 가장 많았고, 스페인(9.3%), 모로코(8.9%), 이탈리아(8.6%), 한국이 그 뒤를 이었다(정해본, 1988, 73-74쪽 참고).

파독 광부들은 이 같은 사건을 경험하면서 △다른 국가 노동자들의 문화와 생활의 차이를 이해해야 하고 △차이의 이해를 통한 공존과 조화, 연대를 모색해야 한다는 것을 인식했던 것으로 보인다.

내가 이 세상에 나서려거든
일곱 번 태어나는 것이 나으리라.
한번은, 불타는 집 안에서,
한번은, 얼어붙은 홍수 속에서,
한번은, 거친 미치광이 수용소에서,
한번은, 무르익은 밀밭에서,
한번은, 텅 빈 수도원에서,

그리고 한번은 돼지우리 속에서,

여섯 아기들이 울어도 충분치 않아:

너는 제7의 인간이 되어야 한다.

-아틸라 요제프, 「제7의 인간」에서

제4장

신화의 동반자同伴者,
파독 간호사

'물새'들의 비상 - 뮌헨에서 베를린까지

그날은 하늘이 높아도 높지 않고, 땅이 넓어도 넓지 않았을 것이다. 그래서 안으로만 잦아들던 마음도 모처럼 용기를 내볼만했을 것이다. 하늘도 날고 땅도 한번 뒤흔들 수 있을 것 같던, 그날은 바로 그런 날이었다. 1967년 4월 어느 토요일 오전. 검은 양복을 입은 남성이 독일 뒤셀도르프(Duesseldorf)시 한 병원의 간호사 기숙사 건물에 나타났다. 이 남성은 열려진 창문을 통해 재빨리 기숙사에 들어간 뒤 어느 방으로 사라졌다. 간호사 기숙사는 일종의 '금남禁男의 구역'. 남성의 거침없는 행동으로 미뤄 보아 미리 방의 위치를 알아뒀을 것으로 추정됐다.

하지만 금남구역의 '침입자'를 자세히 보고 있던 사람이 있었다. 기숙사 사감舍監이었다. 그는 침입자가 들어간 방위치를 다시 확인했다. 한국인 파독 간호사의 방이었다. 독일인 사감은 침입자가 숨어들어간 방문을 노크했다. 반응이 없었다. 몇 차례 더 노크했다. 안에선 여전히 반응이 없었다.

사감은 이번에는 미리 준비해 간 비상 열쇠를 이용해 방문을 열었다. 침대와 작은 책상 등 방안을 살펴봤지만 침입자를 찾을 수 없었다. 화장실에도 없었다. 남은 것은 조그만 옷장. 옷장의 문을 여는 순간, 쪼그린 한 사람이 겸연쩍은 미소를 짓고 있는 게 아닌가. 아시아계 남성이었다. 그는 몸을 일으키며 기어들어가는 목소리로 입을 열었다.

"구텐 탁(Guten Tag·안녕)!"

근처에 사는 한국인 광산 노동자였다. 그는 무안한 듯 인사와 함께 웃음을 지어 보였다. 독일인 사감은 화를 낼 수 없었다. 한국인 간호사를 만나러 온 것이다. 이 일을 계기로 기숙사에 살던 간호사와 기숙사에 들어간 한국인 파독 광부는 서로 사랑하게 됐다고 한다. 한국인 간호사의 기숙사에 몰래 들어간 한국인 광부, 사랑에 빠진 파독 광부와 간호사. 이는 한국인 광산 노동자 사회에서 구전口傳돼 내려오는 대표적인 얘기 가운데 하나다.

1966년부터 한국인 광산 노동자 기숙사는 주말이면 텅텅 비기 시작했다. 공부나 여행, 체육활동을 위해 야외로 나갈 뿐만 아니라 1966년 1월 대규모로 파독한 한국인 간호사와 간호요원을 만나기 위해서였다. 노르트라인베스트팔렌 주 등 루르(Ruhr) 지역에 주로 몰려있던 파독 광부와 달리 파독 간호사들은 독일 전역에 널리 퍼져 있었다. 남으로는 프랑크푸르트와 뮌헨, 북으로는 함부르크, 동으로는 베를린까지.

파독 광부들은 주말이면 아침 일찍 양복을 깔끔하게 차려입고 기숙사에서 나섰다. 중고차를 몰고 아우토반(Autobahn)을 내달리거나, 거미줄처럼 깔린 기차에 몸을 실었다. 가령 프랑크푸르트 인근의 마인츠(Mainz)에 있는 간호사를 만나러 갈 경우, 루르에서 보통 오전 5, 6시쯤 출발해 자동차로 라인강을 따라 관광을 하면서 남쪽으로 내려가다가 간호사의 업무가 끝나는 오후 3, 4시쯤 마인츠에 도착하는 식이었다. 로만틱가도(Romantische Strasse)와 로렐라이(Loreley), 쾰른 대성당(Kölner Dom) 등은 이들 파독 광부들의 대표적인 관광 코스였다. 로만틱가도는 제2차 세계대전 이후 독일 정부가 관광산업을 육성하기 위해 만든 것으로, 프랑크푸르트 동쪽에서 100km쯤 떨어진 뷔츠부르크(Wurzburg)에서 시작해 로덴부르크, 아우구스부르크 등을 거쳐 오스트리아와 국경을 접한 퓌센(Fussen)에 이르는 350km 남짓한 도로이다. 로렐라이는 장크트고아르스하우젠(Sankt Goarshausen)의 라인강에 있는 암벽으로, 로렐라이라는 처녀가 자신을 버린 연인에게 절망해 바다에 몸을 던진 후 아름다운 목소리로 어부 등을 유혹해 조난시키는 바다 요정으로 변했다는 전설이 있다.

　　한국인 파독 광부 사회에서는 주말마다 파독 간호사를 찾아 나서는 부류를 '피아노치기파'라고 불렀다. 간호사 기숙사 정문에 붙여진 간호사 이름을 피아노 치듯이 골라 찾아간다는 의미에서다.

　　중고 자동차를 구입하지 못한 많은 광산 노동자들은 기차汽車를 이용, 파독 간호요원을 만나러 갔다. 서독의 기차 운임은 비싼 편이어서 간호사를 만나러 주말마다 동서남북 기차를 타다보면 많은 돈을 쓸 수밖에 없었다. 자연스럽게 주머니가 텅텅 비어갔다. 그래서 동료들은 그들을 '물새'라고도 불렀다.

파독 간호사들은 이역만리 타국에서 만난 광부들을 따뜻하게 맞아줬다. 같은 동포同胞라는 단 하나의 이유 때문이다. 보통은 파독 광부가 간호사보다 연배年輩가 위였다. 그래서 파독 광부가 간호사들에게 일의 고단함을 달래주기도 했고 미래에 대해 진지하게 얘기도 해줬다. 물론 서독 사회에 대한 경험담과 애환도 서로 나눴다. 광부와 간호사들은 이렇게 만나고 부딪치면서 '신화의 동반자同伴者'가 돼 갔던 것이다.

간호사 파독은 독일에서 우리 동포사회同胞社會 형성에 결정적인 역할을 했다. 파독 광부들은 3년 계약 이후 체류 연장이 쉽지 않았기에 계약완료 이후에는 대체로 제3국행을 택하거나 귀국해야 했다. 반면 간호사들은 독일 병원에서 능력을 인정받아 본인의 의사에 따라 자유롭게 체류 연장이 가능했다. 따라서 파독 광부가 독일에서 살거나 체류 연장하고 싶다면 파독 간호사와 가정을 이루는 게 가장 쉬운 길이었다. 이광규의 설명이다.

"광산 근로자가 독일에 입국할 무렵 한국에서 간호사도 독일에 들어왔다. 이들 간호사는 독일 한인사회를 이룩한 원동력原動力이 됐다. 그것은 독일 병원에서 간호사들의 계약기간을 연기해주면서 오래 근무하기를 원했기 때문에 간호사들의 체류 기간도 3년에서 5년, 5년에서 10년으로 연장됐다. 광산 근로자가 독일에 잔류할 수 있었던 것도 그들과 결혼한 간호사 덕분이었다."(이광규, 2000, 206-207쪽)

·
·
·
·
·
·
·

1966년 1월 한국인 간호사 대규모 파독

    기쁜 듯 슬픈 듯 알 수 없는 표정의 정장을 한 오빠, 눈물을 그치지 못하는 여동생, 손을 붙잡고 눈물을 흘리는 어머니, 짐짓 의젓한 모습의 모자를 눌러쓴 아버지, 손수건으로 옷고름으로 눈물을 훔치는 친지들….

    1966년 1월 30일 일요일 오후 서울 김포공항에는 파독 간호사와 그녀들의 가족, 친지들로 인산인해人山人海를 이뤘다. 아버지는 마음으로 울었고, 어머니는 못 다한 사랑에 소리 내어 울었다. 여동생은 다가올 그리움으로 훌쩍였다. 당분간 헤어져 있어야 한다는 이별의 아픔, 혹시 무슨 일이 벌어질지도 모른다는 막연한 불안, 앞으로 영영 못 볼 수도 있다는 희미한 우려. 수많은 감정과 생각이 어울리면서 흑백의 이미지를 만들고 있었다.

    한복을 곱게 차려 입은 파독 간호사들은 가슴 속으로 '잘하리라'

는 다짐을 수없이 했건만, 도대체 알 수 없는 슬픔 앞에 무력했다. 그들은 5대1의 높은 경쟁률을 뚫고 선발된 인재였다. 눈물을 훔치며 "잘 가라, 건강하라"는 가족과 친지를 뒤로 하고 "건강하게 돌아오겠다"고 대답하기를 몇 차례. 눈물이 그들의 앞을 가리기 시작했다.

김형욱 중앙정보부장과 티어 주한 독일영사 등이 공항에 나와 간호사의 장도를 축하했지만, 그녀들에게 그건 배경이었을 뿐이다. 석정선『일요신문』사장과 영화촬영팀, 신문사 취재기자들은 현장의 촬영과 취재에 분주했다(이수길, 1997, 120-121쪽 참고).

한국인 간호사의 대규모 파독은 1966년부터 시작됐다. 파독 간호사 1진 128명을 태운 일본항공(JAL) 전세기가 이날 오후 2시 40분 제트굉음을 내며 이륙했다. 20여 시간의 비행 끝에 비행기는 1월 31일 오전 9시 서독 프랑크푸르트국제공항에 도착했다. 지친 기색도 없지 않았지만, 한복을 입은 그녀들은 자랑스런 한국인이었다. 최덕신 주독 한국대사와 이수길, 프랑크푸르트 시장과 병원협회장 등이 그녀들을 맞아 간단한 환영식을 열어줬다. 간호사들은 항공기 앞에서 '잘 오십시오, 서독 후랑꾸후루도에'라고 쓰인 대형 플래카드에서 포즈를 취하기도 했다. 한국인 간호사 대규모 파독의 신호탄信號彈이었다.

파독 간호사 128명은 프랑크푸르트 소재의 8개 병원과 3개의 양로원에 배치돼 근무를 시작했다. 그리고 이곳에서 푸른 청춘을 불사르기 시작했다. 간호사 파독은 1966년 이전에는 종교단체 등을 통해 산발적으로 이뤄지다가 1966년부터 1969년까지 민간 차원에서 대규모로 이뤄졌으며 1969년부터 1976년까지는 정부 차원에서 조직적으로 이뤄졌다. 1986년 재독 한국대사관에 따르면 간호사 및 간호요원 파독은 △1965년 18명 △1966년 1,227명 △1967년 421명 △1968년 91명 △1970년 1,717명 △1971년 1,363명 △1972년 1,449명 △1973년 1,182명 △1974년 1,206명 △1975년 459명 △1976년 62명 등 모두 1만32명에 이르렀다(재독한인연합회 편, 1987, 381쪽; 재독동포50년사 편찬위원회, 2015, 28쪽 참고).

<표 4> 한국인 간호요원 연도별 파독 추이(1986년 현재, 단위: 명)

	1965	1966	1967	1968	1969	1970	1971	1972	1973	1974	1975	1976
명	18	1227	421	91	837	1717	1363	1449	1182	1206	459	62

<출처> 주독한국대사관, 1986; 재독한인연합회 편, 1987, 381쪽 등 참고

우리의 마음도 언제나 생이 외치는 소리에

선뜻 이별을 하고 새로운 시작을 해야 한다.

눈물 따위 흘리지 말고 씩씩하게

다른 사람들과 새로운 관계를 맺어야 한다.

-헤세, 「층계」에서

1966년 민간 차원의 간호사 대규모 파독이 이뤄지기까지는 이수길李修吉 박사의 숨은 노력努力이 있었다. 이수길은 어릴 때 소아마비를 앓아 지팡이에 의지하며 살아온 1급 장애인. 1959년 6월 독일 뮌스터(Münster)대 의학부로 유학 온 그는 베를린자유대를 거쳐 마인츠대학병원에서 근무하던 중 한국 간호사의 파독을 구상했다. 그가 한국인 간호사 파독을 추진하게 된 계기는 독일 간호사가 턱없이 부족, 한국 간호사의 서독 진출 가능성이 높아 보였기 때문이다. 그가 근무하던 병원에서도 법정 인원 28명 가운데 13명이나 부족할 정도였다.

당시 많은 서독 병원이 간호사 부족을 겪고 있었다. 제2차 세계대전 이후 상대적으로 낮은 보수와 열악한 근무 여건 때문에 간호직 지원이 저조했고, 이는 다시 적은 간호사의 양성으로 이어지는 악순환에 빠져 있었다. 특히 훌륭한 간호 인력은 단기간의 교육으로 양성되기 어렵다는 점도 서독 병원업계의 고민 가운데 하나였다.

이수길에 따르면 1966년 당시 서독의 전체 국·사립 병원 수는 3,617개로, 총 입원 병상 수는 64만 372병상이었다. 이 가운데 800병상 이상의 대형 병원은 113개. 이들 대형 병원에서 근무하고 있는 간호요원은 총 17만 5,000명이었고, 1년에 입원해 치료받는 환자 수는 930만 명이었다. 약 3만 명의 간호사가 부족, 1만 9,000병상을 가동할 수 없는 상황이었다(1997, 104-105쪽 참고). 그래서 이수길은 한국 간호사의 파독을 떠올렸다.

"한국 간호사의 서독 취업을 주선하는 것은 한국과 서독의 상호 이익을 증진하고, 동시에 한국인이 직접 독일인을 접촉함으로써 양국 간의 우호관계가 형성되는 직접적인 민간외교 활동이 이뤄지는 계기가 될 수 있을 것이라고 생각했다."(이수길, 1997, 105쪽)

<표 5> 한국인 간호요원 파독 주요 일지

일 자	주 요 내 용
1957	주한 독일인 신부 파비안 담(Fabian Damn), 경북 김천의 성의여고생 30명 선발 파독
1962-1967	재독 이종수과 이수길, 독일 종교관계자, 개별 주선으로 간호사 파독
1966.3.18	한국해외개발공사, 간호사 128명 파독
1967.7.3	독일 연방노동성, 이종수가 관련된 한국기독교구제회에 의한 간호사 파독 중단 요청
1968.10.3	한·독 정부 간 '한국인 간호원 및 간호보조원 모집요강' 합의
1969.8	「한·독 정부 사이에 간호원 진출에 관한 협정」 체결(제1차 파독 간호사 협정, 1974.12.31. 만료), 한국해외개발공사와 서독병원협회 간 한국 간호요원 파독협정 체결 합의

1970.6.18	서독병원협회 사무총장, 내한해 한국 간호원 파독 협의
1970.6.26	「유자격 한국 간호원 및 간호보조원 독일 병원 취업에 관한 협정」에 관한 양해각서 체결
1970.12	한국노동청과 독일노동성, 협정문 서명 날인
1971.2.27	한국해외개발공사와 독일병원협회, 「유자격 한국 간호원 및 간호보조원 대독일 병원 취업계획에 관한 협정」 서명
1974.10.22	협정기간 무기한 연장 및 내용 보강 (제2차 파독 간호사 협정)
1975.7.9	독일 연방노동성, 협정국 및 한국과 필리핀 이외의 비유럽계 간호요원 서독병원 취업금지 발표
1975.8.14	독일 연방노동성, 기혼자의 서독병원 취업 및 내독 금지 발표
1977	한국인 간호사 파독 중단

<출처> 진실·화해를위한과거사정리위원회, 2009, 192쪽 참고

　이수길이 한국인 간호사 파독의 본격적인 추진에 나선 것은 1965년 4월. 그는 최덕신 주독 한국대사의 도움을 받아 프랑크푸르트병원협회장 및 시청 담당관과 접촉을 시도, 서독 측으로부터 긍정적인 반응을 받아냈다. 구체적인 고용 조건도 협의했다.

　서독 프랑크푸르트병원협회는 이수길과 협의한 3개월 후인 1965년 7월 한국의 보건사회부에 간호사 취업알선을 공식 요청했다. 하지만 주독 한국대사관 등에서 간호사 파독에 난색을 표시했다. 미국 병원보다 상대적으로 임금이 낮고 나중에 미국에서 자격이 인정되지 않는다는 게 주요 이유였다. 이수길의 설명이다.

"주독 한국대사관 안에서 간호사 파독 찬반론이 치열하게 전개됐는데, 결국 다음과 같은 3가지 이유로 대사관에서 직접 취업 주선을 거절하기로 결론이 났다. 첫째, 서독의 봉급이 미국보다 훨씬 낮고, 둘째, 한국 간호사의 교육기간이 서독보다 길며, 셋째, 서독 간호사의 자격을 미국에서 인정하지 않는다. 동시에 1965년 8월 19일 주독 한국대사관 측은 공식적으로 취업주선을 할 수 없다는 공문을 각 병원에 보내 지금까지의 노력이 수포로 돌아가게 됐다. 당시는 한국 간호사를 미국 병원에서 받아주지 않았을 때였다."(이수길, 1997, 107-108쪽)

이수길은 이에 직접 한국 정부를 설득하기로 결심했다. 그는 1965년 11월 10일 일본 도쿄에서 열린 국제소아과학회에 참석한 뒤 11월 14일 방한, 오원선 보건사회부 장관을 만났다. 오 장관은 그에게 취지와 경위를 들은 뒤 국가 차원의 간호사 파독을 긍정적으로 검토하겠다고 밝혔다. 간호사 대규모 파독의 길이 열린 것이다.

한국 정부와 이수길은 곧바로 실무 준비에 착수, 이수길과 보건사회부 간호과장, 간호협회장 3인으로 구성된 위원회를 조직한 뒤 파독 간호사를 공개 모집했다. 응모자 593명 가운데 최종 128명을 선발했다. 약 5대1의 경쟁률이었다. 일부 탈락한 간호사들이 공정성 문제를 제기했다는 이수길의 다음 이야기는 파독 간호사가 당시 얼마나 인기가 있었는지를 보여준다.

"불합격한 간호사 10여명이 간호협회 간부와 함께 나를 찾아와 보건사회부 시험 과정이 불공평했으니 시정해 달라고 요청했다. 이들은 세브란스병원이나 한일병원 등 일류 종합병원에 현재 근무 중이었다. 연령은 25세 미만이고 용모도 단정하고 동시에 일류 간호전문학교 출신이었다. 반면 8명의 합격자 가운데 나이는 39세나 되고 간호양성소 출신으로 그동안 가사를 돌보다가 늦게 보건소나 양호교사로 근무하고 있는 간호사들이 포함돼 있다는 것이었다. 1959년 서독으로 유학을 갈 때 돈을 헌납하지 않은 이유로 보건사회부 추천장을 받을 수 없었던 이승만 정권 시대의 부패腐敗가, 박정희 정권에서도 지속되고 있음을 느끼고 새삼 분통이 터지기 시작했다."(이수길, 1997, 112-113쪽)

이수길 주도로 1966년 1월부터 한국인 간호사의 대규모 파독이 이어지면서 거대한 역사歷史가 됐다. 같은 해 4월 27일 2차 파독 간호사 128명이 독일 프랑크푸르트에 도착했다. 2차 파독 간호사들은 1차 파독 간호사처럼 대부분 한복을 입고 '문화사절단'처럼 왔다. 이들은 프랑크푸르트대학병원과 횕스트(Hoechst)시립병원, 마인츠대학병원 등에 취업했다. 같은 해 6월 28일 3차 파독 간호사 128명이 프랑크푸르트에 도착, 9개 병원에 분산 취업했다. 대규모 간호사 파독을 성사시킨 이수길은 이렇게 1966년 6월말까지 5개월 동안 한국인 간호사 516명을 독일 헤센 주의 프랑크푸르트와 마인츠 병원 등에 취업시켰다.

1967년 2월 3일. 간호사 143명이 뢰리히 박사의 인솔 아래 이탈리아항공편으로 프랑크푸르트국제공항에 도착했다. 본래 이들은 직전인 1966년 10월 29일 출국하기로 돼 있었지만, 여러 사정으로 수차례 출국이 연기된 뒤였다.

이수길이 간호사 대규모 파독의 물꼬를 튼 이후 민간 차원의 한국 간호사 파독이 봇물을 이뤘다. 주독 한국대사관이 1986년 공개한 간호사 및 간호요원 파독 현황에 따르면 △프랑크푸르트병원협회 초청(이수길 주도) 간호사 587명, 간호학생 42명 등 총 629명 △독일기독교구제회 초청(이종수 주도) 간호사 416명, 간호보조원 459명, 간호학생 106명 등 총 981명 △천주교 계통(아잉가 신부 주도) 간호학생 26명 △국제어학원(ILI) 주선(추방된 오스트리아인 슈베르 Shumber 주도) 간호사 및 보조원 80명 △한국대사관 초청(한국노동청) 간호사 17명 등이었다(이수길, 1997, 149쪽 참고).

·
·
·
·
·
·
·

간호사 파독의 산파, 이수길

읍내가 해발 800m의 고지대에 위치할 정도로 험악한 산악지대에 자리한 함경남도 풍산豐山. 개마고원 중심부에 자리잡아 맹수가 들끓고, 이들 맹수로부터 사람의 안전을 지켜온 풍산개가 유명한 곳. 대규모 간호사의 파독 시대를 개척한 이수길李修吉은 오지奧地 중 오지로 꼽히는 이곳 풍산에서 1928년 아버지 이임수와 어머니 최명자 사이의 외아들로 태어났다.

아버지 이임수는 함흥 영생중학교를 졸업하고 보통학교 교원으로 3년간 교편을 잡다가 사표를 냈다. 이임수는 이어 신문사 지국장을 거쳐 풍산수력발전회사인 마쓰모토구미松本組주식회사의 공급소 소장을 맡았다. 나중에 여관을 경영하기도 했다. 경주 최 씨인 어머니 최명자는 평범한 가정주부였다.

이수길의 인생에 극적인 '불행不幸'이 닥친 것은 3살 때였다. 소아마비小兒痲痺로 왼쪽 다리가 마비되고 만 것이다. 이때 앓은 소아마비 때문에 그는 평생 장애인으로 살아야 했다.

"무럭무럭 잘 자라던 나는 세 살 때 갑자기 열이 나면서 감기를 앓는 것처럼 아프더니, 3일 후부터는 밤낮을 가리지 않고 자기만 했다고 한다. 어머니가 안타까워 깨워보려 했지만, 반응이 없어 그대로 쓰러지곤 했다. 며칠 후 겨우 잠에서 깨어나기는 했지만, 전신을 움직이지 못했다. 이 시기는 한국에 서양의학이 막 보급되기 시작하던 때였다. 의사는 큰 도시에 한두 명씩 있었지만 대개는 일본 사람들이었다. 한 의생을 찾아갔는데 나를 진찰한 그는 '만경풍慢驚風'이라고 하면서 수없이 침을 놓았다. 나는 마비된 상태였는지 울지도 않았다. 그 의생의 처방으로 다음날부터 손은 움직이기 시작했지만 여전히 왼쪽 다리만은 움직일 수가 없었다고 한다. 어머니가 나를 등에 없고 북청과 갑산, 풍산 일대의 이름 있는 의생을 수없이 찾아다니고, 좋다는 약을 다 써도 나의 왼쪽 다리의 마비는 풀리지 않았다."(이수길, 1997, 15쪽)

이수길은 잦은 병치레 때문에 소학교를 3년 정도밖에 다니지 못했다. 대신 자습과 독학으로 수업을 따라갔다. 김화중학교에 진학한 그는 1947년 10월 원산의학전문학교에 편입, 의사의 꿈을 키우게 된다.

6·25 전쟁 와중에 월남한 이수길은 한때 '빨갱이' 의사로 몰려 위험에 처하기도 했다. 1955년 3월 의사국가고시에 응시해 합격했다.

1958년 이른 봄 서울 명동 유네스코회관과 '한일관' 뒤에 '이수길 의원'을 개업開業했다. 그는 출신 대학을 따지지 않고 주임교수가 허락만 한다면 검정의사 출신도 공부할 기회를 준다는 얘기를 듣고 독일 유학遊學을 결심했다(이수길, 1997, 57쪽 참고).

1959년 6월 23일. 앞서 4월 유학생 선발시험에서 합격한 이수길은 독일 뮌스터(Münster)대학으로 유학을 떠났다. 뮌스터대 의과대학에 입학한 그는 소아과를 전공했다.

뮌스터대 의과대학 시절 이수길의 하루 일과는 오전 7시 30분쯤 소아마비병동에 출근해 병동장 및 조수들과 함께 하는 병동회진으로 시작됐다. 오전 8시 15분 소아과병원 전체 집담회에서 주임교수에게 보고하고 지시를 받는다. 1주일에 한 번씩 이뤄지는 병동별 교수회진에도 참여한다. 교수회진이 끝나면 병동으로 돌아와 환자를 돌본다. 낮 12시 30분 소아과병원 식당에서 점심식사를 하고 휴식을 취한 뒤 오후 3시부터 다시 일한다. 환자를 돌보는 일 외에 주 2회 있는 학술 집담회에 참석하고, 나머지 시간은 소아과병원 도서실에 가 책을 보거나 동료들과 토론한다. 오후 7시 병원 식당에서 빵과 치즈, 싱컨(햄) 등으로 저녁 식사를 했다(이수길, 1997, 70-71쪽 참고).

1960년 여름 베를린대학 정형외과 객원의사로 근무한 이수길은 1961년부터 프랑크푸르트대학 정형외과에서 근무했다. 베를린대학에서 박사과정을 밟던 그는 1963년 일본 도호쿠東北대학에서 박사학위를 받았다. 한국에서는 독일 학위를 인정하지 않은 분위기 때문이었다고 그는 회고한다. 박사학위 논문은 '늑막 변저'에 대한 병리학적 고찰이었다. 병리학 저서에 언급될 정도로 학문적 의미가 있었다고 그는 말한다.

이수길은 1962년 7월 마인츠대학 학문 조수로 발령받았다. 라인란트팔츠(Rheinland-Pfalz) 주의 수도인 마인츠(Mainz)는 루르지역의 최북단 부근에 위치한 전원도시였다. 프랑크푸르트국제공항에서 자동차로 20분 정도 걸린다. 국영 '독일 제2텔레비전(ZDF)'이 자리 잡고 있으며, 헬무트 콜 전 수상도 라인란트팔츠 주정부 수상 출신일 정도로 정치문화도시이다. 이듬해인 1963년 10월 16일 노스웨스트항공편으로 귀국한 그는 12월 22일 중매를 통해 대구 신진운수 사장 이현재 씨의 딸인 이영자와 결혼했다. 이영자와의 사이에 2남2녀의 가족이 있다.

1965년 독일 연방소아과전문의 자격을 딴 그는 본격적으로 간호사 파독을 추진했고, 1966년 1월 처음으로 대규모 간호사 파독을 성공시켰다.

이수길은 1967년 4월부터 마인츠대학 병원으로 돌아와 제2전문의 소아방사선과 과정을 밟기 시작했지만, '동백림(東柏林·동베를린) 사건'으로 고통을 겪었다. 중앙정보부에 의해 간첩혐의를 받으며 모진 고문을 당한 뒤 20여일 만에 무혐의로 풀려났다.

이수길은 1971년 9월 한국과 독일 간의 유대를 돈독히 하기 위해 '한·독협회韓獨協會'를 창설했다. 선천성 심장기형 아동돕기 모금운동도 펼쳤다. 한국의 중견학자의 서독 유학을 주선했고, 장학금을 지급하기도 했다. 그는 간호사 파독을 중심으로 한국과 독일 간 교류 협력의 중심 인물이었다.

"월급 20마르크, 독일 수녀복 입어라"

　한국인 간호사의 대규모 파독을 주도한 사람은 이수길李修吉이었지만 그보다 앞서 간호사 파독의 물꼬를 튼 사람이 있었다. 간질환 전문가인 이종수李鍾秀 박사였다. 이종수는 1969년 간이식에 성공했고 1970년에는 간 보존액 개발 등으로 널리 알려진 인물이다.

　1929년 전남 영암에서 빈농의 6남매 가운데 장남으로 태어난 이종수는 1947년 대전사범학교를 졸업한 뒤 1958년 장학재단의 후원으로 독일 유학을 떠났다. 하지만 유학 1년 만인 1959년 간염을 앓으며 뜻하지 않게 '간'과의 인연이 시작됐다. 1962년 의사국가고시에 합격하고 1964년 박사학위까지 받은 뒤 1975년엔 종신 교수직에 올랐다.

　이종수가 간호사 파독을 생각하게 된 것은 1959년 말 간염으로 독일 뒤셀도르프병원에 입원, 의사와 간호사 등 독일 의료진이 치료하는 모습을 보고나서다. 선진적인 의료기법과 최선을 다하는 태도에 감동은 받은 것이다. 그는 한국의 농어촌에서 의료봉사 활동을 하고 싶었다. 하지만 문제는 의료봉사 인력의 확보였다. 농어촌에서 의료봉사 활동을 하기 위해선 양질의 의료 인력이 필요했다. 그는 이를 위해 한국의 간호학생을 독일로 데려와 훈련시키자고 생각했다.

감리교 신자였던 이종수는 뒤셀도르프대학 목사의 도움으로 프랑크푸르트 주재 미국 감리교선교본부 측과 접촉했다. 반응은 냉담했다. 하지만 그는 좌절하지 않았다. 프랑크푸르트의 감리교병원인 베티니언병원의 병원장을 만났다. 긍정적인 답변을 받아냈지만 조건은 열악했다. 월급은 20마르크 수준이고, 여비도 한국감리교회 측이 부담하며, 심지어 독일 수녀복을 물려 입는다는 조건까지 포함돼 있었다. 그는 간호사 파독의 물꼬를 트기 위해 간호학생 2명을 독일로 데려왔다. 그의 첫 간호학생 파독이었다. 1960년의 일이다.

두 명의 간호 학생은 1년간 예비 훈련생으로 적응훈련을 한 뒤 3년간 병원 실습과 견습 생활을 했다. 야간 근무는 없고, 4년 과정을 마치면 간호사가 됐다. 예비훈련생 때에는 세면대와 침대시트 교체, 식사 준비와 설거지, 세탁물의 분류 배치, 오물 수거와 병실청소, 침구정리 등 잡일을 주로 한다. 1년간의 예비 훈련생 과정이 끝나면 내과와 외과, 산부인과, 소아과, 전염병동 등 5개 병동을 돌아가며 한 학기에 한 병동씩 현직 간호사 밑에서 견습見習했다. 처방전 처리와 투약, 주사, 신생아 돌보기, 환자의 체온과 맥박, 혈압

측정…. 한국에서 온 간호학생 2명은 어린 나이에도 언어와 향수 문제 등을 극복하며 열심히 배우고 일했다. 좋은 평가를 얻기 시작했다. 한국인 간호사 시대를 예비하고 있었던 셈이다.

이종수는 이 같은 성과를 바탕으로 1966년을 제외하고 1963년부터 1968년까지 매년 20명씩, 간호학생 100명의 파독을 주선했다. 간호학생의 파독이 계속되면서 근무 여건도 차츰 좋아졌다. 기숙사에 보통 2명의 학생이 한 방을 사용했다. 월급은 침식과 세금을 빼고 100-300마르크 정도로 올라갔다.

하지만 한국농어촌 의료봉사 인력을 배출하겠다는 이종수의 구상은 차츰 어긋나기 시작했다. 간호학생의 일부는 언어장벽 등으로 현지 적응에 실패했다. 게다가 현지생활에 적응한 상당수 간호학생조차 간호학생보다는 봉급이 많은 간호보조원으로 전환해 버렸다. 간호사와 간호조무사간 기본임금과 결혼수당, 자녀수당 등에서 큰 차이가 없어 굳이 4년 과정을 밟을 필요가 없었던 것이다.

이종수는 간호학생보다 간호사 파독으로 방향을 전환했다. 감리교선교회와 한국 보건사회부 등에 간호사 채용과 파독을 제의했다. 한국 정부의 반응은 시큰둥했다. 그는 1966년 여름휴가를 이용해 독일인 에서와 함께 한국 보건사회부를 방문, 간호사 100명을 파독시키기로 합의했다. 이종수가 주도한 한국인 간호사 파독은 1966년 7월 주무기관인 한국해외개발공사의 선발로 이뤄졌다. 이수길에 의해 간호사 대규모 파독이 이뤄진 6개월 뒤다. 간호사, 간호보조원이 '한국난민구호병원' 건립 찬조기금과 '한국난민구제회' 본부 운영비로 각각 20마르크와 2.5마르크를 월급에서 공제하는 조건으로 이뤄졌다. 이것은 나중에 투명성과 공정성 시비가 일면서 사회문제가 되기도 했다.

이종수는 이밖에 150명의 간호조무사도 파독시키는 등 1968년 3월까지 간호학생과 간호사, 간호조무사 1,200여 명을 파독시켰다고 이수길은 밝혔다.

1965년까지 종교계를 중심으로 수녀 복장을 한 870명이 한국인 파독 간호요원의 전부였지만, 이수길 이종수 두 사람의 노력으로 1969년까지 간호사 2,273명, 간호조무사 547명 등 2,820명으로 늘었다.

그들은 노동자 농민의 딸

"간호학교를 졸업하고 밀양보건소에서 일을 하던 1966년 2월. 동료들 사이에 '파독 간호사 모집'이란 신문광고가 가장 큰 화제였어요. 큰 관심을 보인 엄 간호사는 30대 후반의 서울출신 기혼녀였는데 상당히 멋진 분이셨죠. 그날부터 그의 아침인사는 '미스 안, 이런 곳에 있지 말고 외국으로 떠나요. 당신 같은 젊은 나이에 무엇이 걸려서 못 떠나요?'였어요. 그녀는 가정에 매여 있지 않은 저의 젊음을 부러워했죠. 제가 독일 행을 결정하고 서울에 다녀오니, 그는 스스로 목숨을 끊은 뒤였어요. 영결식에 참여해 고인의 명복을 빌었어요. 고국을 떠난 오랜 날까지 저의 가슴에 맺혀 잊혀지지 않았죠."(안차조, 2002.4.15, 20면)

파독 간호사 안차조는 신문 연재에서 파독 간호사가 되고 싶지만 나이와 가정 때문에 차마 지원하지 못하는 현실을 비관해 자살한 간호사의 얘기를 이렇게 기록하고 있다.

파독 간호사는 그 당시 우리 사회에서 큰 인기人氣였다. 현직 간호업계에서 근무하던 사람은 말할 것도 없고 유관 업종에서 근무하던 여성도 큰 관심을 가졌다. 심지어 한 병원에서 간호원 7명이 독일에 간다며 사표를 내기도 했다. 대학 졸업 2개월을 앞두고 독일행 비행기에 오르는 경우도 있었다.

병원에 근무하는 간호사만 지원한 게 아니었다. 양호養護교사로 근무하던 이들도 한국해외개발공사의 파독 간호사 모집에 지원했다. 경쟁률은 매우 높았다. 재수 삼수생도 생겨났다. 그래서 파독 간호사는 현직 국회의원까지 나서서 로비를 할 정도로 인기였다고 한다.

파독 간호사의 지원 동기 또한 매우 다양했다. 자유로운 신세계를 찾거나 호기심과 동경 때문에 지원한 경우도 있었고 돈을 벌기 위해 자원한 경우도 있었다. 이들 가운데 상당수는 신세계新世界에 대한 동경憧憬과 호기심好奇心으로 지원했다. 즉 "내게는 돈을 벌기 위한 신세계라기보다는 자유를 얻기 위한 신세계로 느껴졌다"(송금희 등)거나 "유럽으로 여행을 다닌 이야기가 나를 사로잡았다"(조국남 등) 등의 증언이 이를 뒷받침한다(송금희, 2002.5.20, 20면; 송금희, 2002.6.3, 20면; 송금희, 2002.6.10, 20면; 조국남, 2002.8.26, 22면; 조국남, 2002.9.2, 22면; 조국남, 2002.9.9, 26면; 조국남, 2002.9.16, 22면 참고).

한국보다 수준 높던 독일의 생활문화에 대한 부러움과 동경도 적지 않게 영향을 미친 것으로 판단된다. 그림 같은 정원과 넓은 수영장, 연극과 오페라 관람 등 여유로운 문화생활…. 젊은 여성들을 자극하기에 충분했을 것이다. 파독 간호사 김정숙의 얘기다.

"내가 이곳(독일)으로 오기로 결심한 것은 먼저 왔던 친구가 자신의 어머니에게 쓴 편지를 보고 난 뒤였다. 편지는 나를 황홀의 경지로 몰아넣었다. 집에는 수영장이 있어 근무가 끝나면 언제나 수영을 할 수가 있다고 했다. 그토록 갖고 싶었던 스테레오 전축도 2개월 일한 월급으로 구입할 수도 있다. 헤르만 헤세의 추종자인 히피들과 함께 거리를 누비며, 저녁에는 연극 구경을 하는 등 행복하게 매일을 만끽하며 살아가고 있다는 것이다. 나는 파독 간호사 모집에 응시했다. 1970년 10월 커다란 희망을 안고 마치 천국으로 가는 양 들뜬 기분으로 가족과 헤어지는 슬픔도 잊은 채 비행기에 올랐다."(김정숙, 2002.11.11, 22면)

물론 우연한 기회에 독일에 온 경우도 없지 않았다. '친구 따라 강남 간다'는 식으로 분위기와 호기심에 휩쓸려 지원한 경우도 있었다. 주위의 병원 관계자 추천으로 급하게 온 경우도 있었다.

하지만 대다수 파독 간호사들은 어린 동생들의 학비나 가족 생활비를 벌기 위해 독일 행을 택했다. 한국보다 더 많은 보수報酬를 받을 수 있다는 판단에서다. 그녀들은 가난한 노동자, 농민의 딸이었다.

"어린 마음에 독일에 가면 동생 학비도 보탤 수 있고, 4년제 대학에도 갈 수 있으리란 생각을 했다. 처음에 반대하시던 어머니도 3년만 있다가 온다는 설득에 어쩔 수 없이 승낙을 했다."(최영숙, 2002.1.21, 10면)

파독 간호사들은 고졸이 다수를 이룬 가운데 간호고 출신이 많았다. 1966년 10월까지 파독 간호요원 1,048명 가운데 고졸이 78%로 가장 많았다. 대졸(14%)과 전문대졸(5%), 중졸(3%)이 그 뒤를 이었다. 고졸은 주로 간호고 출신이었다. 물론 여기에는 일반고에 보조간호원 9개월 코스도 포함된 수치다. 연령은 21-30세 사이가 78.5%로, 가장 많았다. 20세 이하(18.2%), 31세 이상(3.3%) 등 순이었다. 미혼이 거의 대부분인 셈이다. 출신 지역은 서울 출신이 557명으로 53.1%를 차지, 가장 많았다. 경북(112명, 10.7%), 전남(89명, 8.5%), 경기와 충남(70명, 6.7%) 등이 뒤를 이었다(정해본, 1988, 143-149쪽 참고).

．
．
．
．
．
．
．

모든 낯설음이 선善은 아니나니

　1966년 10월 15일 밤. 짙은 어둠에 잠긴 독일 베를린의 템펠호프 국제공항(Tempelhof International Airport, 약자 THF)에 착륙한 비행기에서 한국인 파독 간호사 150여 명이 차례로 내리기 시작했다. 번호가 불리고, 몇 개 그룹으로 나뉘어 다시 버스로 어디론가 떠났다. 파독 간호사들은 경황驚惶이 없어 제대로 작별인사도 하지 못했다. 여러 대의 버스에 나뉘어 떠나가는 아련함. 친구는 언제 다시 만날 수 있을까. 모두 건강하고 잘 견디어낼까. 아쉬움을 뒤로 하고 훗날을 기약하고 헤어졌다.

　일부는 베를린 교외의 결핵병원으로, 일부는 시골 숲속을 달려 작은 병원에 배치됐다. 파독 간호사들이 독일 현지에서 처음 맞부딪치는 문제는 낯설음이었다. 그것은 그녀들을 실은 비행기가 독일 땅에 도착한 이후부터 계속된 감정이었다. 안차조의 기억이다.

"1966년 10월 15일 독일에 도착했다. 내가 배치된 곳은 하노버(Hannover)에서 80km 떨어진 베르덴(Verden)이란 조그만 시였다. 한국 간호사 4명이 함께 왔다. 그날 오후 6시 하노버 비행장에 도착했을 때, 베르덴 시립병원 간호원장이 마중 나와 있었다. 독일 북부 지역에 위치한 이곳은 산이 없고 큰 숲이 많았다. 그날 저녁, 차가 끝없이 어두운 숲속을 달리고 있을 때, 나에게는 이 사람들이 우리를 어떤 숲 속 아니면 촌구석으로 데려가 어떤 일을 시키려 하는가 하는 공포심과 좌절감마저 들었다. 우리를 한 번씩 뒤돌아보며 던져주는 간호원장의 미소도 위로가 되지 않았다."(안차조, 2002.4.15, 20면)

이국적인 자연과 도시의 풍경. 여기에 낯설음의 실체를 가장 확실하게 깨닫게 해 준 것은 역시 식사였다. "베를린의 하늘과 땅 사이에 서 있는 나 자신을 실감케 했다"는 말이 나올 정도였다. 파독 간호사 김 도미니카의 기록이다.

"독일에서의 첫 저녁 식사는 독일식 생선이었다. 하얀 소스 안에 살아서 헤엄치고 있는 것 같은, 청어를 보고 밥맛이 뚝 떨어졌다. 입에 익은 삶은 감자 몇 개와 해당화 차를 마셨다. 가져온 큰 가방 한 개와 작은 가방 한 개를 양손에 들고 안내해 준 3층에 있는 병원 안의 다락방에 도착했다. 비스듬히 서 있는 벽 사이의 조그마한 유리창 밖을 내다보았다. 가로등을 싸고돌고 있는 것 같던 노랗고 푸른색의 처음 보는 희미한 빛. 큰 그림자 형체의 나무. 베를린

의 하늘과 땅 사이에 서 있는 나 자신을 실감하게 했다."(김도미니카,
2003.3.3, 11면)

병원에 도착한 한국인 간호요원들은 오전, 오후, 야간반 등으로
나뉘어 격주 5일 근무를 했다. 야간반은 야간수당이 있고, 3주 근
무하면 2주간 휴가가 주어지기에 인기가 많았다. 또 침대와 소파,
옷장, 찬장, 차테이블이 제공된 기숙사에서 주로 생활했다. 여유가
생기면 한국 요리를 해 먹기도 했다.

간호사는 보통 400-1,200마르크, 간호조무사는 400-800마르크
를 받았다. 간호사 가운데 60% 이상이 800마르크 이상을 받았다
는 점에서, 적지 않는 임금이었다. 본업 외에 추가 아르바이트를 통
해 돈을 벌기도 했다. 야간 근무조는 2주간의 휴가 기간에, 오전반
은 오후 2시 근무 후에 아르바이트를 했다. 꽃집 같은 곳에서 일하
며 시간당 5마르크 내외를 벌었다.

독일 사회에 적응하기 위해선 적지 않은 어려움도 뒤따랐다. 대
표적인 게 언어 장벽言語障壁과 외로움의 극복이었다. 첫 관문은 역
시 언어 문제였다. 도착 후 곧바로 현장에 투입되는 경우가 많았
다. 운이 좋으면 길게는 3개월까지 언어교육을 받은 뒤 배치되기도
했다. 철자와 기본적인 문법 정도만 공부했던 그들이 의사소통을
하기까지는 상당한 시간이 필요했다. 빠른 경우는 3개월, 늦은 경
우는 6개월 정도 걸렸다.

근무가 끝나면 독일어를 공부했다. 기숙사에서 단어를 열심히
외운 뒤 다음날 병원에서 활용하기도 했다. 일부는 스터디그룹을

만들어 공부하거나 아예 '포크스호크슐레'(Volkshochschule·국민대학)를 다녔다. 포크스호크슐레는 정규 대학은 아니지만, 다양한 분야의 공부와 취미 등을 배우는 일종의 시민대학 또는 문화센터 같은 곳이다.

파독 간호사들은 말이 트이면서 독일 풍경과 문화가 서서히 눈에 들어왔다. 독일을 느끼기 시작한 것이다. 하지만 적응과 함께 가족과 고향, 조국 등에 대한 그리움과 외로움도 커져갔다. 동료들과 함께 수다를 떨거나 속치마 고무줄을 꺼내 고무줄놀이를 하며 외로움을 달래기도 했다. 주말엔 일부러 한복을 입어보며 분위기도 바꿔보려 했다. 하지만 일부 파독 간호사는 심한 향수병鄕愁病을 앓았다.

"이질적인 생활문화를 몸에 익히며 소화하느라 긴장되는 나날을 보내야 했다. 그 사이로 '낯익은 모습' '귀에 익은 말' 습관처럼 돼버린 익숙함'에 대한 그리움이 애타게 파고들면 정말 미칠 것만 같았다. 아! 이게 바로 그 향수병이라는 것이구나."(조국남, 2002.8.26, 22면)

하늘에는 성근 별
알 수도 없는 모래성으로 발을 옮기고,
서리 까마귀 우지짖고 지나가는 초라한 지붕,
흐릿한 불빛에 돌아앉아 도란도란거리는 곳,
—그 곳이 차마 꿈엔들 잊힐 리야.

　　　　　　　　　　　　　　　　　-정지용, 「향수」에서

내면과 문화의 깊이를 키운 사랑

질리기 전까지는, 까닭 없이 마음을 쉽게 뒤흔들어 놓곤 하는 사랑. 대부분 미혼이었던 파독 간호사 또한 사랑이 그리웠고, 사랑했기에 또한 청춘이었다. 푸른 청춘에게 사랑은 언제나 감행할 가치가 충분히 있었다.

역시 파독 광부와 결혼結婚한 경우가 가장 많았다. 공식적인 통계는 아직 확인되고 있지 않지만, 파독 간호사가 파독 광부와 결혼한 경우는 최소 800명에서 많게는 수천 명까지 이를 것으로 추정된다는 게 독일 교민사회의 분석이다.

일부 파독 간호사는 한국 유학생과 결혼하기도 했다. 간호사들은 돈을 벌어 유학생의 뒷바라지를 했다. 그래서 '간호 장학생看護獎學生'이라는 말이 동포사회에 회자되기도 했다. 특히 혼자서 가정을 꾸려야 했기에 임신 중에도 쉬지 못하고 일하는 경우도 있었다.

일부 파독 간호사는 독일 남성과 가정을 꾸리기도 했다. 1970년 부터 2년 동안 독일 남성과 결혼한 한국의 간호사는 서베를린에만 20명에 이르고, 1972년 약 50명이 독일 남성을 사귀고 있다는 주장도 나왔다(남정호, 1972.1.23, 5면). 그들은 서로의 문화를 이해하면서 사랑을 만들어갔다. 사랑하면서 문화의 차이를 극복하기도 했다. 드라마틱한 김정숙의 경우다.

"내가 병실에서 쟁반을 깨뜨리며 자존심을 내세워 시위하던 그 일이 있던 후, 우리 병실에서 일하던 수줍음이 많던 젊은 독일 남자 대학생은 나를 볼 때면 방긋이 웃으면서 친절히 대해줬다. 아마도 그때 내 심정을 이해하면서 위로하고 싶었던가 보다. 그는 우리 병동에서 방학 때면 아르바이트를 했다. 1년 후 어디선가 여행길에서 내게 편지와 목걸이를 보내왔다. 이곳 독일에서는 나이에 상관하지 않고 마음이 통하는 사람과는 Du(너)를 쓰고 이외 사람과는 Sie(당신)을 사용한다. 그런데 Sie로 시작했던 존칭이 몇 번 편지가 온 후 Du로 변해갔다. 처음의 '존경하는 김 간호사님'이 '사랑하는 김 간호사님'으로 바뀌더니, 여행에서 돌아온 이후로는 나만 보면 얼굴이 빨개져 버렸다…. 독일 대학생의 접근을 본 척도 않고 취리히에서 2년 동안 근무를 하게 됐다. 대학생은 내게 매일 편지 한 통씩 보냈다. 그렇게 편지를 2년 동안 하루도 빠짐없이 받게 됐다. 그러던 어느 날 대학생의 어머니로부터 편지를 받았다. 아들이 좋아하는 여성이 누구인가를 들었다며 '만약 아들을 좋아해 베를린으로 돌아온다면, 진심으로 환영하며 친딸처럼 대할 생각'이라고 적혀 있었다. 결국 독일 대학생과 결혼했다. 작년에는 결혼 25주년 기념으로 내 고향 한국을 6주 동안 함께 여행했다."(김정숙, 2002.11.18, 22면)

독일 남성과의 결합結合은 이성과의 결합이기도 했지만, 한편으로는 한국 문화와 독일 문화와의 결합이기도 했다. 우선 생활 곳곳에서 드러나는 문화적 차이를 극복하는 게 시급했다. 시어머니를 비롯한 독일인 남편 가족과의 관계도 쉽지 않았다. 서로를 알아가는 과정이기도 했지만, 문화 차이를 느끼고 이해하는 과정이기도 했다. 물론 대다수 독일인이 친절하듯이, 많은 독일 시어머니도 파독 간호사를 친절하게 배려해줬다.

특히 국가 발전경험과 사회적 다양성의 차이에서 비롯된 세계관과 인생관의 차이를 극복하는 문제도 쉽지 않았다. 가장 쉽게 드러나는 영역은 정치와 교육이었다. 정치 의식적으로 보면, 파독 광부와 마찬가지로 파독 간호사들도 철저한 반공교육의 영향으로 사회주의나 사회단체 등 사회비판적인 목소리에 거부감이 강한 반면 독일 남성은 풍부한 이념갈등 경험으로 상대적으로 관대寬待한 편이었다. 교육 분야에서도 한국 여성이 높은 교육열과 치열한 경쟁 체제에 익숙해진 탓에 2세 교육에 의욕이 앞선다면 독일 남성은 상대적으로 자유로웠다.

.
.
.
.
.
.
.

가슴을 적시는 게 어디 땀뿐이랴

독일 의료시스템은 기본적으로 의사가 지시를 하되 간호사가 환자를 돌보며 병동 운영을 책임지는 '간호사 중심제看護師中心制'이다. 투약과 주사, 치료, 검사, 환자식사 등이 간호사의 몫이었다. 의사의 지시를 받는 한편 간호조무사와 간호학생의 도움을 받아 이 같은 임무를 수행했다. 간호조무사는 임산부의 산전·산후관리와 검사, 신생아 돌보기, 환자 체온과 맥박, 혈압측정 등을 하며 간호사의 일을 도왔다. 산부인과와 산욕기 및 가벼운 수술환자 병동의 K 간호사 일과는 다음과 같다(이수길, 1997, 156-158쪽 참고).

· 7:00-7:30 침상 정리 및 국부처치
· 7:30-7:45 얼음찜질 및 시험용 배뇨
· 7:45-8:00 아침 처방약 투약

- 8:00-8:15 환자 아침식사 준비(관장시킬 환자가 있으면 제외)
- 8:20-9:20 간호사 아침 식사
- 9:30-10:20 주사 및 다리 마사지(알코올과 연고)
- 10:20-11:10 혈압 측정 및 기록
- 11:10-11:30 낮 처방약 투약
- 11:40-12:00 환자 점식 준비
- 12:00-16:00 휴식
- 16:00-18:00 재 얼음찜질 및 알코올 마사지, 오후 주사처리 및 밤 처방약 투약(대체로 오후는 한가한 편)
- 18:00-18:30 환자 저녁준비
- 19:00-20:00 국부처리 등이 끝나면 기숙사 귀가
- 일주일에 하루 반휴일

한국인 간호요원은 1960, 70년대 독일 사회에서 '연꽃' '백의白衣의 천사' 등으로 불리며 호평好評을 받았다. 하지만 그렇게 되기까지는 많은 눈물을 흘려야 했다. 고단한 간호사 업무는 도리어 애교수준이었다. 간호 업무가 아닌 화장실 청소, 간호사 아침상 차리기, 환자 목욕 등 잡일에서 '닭똥 같은 눈물'을 흘려야 했다.

물론 일부는 소아과 등에서 곧바로 간호사로 근무한 경우도 더러 있었다. 파독 간호사에게 어린이를 돌보는 일은 비교적 수월했다. 수준 높은 독일어도 구사할 필요가 없을 뿐만 아니라, 업무 자체가 정감이 가는 것이기 때문이다.

하지만 대다수 한국인 간호요원은 정식 간호사나 간호조무사였

지만 처음엔 주로 '잡일'을 했다. 언어가 서투르다는 이유에서다. 침대와 복도 청소, 환자 목욕 등등. 투약과 주사치료, 검사 등 고유 업무를 주로 익혀온 그녀들에겐 엄청난 고통이었다.

이수길에게 쏟아진 각종 편지를 보면 파독 간호사들이 얼마나 힘들어 했는지 짐작할 수 있다. 600여 명을 파독시킨 그가 받은 편지는 무려 365통. 여기에는 도움을 요청하는 내용이 담기거나 불만을 토로하는 내용이 담기기도 했다. 일부는 그의 사무실로 찾아와 눈물을 흘리며 어려움을 호소하기도 했다(이수길, 1997, 155쪽 참고).

파독 간호사들은 독일 병원에서 처음에는 환자의 공동 화장실을 청소한 뒤 환자 침대 청소, 휴게실에서 간호사 아침상 차리기 등으로 업무가 바뀌어갔다. 쉬운 일이 없었다. 병실 청소를 하던 간호사에게 화장실 청소까지 주문하기도 했다. 1차로 독일에 온 한 간호사가 1967년 2월 13일 주독 한국대사관과 이수길 등에게 보낸 편지의 일부다.

"나는 지난 1년간 환자병실 청소를 떠맡아 해왔다. 병실 청소 정도는 보조간호원이나 간호학생이 맡아 해도 되는 일로 생각된다. 어느 날 병실 청소를 마치고 나오는 나에게 간호보조원이 변소 청소를 하라고 시킨다. 병동에 달려가 항의를 하고 싶었다. 독일어를 마음대로 할 수 없어 항의도 하지 못했다. 답답한 가슴을 쥐어뜯으며 나는 무언의 항의를 하기 시작했다. 물론 변소 청소는 끝내 하지 않았다. 이유는 청소하는 사람과 간호보조원이 충분히 있었기에!"(이수길, 1997, 151쪽)

일부는 틀니를 세척하는 일도 했다. 독일에서는 당분이 많은 음식이 많았기에 젊은이도 틀니를 한 경우가 적지 않았다. 반면 한국인 간호사들은 당시 한국에 틀니가 없어 관련한 경험이 없었다. 여간 고역苦役이 아니었다.

환자를 목욕시키는 일도 많은 한국 간호사를 울렸다. 여자 환자는 전신 목욕을 시켜줘야 했고, 일부 근력이 떨어진 환자의 경우 두 다리를 간호사 어깨 위에 올리고 씻겨줘야 했다. 특히 덩치가 큰 남자 환자의 경우엔 더 힘들었다. 마치 파독 광부가 쇠동발을 붙잡고 울듯이, 그녀들은 남성 환자를 목욕沐浴시키며 펑펑 눈물을 쏟아야 했다.

"정남희는 이를 악물며 눈을 부릅떴다. 노인의 아랫도리를 다시 살펴 본 그녀는 진저리를 쳤다. 침대에 누워서 싼 똥은 엉덩이는 말할 것도 없고 그것의 아래까지 맥질이 돼 있었다. 그녀는 진동하는 악취로 속이 메스꺼운 것을 참아내며 바지를 노인의 발목에서 완전히 벗겨냈다. 그리고 노인을 샤워기 앞으로 끌어당겼다. 그녀는 샤워를 가장 세게 틀어 물줄기를 노인의 하체에 들이댔다. 거센 물줄기의 힘으로 똥이 씻겨 나가고 있었다. 그러나 그건 겉에 붙은 것일 뿐이고 살갗에 짓뭉개져 있는 것은 그대로 남아 있었다. 물줄기를 오래 들이대도 소용이 없었다. 똥을 완전히 씻어내려면 천상 손으로 문지르지 않을 수 없었다. 엄마, 나 죽을 것 같아. 이 일을 어쩌면 좋아. 정남희는 또다시 진저리를 쳤다. 속이 더 심하게 메슥거리며 눈물이 솟았다. 그러나 어머니는 수만 리 밖에 있었고 여기는 자기 혼자뿐이었다. 나만 당하는 일이 아니다. 정남희는 다시 마음을 다잡으며 이를 맞물었다. 그리고 손에 마구 비누칠을 했다. 물줄기가 쏟아지는 샤워기를 한 손에 들고 다른 손을 노인의 엉덩이로 가져가며 그녀는 또 눈을 질끈 감았다. 그리고 손을 마구 문질러대기 시작했다. 난 악착같이 이겨낼 거야. 난 꼭 해내고 말 거야. 누구처럼 미쳐서 갈 수는 없어. 난 꼭 성공해 돌아갈 거야. 난…, 난… 이렇게 울부짖고 있는 그녀의 꼭 감긴 두 눈에서는 눈물이 비어져 나오고 있었다."(조정래, 2003, 107-110쪽)

파독 간호사들은 이 같은 어려움을 거친 뒤에야 정식 간호사 직무를 수행할 수 있었다. 많은 눈물을 흘린 뒤에야 간호업무에서 발군의 기량을 발휘할 수 있었던 것이다.

다만 파독 간호사들이 현지 병원에서 거즈에 알코올을 묻혀 '시체屍體를 닦았다'는 이야기는 잘못 알려진 것이라고, 이수길 박사가 알려왔다. 물론 자신이 돌보던 환자가 세상을 떠나면 시신을 수습하는 일을 일부 도울 순 있지만, 시체를 닦는 일은 하지 않았다는 것이다. 독일의 병원에서 시체를 다루는 일은 보통 남성 간호사의 몫이라고 한다.

그럼에도 방설이지 말고, 그럼에도 낙담하지 말지라
어떤 행복도 회피하지 말고, 시기보다 더 높은 곳에 설지라

-파울 플레밍, 「자기에게」 중에서

•

제5장

격동의 현대사
속에서

1964년 박정희 대통령의 방독

　박정희(朴正熙·1917-1979) 대통령은 1960년대 파독 광부 사회를 '웃고 울렸다'. 1964년 12월에는 서독의 광산촌을 방문해 파독 광부들의 땀과 눈물을 인정해줬지만, 1967년에는 '동백림(東柏林·동베를린) 사건'으로 깊은 상처를 안겼다. 한번은 희극喜劇을, 또 한번은 비극悲劇을 연출한 셈이다.

　1964년 12월 6일 오후 1시 40분 김포공항. 박정희 대통령을 실은 독일 루프트한자 649호기가 서독을 향해 이륙했다. 방독訪獨은 하인리히 뤼브케(Karl Heinrich Lübke·1894-1972) 서독 대통령의 초청으로 이뤄졌다. 당시에는 대통령 전용기가 없던 터라, 박 대통령 일행은 독일 측이 제공한 루프트한자기의 1등석에 다른 승객들과 함께 탔다. 공식 수행원은 육영수 여사를 비롯해 장기영 부총리, 이동원 외무부장관, 박충훈 상공부장관, 이후락 청와대 비서실장, 최덕신 주서독 한국대사 등 13명, 비공식 수행원으로는 대통령 통역을 맡은 백영훈 중앙대 교수를 비롯해 박상길 청와대 대변인 등 11명, 모두 합쳐 24명이었다. 동행 기자는 11명이었다(『한국일보』, 1964.12.6, 1면 참고).

박 대통령을 태운 비행기는 28시간 만인 12월 7일 오전 9시 40분 흐린 날씨 속에 본(Bonn)의 쾰른국제공항에 도착했다. 박 대통령은 뤼브케 서독대통령과 루드비히 에르하르트 수상과 악수하고 21발의 예포와 두 나라 국가가 연주되는 가운데 의장대를 사열했다. 독일 대통령과 총리가 동시에 공항에 영접나온 것은 이례적인 것이었다. 박 대통령은 뤼브케 대통령의 환영사에 호응해 도착 성명을 발표하며 일정을 시작했다. 본-베를린-뮌헨으로 이어진 일정은 다음과 같다(『한국일보』, 1964.12.6, 1면 참고).

· 12월 7일 오후 8시 뤼브케 대통령 주최 비공식 만찬(대통령 관저)
· 12월 8일 오전 10시40분 박 대통령 부처 뤼브케 대통령 부처 예방, 11시 50분 무명용사묘지 화환증정, 오후 7시 뤼브케 대통령 만찬(대통령 사저), 오후 9시 뤼브케 대통령 부처 주최 음악회 및 리셉션
· 12월 9일 오전 11시 40분 서독 하원 방문, 낮 12시 30분 에르하르트 수상과 회담, 오후 1시 에르하르트 수상 부처 오찬(수상 관저), 오후 8시 뤼브케 대통령 부처를 위한 만찬 주최(쾨니스호프 호텔)
· 12월 10일 오전 10시 30분 한국 광부 접견(함본광산회사), 오후 5시 40분 베를린 도착, 오후 8시 빌리 브란트(Willy Brandt·1913-1992) 베

를린 시장 주최 만찬회(베를린)

- 12월 11일 낮 12시 베를린 공과대에서 연설
- 12월 12일 정오 뮌헨 도착, 오후 3시 20분 구아歐亞지역 공관장 회담 참석(뮌헨)
- 12월 13일 오전 8시 재독 유학생들과의 조찬
- 12월 14일 오전 7시 15분 뮌헨 출발, 15일 오후 7시 5분 김포공항 도착

12월 7일부터 7일간 이뤄진 박 대통령의 서독 방문의 목적은 무엇이었을까. 외견상으로는 '라인강의 기적'을 확인하고 한·독 간 우호증진이 목적이었지만, 실제로는 경제개발 5개년계획에 필요한 차관借款을 빌리기 위해서였다는 게 대체적인 분석이다.

차관지원 약속은 박 대통령이 방독하기 전 양국 실무협상에서 어느 정도 논의가 됐지만, 박 대통령은 뤼브케 대통령과 에르하르트 수상 등을 만날 때마다 도움을 요청했다. 1억 5900만 마르크(약 4000만 달러)의 차관지원 약속을 받아냈다.

특히 박 대통령은 파독 광부에게 잊지 못할 추억을 남겼다. 이역만리에서 고생하는 파독 광부와 간호사의 노력에 감사를 표시하고 그 공로를 인정해줬다.

중요한 방독 일정이 거의 끝난 12월 10일 오전 함본(Hamborn)광산회사와 가까운 뒤스부르크 시민회관. 정장을 입은 파독 광부 300여 명과 한복을 입은 간호학생 30여 명이 손에 태극기를 들고 긴장된 표정으로 앉아 있었다.

코트 차림의 박 대통령이 강당에 들어선 시각은 이날 오전 10시 40분. 뒤에는 한복 차림에 밍크목도리를 한 육영수 여사가 따랐다. 파독 광부와 간호학생들은 태극기를 흔들며 환영했다. 박 대통령 내외도 손을 흔들어 답례했다. 박 대통령이 코트를 벗자, 1차1진 파독 광부 조립이 옷을 받아 옷걸이에 걸었다. 화환 증정 등에 어어 애국가가 연주되기 시작했다.

우렁차게 시작된 노래는 '무궁화 삼천리 화려강산' 구절에서부터 목멘 소리가 나오기 시작했다. 마지막 구절인 '대한사람 대한으로…' 구절에선 아예 흐느낌으로 변했다. 설움의 눈물이었다. 육영수 여사도 손수건을 꺼내 눈물을 닦았다. 회사 측의 환영사가 있은 뒤 박 대통령이 격려사를 시작했다.

"우리가 잘 산다면 왜 여러분이 부모형제를 저버리고 이역만리인 이곳에서 노동을 하게끔 하겠습니까. 우리도 남의 나라 못지않게 잘 살기 위해서 피와 땀을 흘려서 부강한 나라를 이룩해 우리의 자손에게는 우리가 지금 겪고 있는 이 설움을 남겨주지 않도록 해야겠습니다."(오소백 외, 1965, 720쪽)

박 대통령이 연설을 하는 사이, 설움에 복받친 파독 광부와 간호사들이 여기저기서 흐느껴 울기 시작했다. 육 여사도 눈물을 흘렸다. 박 대통령의 연설은 제대로 이뤄지지 못했다. 파독 광부 1차1진 조립의 증언이다.

"단상에서 우리를 내려다보는 박 대통령 내외나 밑에서 위를 쳐다보는 우리 모두 무능함을 통감했다. 아니 무능함보다는 아무 것도 없다는 설움 같은 것을 느꼈다. 우리는 그날 많이 울었다."

박 대통령의 연설에 이어 파독 광부 대표의 답사가 있었다. 이어 광산 노동자와 간호요원들이 건의사항建議事項을 얘기했고, 박 대통령은 "건의사항이 차질 없이 이뤄지도록 최선을 다하겠다"고 약속했다.

파고다 담배 500갑을 선물하고 기숙사를 둘러본 박 대통령이 승용차로 향하자 일부 파독 광부가 악수를 청했다. 다른 광부는 뤼브케 서독대통령의 의전실장 아놀드 쉐이퍼 앞에서 무릎을 꿇고 "대한민국을 살려달라"고 절을 하기도 했다.

박 대통령이 차에 오르자, 누가 먼저랄 것도 없이 울먹이는 소리로 만세를 외치기 시작했다. 만세! 만세! 대한민국 만세! 차가 사라질 때까지 계속됐다. 그것은 절망絶望의 끝자락에서 부르는 광부들의 아리랑이었다.

참고로, 박 대통령이 뒤스부르크의 함본광산 방문을 마치고 호텔로 돌아가는 차 속에서 눈물을 흘리자 옆에 앉은 뤼브케 대통령이 손수건을 건네주며 "우리가 도와주겠다"고 말한 것으로 알려지고 있지만, 이는 사실과 다르다. 박 대통령의 함본광산 방문에 동행한 서독 측 인사는 뤼브케 대통령이 아니라 아놀드 쉐이퍼 대통령 의전실장으로, 뤼브케 독일 대통령은 박 대통령의 함본광산에 동행하지 않아 이런 에피소드 자체가 존재할 수 없었다는 지적이다.

1967년 '동백림 사건' 세계를 강타하다

"'북괴北傀'는 6·25사변 때 완전히 궤멸됐던 남한의 지하세력을 재건하기 위해 대남공작기구를 정비 강화하고 직접 또는 일본을 통해 간첩을 침투시키는 한편, 구미歐美 지역을 통한 간첩의 합법적 침투를 기도해, 1957년도부터 비교적 동서통행이 용이한 여건을 갖춘 동백림(東伯林·동베를린)에 공작거점을 설치하고 북괴동독대사에 대남공작 경험자인 박일영을 임명하였고, 대사관원은 대부분 훈련된 공작요원으로 충당하였음은 물론, 다수의 공작책을 서구 각국에 합법적으로 주재시켜 적극적인 대남공작을 벌여왔다."(국정원과거사진실규명을통한발전위원회, 2006, 18쪽)

1967년 7월 8일 오전. 양복을 깔끔하게 입고 나온 김형욱(金炯旭·1925-1979) 중앙정보부장은 '동백림을 거점으로 한 북괴 대남적화

공작단 사건' 1차 수사결과를 발표했다. 김형욱 부장은 언론의 카메라 세례 속에서 발표를 이어갔다.

"이 같은 북괴의 대남공작은 1958년부터 서독을 위시한 서구 각국에서 재학 중인 유학생과 각층의 장기 체류자들에게 심리전 공작을 전개하면서 서서히 마수를 뻗치기 시작했다."(국정원과거사진실규명을통한발전위원회, 2006, 18쪽)

소위 '동백림 사건'이 한국 사회와 세계를 강타強打하는 순간이었다. 『한국일보』를 비롯한 국내 주요 언론도 1면 톱과 사설, 수사결과 발표자료 전문 등을 대대적으로 게재했다(『한국일보』, 1967.7.9, 1면 등 참고).

사건은 이기양李基陽 조선일보 서독주재 특파원의 실종에서 시작됐다. 1967년 4월 14일, 이기양은 세계여자농구선수권대회를 취재하기 위해 사회주의 국가였던 체코로 출국한 뒤 행방이 묘연해졌다. 『조선일보』는 5월 14일 이기양의 실종을 보도했다.

임석진林錫珍 당시 명지대 교수는 이 『조선일보』 보도를 보고 이기양의 납치를 확신하고 5월 17일 박정희 대통령에게 자수했다. 자신이 서독 유학 시절 서울대 친구였던 이기양을 주독 북한대사관에 연결시켰고, 이기양뿐만 아니라 재독동포와 유학생 10여 명도 연결시켰다고 고백했다.

박 대통령은 중앙정보부에 관련 내용을 알아보라고 지시했고, 중앙정보부는 대통령의 지시에 따라 수사에 착수했다. 중앙정보부는 임석진의 진술을 바탕으로 40여 명의 '간첩 혐의자'를 파악한 뒤, 'GK-6717공작계획'에 따라 6월 10일부터 황청 중앙정보부 제1

국 부국장을 총책임자로 공작요원 39명을 해외 현지로 급파했다. 황청을 비롯한 중앙정보부 요원들은 6월 15일부터 현지요원인 양두원梁斗源 참사관 등의 도움을 받아 문서 수신과 발신을 통제하는 등 주독 한국대사관을 장악했다. 서독에 급파된 중앙정보부 공작요원들은 6월 16일 3-4명씩 1개조로 간첩혐의자 거주지를 향해 출발했고, 18일 독일과 프랑스 등에서 40여 명을 일제히 검거해 이 가운데 30명을 한국으로 강제 귀국시켰다(국정원과거사진실규명을통한발전위원회, 2006, 11-21쪽 참고).

김형욱 부장은 20일 뒤인 7월 8일 동백림 사건을 발표했다. 김형욱은 임석진이 1958년 9월 북한 공작원에 포섭돼 동베를린의 주독 북한대사 박일영 등을 접촉한 이래 동베를린 북한대사관을 오간 사람은 1967년 5월까지 서울대 문리대 황성모 부교수를 포함, 모두 15명에 이른다고 발표했다. 또 동베를린 북한대사관을 찾은 이들은 북한대사 박일영과 이원찬 등과 접촉하면서 사상교육과 난수표 조립, 암호해독 등의 연락방법에 대한 간첩교육을 받았다고 발표했다. 특히 임석진을 비롯한 7명은 1961년 8월부터 1965년 8월 사이 소련과 중국 등을 거쳐 북한을 방문하기도 했다고, 김형욱은 밝혔다.

중앙정보부는 포착된 간첩 혐의자가 임석진 명지대 조교수, 정하룡 경북대 조교수, 조영수 정치학 박사, 김중환 한일병원 피부과장, 천병희 성신여대 강사 등 모두 194명이고, 이 가운데 107명을 입건 또는 구속수사 중이라고 발표했다.

김형욱은 7월 8일에 이어 △7월 11일 서울대 황성모 교수 등 '민

족주의비교연구회' △7월 12일 재독 음악가 윤이상(尹伊桑·1917-1995)
과 그의 처 이수자, 독일 기센대학 유학생 최정길 △7월 13일 프랑
크푸르트대학 이론물리학 연구원 정규명 부부와 파독 광부 박성
옥 김성칠 △7월 14일 한국농업문제연구소장 주석균, 하이델베르
크대학 유학생 김종대, 로테르담대학 화학연구원 강규호 △7월 15
일 재불 화가 이응노 △7월 16일 공광덕과 파독 광부 김진택 등 모
두 7차례에 걸쳐 '동백림 사건'과 관련한 수사결과를 발표했다(『한국
일보』, 1967.7.9, 1면; 『한국일보』, 1967.7.14, 4면; 『한국일보』, 1967.7.18, 8면; 『동아일
보』, 1967.7.19, 1면; 국정원과거사진실규명을통한발전위원회, 2006, 11-21쪽 등 참고).

　검찰로 송치된 관련자들은 7월 22일부터 기소되기 시작했고, 11
월 9일에는 기소된 피고인 33명(구속 26명, 불구속 7명)에 대해 국가보
안법과 반공법 위반, 간첩죄 및 외환관리법 위반 등의 혐의로 첫
공판이 열렸다.

　1967년 12월 13일. 서울형사지법 합의3부 김영준 부장판사는 정
규명을 비롯해 2명에게 사형을, 윤이상을 비롯해 4명에 무기징역
을, 13명에게 3년에서 15년형의 실형을 각각 선고했다. 이수자 등
11명에 대해선 집행유예를 선고했다. 1968년 4월 13일 항소심 선고
공판에서 정태원 부장판사는 6명에 사형을, 4명에게 무기징역을 선
고하는 등 검사 측이 구형한 것을 그대로 언도했다.

　하지만 1968년 7월 30일 대법원(재판장 김치걸 판사)은 21명 가운데
이응로 등 9명의 형량을 확정했지만 2심에서 사형이 선고된 파독
광부 김성칠을 비롯, 정규명 정하룡 임석훈 조영수 윤이상 어준 강
빈구 천병희 최정길 김중환 정상구 등 나머지 12명에 대해선 법 적

용이 잘못됐고, 증거 없이 사실을 오인했으며, 양형이 부당하다며 원심판결을 깨고 사건을 서울고법으로 파기 환송했다. 대법원 판결문 내용의 일부다.

"국가보안법 제2조, 헌법 제96조 제1항 소정의 간첩죄의 기수旣遂 시기에 관해 반국가단체의 구성원 또는 그 지령을 받은 자가 국가 기밀을 탐지, 수집행위를 한 때로 보고 북괴로부터 남한에 잠입한 후에 다만 동지 포섭, 접선한 사실이 있을 뿐이요 지적할 만한 기밀의 탐지, 수집행위 자체는 하지 아니한 경우에는 기수에 이르렀다고 볼 수 없다고 함이 본원의 판례이고 이를 변경할 필요는 없다. 피고인들이 외국에서 학업을 마치고 우리나라로 귀국함에 있어서 반국가단체의 구성원으로부터 국내에 돌아가면 동지 포섭, 지하당 조직과 같은 지령을 받고 돌아왔다 하면 반공법 제6조 제4항의 소정의 잠입죄에 해당한다. 국가보안법 제2조 헌법 제98조 소정의 국가기밀을 탐지 보고하라는 지령을 전혀 받은 바 없다면 귀국행위가 바로 위법한 소정의 간첩죄라고 볼 수 없다."(이수길, 1997, 259-260쪽)

판결 내용은 파기 환송된 12명의 피고인들이 개인 사정과 친구 간에 얽혀 동베를린 북한대사관을 방문하거나 평양을 왕래한 것은 실정법 위반이 맞지만, 그렇다고 한국 정부를 전복하고 북한을 이롭게 하는 간첩행위를 하지 않았고 간첩도 아니기에 국가보안법 제2조 등의 간첩죄를 적용하는 것은 무리라는 것이다.

1968년 1월 15일 열린 서울고법 형사부 재항소심에서 재판부(재판장 송명관 판사)는 정규명과 정화룡에 사형, 조영수에 무기, 임석훈, 어준에 징역 15년, 윤이상에 징역 10년을 각각 선고했다. 1969년 3월 31일 열린 대법원의 재상고심에서 재판부(재판장 방순원 판사)는 정규명, 정하룡의 사형을 확정했다. 정부 수립 후 5심까지 오른 첫 공안사건 재판이 이로써 막이 내렸다.

하지만 이상하게도 '사건 연루자'들은 3년여 만에 모두 풀려났다. 형이 확정된 작곡가 윤이상은 1969년 2월 24일 형집행 정지로 석방釋放됐고, 이응로 화백도 같은 해 3월 7일 풀려났다. 임석훈과 유학생 최정길 등 중형을 받았던 관련자들도 그해 1월과 3월에 형집행 정지로 각각 풀려났다. 사형이 확정된 정규명 정하룡까지도 1970년 광복절을 기해 석방됐다.

칠장이 히틀러는
색깔일 빼놓고는 아무 것도 배운 바 없어
그에게 정작 일할 기회가 주어지자
모든 것을 잘못 칠해서 더럽혔다네.
독일 전체를 온통 잘못 칠해서 더럽혔다네.
　　　　　　　　　　　　　-브레히트, 「칠장이 히틀러의 노래」에서

'간첩'으로 내몰린 파독 광부들

독일의 파독 광부 사회도 동백림 사건의 영향권에서 벗어나지 못했다. 중앙정보부는 1967년 7월 파독 광부 박성옥과 김성칠, 김진택을 간첩 혐의자로 차례로 발표했고, 검찰은 7월22일부터 8월 2일까지 김진택을 제외하고 박성옥과 김성칠을 간첩으로 기소했다. 결국 중앙정보부 또는 검찰에 의해 '간첩間諜' 혐의를 받은 파독 광부는 3명이었다.

김형욱은 1967년 7월 13일 프랑크푸르트대학 이론물리학 연구원인 정규명-강혜순 부부와 함께 한국인 파독 광부 1차2진 박성옥과 1차3진 김성칠의 간첩혐의 내용을 담은 제4차 동백림 사건 수사 결과를 발표했다. 발표 내용을 살펴보면, 파독 광부 1차2진이던 박성옥은 정규명 등에 포섭돼 공작금을 받았고, 동베를린 소재 북한대사관에서 다섯 차례 간첩교육을 받았다. 박성옥은 또 북한 평양에도 한차례 불법적으로 다녀왔고, 북한 노동당에 가입한 뒤 김성칠 등을 포섭해 교양했다는 것이다. 같은 날 발표된 김성칠의 경우 박성옥의 포섭으로 주독 북한대사관에서 수차례 북측 인사를 접촉하며 사상교육을 받았다는 혐의다(『한국일보』, 1967.7.14, 4면 참고).

김형욱은 다시 7월 16일 제7차 동백림 사건 관련 발표에서 1964년 10월 파독한 김진택의 간첩 혐의를 공개했다. 발표 내용을 요약하면, 강원도 평창 출신 김진택도 월북한 숙부의 안부를 알아보기 위해 주독 북한대사관과 접촉, 북측 인사를 수차례 접촉하며 사상교육을 받고 북한을 찬양 고무했다는 것이다(『한국일보』, 1967.7.18, 8면 참고).

박성옥을 비롯한 파독 광부들은 정말 간첩이었을까. 결론부터 말한다면, 그들은 주독 북한대사관을 방문하고 북한을 다녀왔으며 이 과정에서 금품을 받는 등 실정법을 위반한 것은 분명하지만, 그렇다고 간첩행위를 한 간첩은 아니었다는 분석이다.

실제 국내 사법부의 4심, 5심을 거치는 동안 국가보안법 제2조와 형법 제98조의 '간첩죄'를 적용받은 파독 광부는 박성옥과 김성칠, 김진택 가운데 아무도 없었다. 그들이 유죄판결을 받은 것은 중앙정보부와 검찰의 기소 내용처럼 간첩죄가 아니었다. 이들이 간첩이 아니었다는 사실은 2006년 1월 26일 발표된 국정원 과거사 진실규명을 통한 발전위원회(이하 국정원 과거사위원회)의 '1967년 동백림 사건' 조사에서도 명확히 드러난다.

"상기 최종심 결과가 반영하듯이 중앙정보부는 간첩죄를 무리하게 적용했고, 이에 대해서는 일부 수사관 등도 '실제 간첩활동이 없는 간첩사건으로 여타 공안사건과 성격상 차이가 있다'는 의견을 개진했다.

- 이○○(수사관)=동백림 사건은 무지막지한 사건이 아닌 무난한 간첩사건으로, 서독 등 해외 유학생들이 북한에 가서 간첩교육을 받고 공작금을 수수한 것은 사실이나 실질적으로 간첩활동을 한 사실은 없었음.
- 이○○(수사관)=대다수 피의자들이 이념적으로 사회주의를 신봉하거나 김일성을 찬양하지는 않았으며 구체적인 간첩활동이 없는 단순한 사건임. …(중략)…
- 이수길(독일 연행자)=돈을 받고 동백림 및 북한을 왕래하고 돈 받은 대가로 다른 사람을 소개시켰던 것이 팩트(Fact)로써, 간첩 사건이라고 볼 수는 없음."(국정원과거사진실규명을통한발전위원회, 2006, 47-48쪽)

파독 광부들은 간첩은 아니었지만 정부의 허가 없이 북한을 접촉하는 등 실정법을 왜 어겼을까? 박성옥과 김성칠, 김진택 모두 북측에 있거나 실종된 친인척을 만나기 위해 주독 북한대사관과 접촉했다고 밝혔다. 이런 견지에서 보면, 그들 또한 남북 분단分斷에 따른 또다른 피해자인 셈이다.

파독 광부 박성옥은 정부의 사전 허락 없이 주독 북한대사관을 찾아가 북측 인사를 만나고 북한에 한 차례 다녀오는 등 북측과 접촉한 이유에 대해 6·25 전쟁 와중에 행방불명된 형들(큰 형과 중형)

의 소식이 궁금했기 때문이라고 말했다. '이적利敵행위'나 '간첩행위'
를 목적으로 한 게 아니었다는 얘기다.

"두 형이 죽었는지 살았는지 아는 사람이 한 명도 없었다. 동생
으로서 실종된 두 형의 행방을 알려는 것은 당연한 도리 아닌가.
주독 북한대사관 측에 이것을 첫 번째로 요구했다."

박성옥은 주독 북한대사관 측을 통해 두 형의 생사를 확인했다.
특히 북측으로부터 형들이 북한에 살고 있다며 "한번 기회가 있으면
북한에 가셔야죠"라고 제안받아 이에 응했다는 게 그의 해명이다.

박성옥은 실제 북한에 사는 형을 만나기 위해 서독 하노버에서
비행기를 타고 평양에 도착, 모처에서 둘째형을 만났다고 증언했
다. 형제는 서로 살아온 얘기를 하며 밤이 새는 줄도 몰랐다. 화제
는 단연 6·25 전쟁이었다. 박성옥은 이때 인민의용군으로 끌려가
6·25전쟁에 참여한 둘째형과 하마터면 총부리를 겨눌 뻔 한 걸 알
고는 깜짝 놀라기도 했다. 둘째형은 약간의 시차를 두고 해병대이
던 박성옥이 후퇴한 한강-포항을 따라 남하했던 것이다.

파독 광부 김성칠이 북측과 접촉하게 된 계기도 박성옥과 비슷
했다. 6·25 전쟁 중에 행방불명이 된 작은아버지의 소식이 궁금했
기 때문이다. 작은 아버지는 초대 대법원장이던 추강秋江 김용무金用
茂 씨. 일제하에서 보성전문학교 교장과 이사장 등을 지냈고 미군
정 시절에는 대법원장, 한국민주당 문교부장, 제2대 국회의원 등을
역임했다. 전쟁 중이던 1951년 9월 12일 납북된 것으로 알려졌다.

1935년 전남 무안군 현경면에서 태어난 김성칠은 1948년 현경초등학교를 졸업하고 함평중학교를 거쳐 1954년 함평농고를 졸업했다. 2년간 가사에 종사하다가 1956년 10월부터 약 3년간 함평군 서기로 근무했고 1960년 3월 광주지방법원 목포지원 서기보로 임명돼 근무하기도 했다.

1964년 5월 하사로 제대한 김성칠은 그해 11월 26일 독일 땅을 밟았다. 도르트문트 광산에서 일했지만, 얼마 후 카스트롭라욱셀로 옮겨 근무했다. 그는 광산 노동을 그만둔 뒤 식당과 식품점, 여행사 등을 운영하기도 했다. 지금은 딸과 함께 뒤셀도르프시 인근에서 버섯재배 등을 하며 살고 있다.

파독 광부 김진택의 경우도 두 사람과 엇비슷했다. 김진택은 작은아버지를 만나기 위해 혼자 동베를린 북한대사관과 접촉했다.

인천상륙작전 참여 해병1기도 '간첩'으로

1967년 6월 18일 오후 9시 서독 카스트롭라욱셀 광산회사 정문. 지하 채탄작업을 끝낸 오후반 박성옥이 평소처럼 가벼운 마음으로 회사 정문 쪽으로 걸어나오고 있었다. 파독 광부 1차2진인 박성옥은 카스트롭라욱셀의 발덴부어가에서 살고 있었다. 이때 눈매가 날카롭고 건장한 남성 3명이 '대사관에서 나왔다'며 박성옥에게 다가왔다. 중앙정보부 요원들이었다. 도로 옆에는 폭스바겐 한 대가 서 있었다.

"여보, 당신의 활동에 대해 정부당국에서 좀 의심을 하고 있소. 그래서 한국엘 좀 들어가야겠소."

"뭐라구요? 제가 무슨 잘못을 했단 말입니까?"

"글쎄, 우리가 그걸 모르나. 그러나 이번에 여러 사람이 8·15광복절 기념행사에 참석하려 귀국하는데 같이 가서 의심이 없어지도록 해명을 하고 오는 것이 좋을 거요."

"내가 뭘 해명해야 할 것이 있단 말입니까?"

"글쎄, 우리가 당신을 의심한다는 게 아니란 말이오. 이번 기회가 좋으니까 한 번 갔다 오면 고국에 있는 가족도 편안하게 살 것 아닙니까? 괜히 긁어 부스럼 만들 것 없지 않소?"

"내 가족들 말입니까?"

사실상의 협박脅迫이었다. 파견된 중앙정보부 요원에 의해 "활동이 의심스러우니 한국에 가서 해명하라"는 식의 '협박'으로 구인됐다는 박성옥의 증언은 김형욱의 회고와 일치한다. 파독 광부였던 그는 유학생과 함께 중앙정보부의 분류상 C급에 속했고, 그래서 '협박' 방식으로 체포됐다. 반면 작곡가 윤이상을 비롯한 '거물급'으로 분류된 A급 혐의자와 교수가 많은 B급 혐의자들은 '박정희 대통령이 8·15광복절 행사에 초청했다'는 '유인誘引' 방식으로 구인됐다고, 김형욱은 나중에 회고했다(김경재 정리, 1991, 187쪽 참고).

공작요원에 의해 양팔을 끼인 채 박성옥은 폭스바겐에 실려 본의 주독 한국대사관으로 끌려갔다. 주독 한국대사관에서 그를 기다린 것은 구타와 고문이었다. 박성옥의 증언이다.

"본에 있는 주독 한국대사관에 끌려가서 밤새도록 두들겨 맞고 취조를 받았다. 이튿날, 정치공사 이 모 씨는 '이미 체포된 다른 사람이 있는데, 동백림을 다녀온 것을 부인하고 유학생과의 관계도 부인하면 어떻게 되는가, 당신이 모든 것을 부인하니 아무래도 한국을 좀 다녀와야 되겠다'고 했다."

박성옥은 6월 20일 다른 혐의자 29명과 함께 10시간에 걸친 긴 자동차 여행 끝에 가까운 쾰른-본공항이 아닌 함부르크공항까지 끌려갔다. 중앙정보부 공작요원들은 '비행기 탑승 요령'에 따라 민첩하게 행동했다. 김형욱은 한국과 수사협정이 체결돼 있는 일본항공을 이용하되, 가급적 경유지가 많아 도피 우려가 있는 동남아시아 노선보다 북극을 경유한 항공노선을 따라 중앙정보부 안전요원이 기다리고 있던 일본까지 오라고 지시했다(김경재 정리, 1991, 188쪽 참고).

　이렇게 해서 김포공항에서 도착한 박성옥은 서울 남산의 중앙정보부가 아닌 서울 이문동 중앙정보부 사무실로 끌려갔다. 그는 여기에서도 고문을 당했다고 증언했다.

　"각목을 양 발 사이에 넣고 무릎을 꿇렸다. 침대에 눕혀놓고는 코와 입을 통해 물을 먹이기도 했다. 중앙정보부 요원 가운데에는 일제 때 친일형사 또는 고등검사 하던 놈들이 많았다. 왜정 때 사용했던 무자비한 수사방법을 사용했다."

　짐승 같은 고문拷問이었다. 결코 잊힐 수 없는 고문 속에서, 해병대 1기 출신의 박성옥은 '시뻘건 간첩'으로 낙인찍히고 있었다.

　1932년 대전에서 간판을 만들던 집에서 태어난 박성옥은 1950년 3월 2일 해병대 제1기에 지원했다. 그는 제1함대 제62함 등에서 복무했다. 6·25전쟁 때에는 인천상륙작전에도 참가, 훈장을 받은 해병대 창군멤버였다. 1958년 8월 25일 제대했다.

　박성옥은 1959년 4월부터 1960년 3월까지 대전시 대흥동에서

빙과점을, 1962년 6월까지 부산시 범일동에서 철물점을, 1963년 4월까지 부산시 부평동에서 다방을 차례로 운영했다.

박성옥은 1960년 4·19혁명 이후 혁신계열 정당인 '사회대중당' 주비위원으로 활동했다. 특히 "도당을 조직하라"는 간사 윤길중(1916-2001) 전 국회의원의 지시에 따라 대전에 내려가 도당을 만들기도 했다.

박성옥은 사회대중당 충남도당의 조직이 완료된 뒤인 1961년 서울로 올라왔다. 곧이어 5·16 군사쿠데타가 발발했다. 6월 어느 날 정오. 그는 종로에서 경찰에 붙잡혀 3개월간 구금됐다. 경찰은 그에게 용공容共세력임을 자백하라고 강요했다.

"자술서를 써라. '나는 공산주의와 사회주의를 호의적으로 보는 세력이라는 것을 자수한다'고 쓰란 말이야."

"여보쇼, 나는 헌법이 허락하는 사회운동을 했을 뿐이오. 국가가 정한 법이 허락하는 한에서 운동을 한 것이 어떻게 용공입니까?"

박성옥은 이적·용공 혐의를 강력히 부인하며 자술서 쓰기를 거부했다. 결국 그에게는 자술서를 받지 못하고 풀어줘야 했다. 하지만 그는 박정희 소장을 비롯한 정치군인들이 정권을 장악하는 등 군이 정치세력의 전면에 등장, 우리 사회를 지배하는 체제가 되는 것에 절망하고 파독을 결심했다.

박성옥은 1964년 10월 1차2진으로서 파독했다. 만 32세의 적지 않은 나이였지만, '파독 광부'는 새 사회와 인간다운 삶을 바라는 그에게 탈출구脫出口였고 비상구非常口였다. 그는 카스트롭라욱셀에서 채탄 작업을 했다. 1965년에는 부인과 두 자녀까지 서독으로 데려왔다.

한편 파독 광부 김성칠도 1967년 6월 24일 카스트롭라욱셀 기숙사에서 이효석 주독 한국대사관 노무관과 함께 온 중앙정보부 공작요원들에 의해 체포됐다. 박성옥의 부인 김복순 씨가 '검거가 있을 것'이라고 귀띔했지만, 도망가지 않았다. 그도 함부르크공항을 경유, 한국으로 끌려왔다.

간호사 파독의 대부大父도 고초

어둠이 내려와 주위가 잘 보이지 않던 1967년 6월 20일 오후 8시경. 서독 마인츠(Mainz) 칼 벤츠가에 있는 이수길의 아파트에 건장한 남성들이 예고 없이 들이닥쳤다. 양두원 주서독 한국대사관 참사관과 황청 중앙정보부 제1국 부국장 등 중앙정보부 요원들이었다. 황청 등은 "독일 정보국 직원을 만나고 오는 길에 김형욱 중앙정보부장의 인사를 전할 겸 방문하게 됐다"고 이수길에게 말했다. 이수길은 자택에서 이들과 함께 저녁을 먹은 뒤 바트노이에나르(Bad Neuenahr)카지노에서 시간을 보내다가 6월 21일 새벽 1시쯤 주독 한국대사관에 도착했다. 이수길은 대사관에 도착하자마자 곧 감금되고 말았다(이수길, 1997, 218-219쪽 참고).

한국인 간호사를 대규모로 파독시킨 이수길도 '동백림 사건'에 연루돼 많은 고통을 받았다. 김형욱 중앙정보부장조차 '억울하게 조사받은 경우'라고 밝혔지만, 그에겐 엄청난 충격과 고통이었다.

이수길은 6월 23일 오후 1시 조국으로 강제 귀환된 뒤 서울 이문동 중앙정보부에서 조사를 받기 시작했다. 6월 25일 오전까지는 비교적 '신사적'으로 조사를 받았다. 하지만 이후 조사에서는 주먹으로 뺨을 맞거나 자신의 지팡이로 머리와 등을 무자비하게 구타당하는 등 가혹(苛酷)수사를 받았고, 담뱃불로 얼굴을 지지려는 위협도 받았다. 이수길은 6월 25일 오후부터 물고문을 시작으로 많은 고문을 받았다고 자서전에서 밝혔다(이수길, 1997, 225-227쪽 참고).

6월 25일 오후 3시. 이수길은 감시원에 의해 복도를 지나 외딴방으로 인도됐다. 방안에는 좁은 진찰대 하나가 있었고 나무의자 몇 개와 수대, 큰 물주전자가 준비돼 있었다. 이른바 '물고문 전문방'이었다. 방에는 스산하게 생기고 빼빼 마른 '상사'라고 하는 사람이 있었다. 바로 물고문 기술자였다.

상사는 이수길의 상의를 벗긴 후 진찰대 위에 누우라고 반말로 명령했다. 이수길의 양쪽 팔을 묶어 진찰대에 고정시킨 후 얼굴에 물수건을 씌웠다. 상사는 주전자의 물을 계속 이수길의 얼굴 위에 들어부었다. 이수길은 코로 숨을 쉬지 못하고 입으로 쉴 수밖에 없었다. 물이 목구멍을 막았다. 그는 어쩔 수 없이 물을 먹어야 했고, 물을 먹을 때 숨을 쉬게 돼 가슴이 찢어지는 듯 아팠다. 이수길은 얼마 후 정신을 차리지 못하고 엉뚱한 소리를 지르기 시작했다. 상사는 이수길에게 심문을 하지 않았다. '남 영감'이 방에 들어와 있었다. 이수길은 애원했다.

"제발 사람 살려주십시오. 하라는 대로 다 하겠습니다."

하지만 상사는 물고문을 멈추지 않고 계속했다. 이수길은 배에 힘을 주고 중앙정보부가 시끄럽도록 소리를 질렀다.

"사람 살려 주시오."

하지만 이수길의 얼굴에는 계속 물이 쏟아졌다. 물이 코 속으로 들어가면 곧 물을 토했고, 그때마다 위액도 함께 섞여 나왔다. 물과 위액이 이수길의 내의와 방바닥에 묻으면서 악취가 나기 시작했다. 죽음 같은 고문이 장장 2시간 동안 계속됐다. 이수길은 감시원들에 의해 이덕호 수사관 방의 침대에 눕혀졌다.

해질 무렵, 이수길은 다시 전기電氣고문을 받았다. 그는 '남 영감'과 또 다른 수사관이 들어오고 난 뒤 눈이 가려진 채 지프차에 태워졌다. 이수길은 차로 한참을 달린 뒤 다시 방으로 끌려와 나무의자에 앉혀졌다. 곧이어 그의 양쪽 새끼손가락에 전기판이 감겼다. 전기고문이 시작되고 동시에 물고문도 가해졌다. 그는 애원했다.

"제가 다 잊어 먹었습니다. 가르쳐주시는 대로 진술서에 쓰겠으니, 제발 살려주십시오."

"이 새끼, 보통으로 단련된 간첩이 아니군."

이수길은 고문하는 사람에게서 '고문을 중지하고 이곳에서 총살할 테니 최후의 유언을 하라'고 협박을 받기도 했다.

"나는 간첩도 아니고, 북한의 지령을 받고 간호사들을 독일에 데리고 온 일도 없으며, 북한대사관에 간 적도 없습니다. 김형욱 부장에게 폐를 끼쳐 미안하고, 내가 죽은 후 처자와 부모님이 살 수 있게 김 부장이 도와주기를 부탁합니다."

이수길은 이렇게 몇 시간에 걸쳐 고문을 받았다. 자정이 훨씬 지난 뒤에야 이덕호 수사관실로 돌아올 수 있었다. 그는 침대에 눕자마자 곧 곯아떨어져 다음 날 아침 수사관이 깨울 때까지 일어나지 못했다.

고문은 이뿐만이 아니었다. 6월 26일. 이수길은 서울 이문동의 중앙정보부 정보학교 기숙사에서 남산의 중앙정보부 조사실로 이동한 뒤에도 고문을 당했다. 전기고문이었다. 많은 시간이 흘렀지만, 참으로 고통스러운 내용이다.

"나는 이날(6월26일)만은 고문이 없으리라고 생각하고 의자에 앉아 앞만 보고 있었다. '남 영감'과 권 수사관이 험한 인상을 지으면서 다짜고짜 하는 말이 '진작 바른 말을 하면 이 고생을 하지 않을 것인데'라면서, 나를 알몸으로 나무의자에 앉혔다. 그들은 전깃줄로 나의 팔을 묶고 전기판을 양쪽 새끼손가락에 감은 후, 한 사람은 내 머리카락을 손으로 움켜쥐고 물을 먹이고, 다른 한 사람은 미군이 사용하는 야전용 전화기 벨을 돌리는 손잡이를 돌렸다. 전기가 통하면서 전신이 부들부들 떨리고 전기쇼크로 인해 정신이 혼미해졌다. 그들은 나중에는 한쪽 새끼손가락의 전기판을 나의 음경에다 감은 후 물을 먹이면서 전기고문을 반복했다. 물을 먹이던지 머리에 물을 붓고 전기고문을 해야 효과가 좋기 때문이었다. 나는 지칠 대로 지쳐 항상 하던 대답도 제대로 하지 못했고, 소원이 있다면 이 자리에서 목숨을 거뒀으면 하는 생각밖에 없었다. 중앙정보부 고문기술자들은 전국에서 모여든 '노장'들로, 엄청난 고통만 줄 뿐 죽이지는 않는 비법을 알고 있었으며, 사람을 죽이지 않는 것이 그들의 요령인 것 같았다. 6월 27일. 나는 하루 종일 침대에 누워 있었다. 감시원이 점심과 저녁 식사를 가져다줬지만 입술이 트고 온몸에 멍이 들어 제대로 먹을 수 없었다. 저녁 즈음, 이덕호 수사관과 남 영감이 와 또 진술서를 쓰라고 했다. 나는 시키는 대로 썼다. 연락병이 이용택 수사과장이 순시를 돌고 있는데 와서 보고하라고 전했다. 이들은 잠시 방을 비우고 감시원만 남아 있었다. 되돌아온 그들은 인상이 표범으로 변하면서 다시 전기고문과 물고문을 자정까지 계속했다. 이날 밤 고문이 지금까지 받은 고문 가운데서 가장 가혹했다. 나는 고문이 끝날 때 이미 의식불명이었다. 드디어 죽음을 이긴 것 같은 환상을 느끼기도 했다. 아마 이날이 중앙정보부에서 마지막 고문인 듯한 인상을 받았다. 고문 전문가들은 일제 강점기부터 잔뼈가 굵은 사람들로, 벙어리도 입을 열게 하는 비상한 재주를 갖고 있었다. 하지만 동베를린 북한 대사관에 가본 적이 없고, 북한 공작원과 접촉한 적도 없는 것을, 있다고 억지로 맞춰 보려고 하였지만 앞뒤가 맞지 아니하므로 포기했다. 그들은 다음부터 혐의자 가운데 누구와 어디서 만나 무슨 말을 하였는가를 집중 추궁하기 시작했다."(이수길, 1997, 228-229쪽)

이수길은 중앙정보부에서 간호사 파독과 관련해 "북한으로부터 공작금을 받은 것을 실토하라"고 추궁당했다. 아울러 "공작금 액수와 받은 날짜, 공작 상대방과 접선 장소 등을 밝히라"고도 압박받았다.

"언제 북한 대사관에 갔느냐? 빨리 말해."

"언제라고 쓸까요, 불러주시는 대로 (그대로) 쓰겠습니다."

"(얼굴을 찡그리며) 너 같은 지독한 간첩은 두고두고 처음 본다."

중앙정보부 요원은 이수길을 '지독한 간첩'이라며 더욱 고통스런 고문을 가했다. 1급 장애인이던 그에게 중앙정보부의 고문은 지독한 것이었다. 참을 수 없는 고통苦痛이었다. 이수길은 허위자백을 해야 했다. 자신의 돈을 쓰면서까지 시작했던 간호사 파독은 고스란히 '북한이 자금을 대준 공작工作'으로 바뀌어갔다. '고문의 승리'였다.

이수길은 6월 28일 서대문 형무소에 수감됐고, 7월 1일 김형욱을 만나 서울 사보이호텔에서 묵게 됐다. 7월 3일 독일의 진보신문 『프랑크푸르트룬트샤우(Frankfurt Rundschau)』에 이수길을 비롯해 독일에 있던 한국인 5명이 납치됐다는 보도가 실리면서 독일에서 그의 석방 여론이 일기 시작했다. 7월 4일 마인츠신문에도 한국으로 납치됐다는 기사가 크게 실렸다. 이수길은 김형욱 중앙정보부장이 동베를린 사건을 발표한 7월 8일 풀려났다. 서독에서 중앙정보부 요원들에 의해 체포된 뒤 20일만이었다.

이수길은 중앙정보부 직원의 도움으로 7월 19일 일본항공 편으로 도쿄를 거쳐 다시 독일로 돌아갔다. 그는 비행기 속에서 동행한 독일 일간지 『빌트차이퉁(Bild-Zeitung)』 기자와 인터뷰했다. 7월 20일 11시 15분 프랑크푸르트 공항에 도착한 뒤에는 기자회견도 가졌다. 그는 회견에서 "양두원 참사관의 말을 듣고 간첩 혐의에 대해 해명하기 위해 자진해 서울에 갔다"고 말했다. 거짓말이었다. 조국에 누累가 돼선 안 된다고 생각했기 때문이었다고, 그는 나중에 밝혔다.

"한국에서 받은, 인간으로서는 당할 수 없는 고문과 치욕을 생각하면 이가 갈렸다. 하지만 그렇다고 누워서 침을 뱉으면 다시 자신의 얼굴에 떨어진다는 것을 생각할 때 독일 사람에게 나의 조국 한국을 헐뜯을 수가 없었다. 내가 당한 곤욕은 몇 사람의 수사관이 상부의 명령에 복종해 책임을 수행하는 과정에서 일어났다고 생각한 것이다."(이수길, 1997, 253쪽)

이수길은 마인츠대학병원 방사선과로 돌아왔지만 왜곡된 정보에 시달리기도 했다. "자유의사로 한국에 갔다 왔다"는 귀국 성명에 대해 한 독일인 초등학교 교사가 그를 비방, 형사재판으로 이어졌다. 9년이 흐른 뒤에 1976년 독일인 교사가 항고를 포기하면서 그는 고통에서 벗어날 수 있었다.

한·독 관계에도 큰 타격

동백림 사건의 파장波長은 엄청났다. 대부분의 국내 신문은 김형욱 중앙정보부장의 발표를 연일 대서특필했고, 방송도 대대적으로 방송했다. 총선 직후 부정선거 의혹으로 들끓던 정국도 순식간에 동백림 정국으로 바뀌었다.

총선 직후부터 부정선거 의혹을 제기했던 신민당 등 야당은 "황성모 교수는 공화당 사전조직과 정경연구회에 관련된 자"라며 공화당과의 연루連累 의혹을 제기했다. 여당은 이를 반박하면서 정치공방으로 번져갔다.

국내뿐만 아니라 세계의 반발도 거셌다. 핵심 당사국이라고 할 수 있는 독일과 프랑스의 반발反撥이 거셌다. 사건 관계자에 대한 중앙정보부의 구인 과정과 강제 귀국조치 과정에서 국가 주권이 침해됐다는 이유에서다. 당국 간 외교 갈등과 함께 한국에 대한 좋지 않은 인식까지 낳게 됐다. 결과적으로 광부 파독 중단에도 상당한 영향을 미쳤다는 주장도 나온다.

서독 정부의 반발은 대단했다. 오죽했으면 최덕신(崔德新·1914-1989) 주독 한국대사는 '자신을 한국으로 소환해 달라'고 정부에 요구했겠는가(김경재 정리, 1991, 188쪽 참고). 서독 여론은 7월 8일 김형욱 중앙정보부장의 사건 발표 이전에 한국 동포들이 실종됐다고 보도됨으로써 이미 들끓기 시작했다.

독일 언론에서 보도가 나오기 시작한 것은 7월 3일.『프랑크푸르트룬트샤우』는 이수길과 물리학을 공부하는 C부부와 유학생 2명 등 5명의 한국인이 행방불명됐다고 처음으로 보도했다. 곧이어 여러 언론에서 연일 관련 의혹을 쏟아내기 시작했다. 재독 동포 사회도 크게 술렁거렸다.

서독 정부는 7월 5일 14명의 한국인이 중앙정보부에 의해 한국 정부로 납치된 것으로 단정하고 강력히 항의했다. 하지만 주독 한국대사관은 "폭력을 쓴 사실이 없다, 한국 법원의 출두 통지를 받고 해명하기 위해 자유의사에 따라 갔다"고 거짓으로 해명했다. 7월 6일 마인츠 경찰서는 이수길의 집을 방문해 사실 관계를 확인했고, 7월 7일에는 사건과 관련된 한국인을 체포하기도 했다.

7월 11일. 서독 정부는 한국 중앙정보부의 서독 내 강제 구인과 귀국조치를 '심각한 자주권의 침해侵害'라고 규정하고 한국을 강도 높게 비판했다. 7월 13일에는 공식성명을 통해 한국 정부의 불성실한 답변에 대해 유감의 뜻을 표명하고 필요에 따라서는 국교단절과 원조중단도 고려할 수 있음을 시사했다. 특히 7월 14일 내각

회의 결정으로 납치사건에 개입한 양두원 주독 한국대사관 참사
관과 이효석 노무관, 최철호 대사관 직원에게 1주일 이내에 독일에
서 떠날 것을 통고했다. 양두원梁斗源은 동백림 사건에서 핵심 책임
자로 분류됐고, 1976년 미국에서 터진 코리아게이트에도 관여한
인물로 알려졌다. 결국 최덕신 주독 한국대사는 한국 정부가 사전
에 알려주지 않아 외교 분쟁으로 비화된 데에 대한 책임을 지고
사임辭任한다고 독일 정부에 통보했다.

서독 정부와 의회가 동백림 사건 수사발표 전부터 강하게 반발
하는 등 한·독 간 외교관계가 위기를 맞고 있었지만, 김형욱 중앙
정보부장은 7월 8일 1차 수사결과 발표 당시 파장을 애써 축소縮小
전망했다. 결과적으로 거짓말을 한 셈이다. 김형욱은 수사발표 회
견에서 "서독에서의 수사 때문에 한·독 두 나라 사이에는 아무 문
제가 없을 것"이라고 낙관했다. 하지만 김형욱은 나중에 자신의 회
고록에서 사태의 파장을 '이미 예상하고 있었다'고 밝혀, 당시의 기
자회견이 거짓이었음을 스스로 고백했다.

"서독은 발칵 뒤집혔다. 이미 예상하고, 각오하고 있던 바였다. 서
독 정부는 자기들의 주권을 침해당했다고 주장하면서 연행자를 서
독으로 원상회복시킬 것을 강력히 요구해 왔다. 입장이 난처해진
최덕신 서독 한국대사는 본국으로 소환시켜 줄 것을 정부에 요구
했다…. 서독 한국대사관 주재원 양두원은 서독정부로부터 10일
안에 서독을 떠나라는 출국명령을 받았다."(김경제 정리, 1991, 188쪽)

프랑스 정부도 7월 21일 재불 동포의 강제 구인과 귀국조치에 대해 한국 정부에 공식 항의하는 등 반발했다.

동백림 사건은 파독 광부와 간호사의 이미지에도 상당한 손상損傷을 초래했다는 지적이다. 독일 현지뿐만 아니라 한국에서도 이들에 대한 부정적인 인식이 높아갔다. 한 파독 간호사의 증언이다.

"나는 프랑크푸르트에서 4년을 근무한 후 서베를린으로 가기로 결정하고 고국의 부모님께 연락을 드렸다. 소식을 접한 부모로부터 3번이나 서베를린으로 가지 말고 귀국하라는 전보를 받았다. 국제전화를 쉽게 할 수 있는 처지도 아니어서 참으로 난감했다. 왜 그렇게 부모님이 강경하게 나오시는지 이해할 수 없었다. 나중에 알고 보니 동백림 사건 이후 한국에는 서베를린이 간첩 활동무대로 알려져 있었던 것이다."(김순임, 2003.4.7, 12면)

물론 가장 큰 피해를 입은 이들은 역시 간첩으로 내몰린 파독 광부들이었다. 그들은 다시 서독으로 돌아온 뒤 이 사건으로 인해 엄청난 정신적 상처와 피해를 겪어야 했다. 광산에서 1년간 더 일한 뒤 직장생활과 자영업을 했던 박성옥은 광부를 비롯해 한국인 동포들이 자신을 피하는 게 큰 고통이었다고 털어놓았다.

"그때는 참 힘들었다. 내가 거리에 나서면 가까이 오던 사람이 얼굴이 보일 때쯤 획 사라져 버리곤 했다. '빨갱이'로 낙인烙印찍힌 나를 아는 체하다가 신상에 피해를 입을까봐 두려웠던 것이다."

황당하게 끝난 총체적 의혹 사건

　1967년 '동백림 사건'은 독일과 프랑스 등 전 세계에 걸쳐 엄청난 충격을 줬다. 하지만 사건 전개는 너무나 황당荒唐해 진실성을 둘러싼 총체적인 의혹疑惑을 낳고 있다. 처음 수사발표 때의 긴장감은 어디에서도 찾아볼 수 없는, 마치 코미디 같은 사건이 돼버린 것이다.

　먼저 사건 발생 3년여 만에 '간첩' 혐의를 받던 사람이 모두 석방釋放됐다. 1969년 3월 대법원의 재상고심 재판에서 사형 판결을 받았던 정규명, 정하룡, 무기징역을 선고받은 조영수 박사 등은 1970년 12월 23일 성탄절 특사特赦로 나란히 석방됐다. 동백림 사건과 연루돼 가장 나중까지 수감돼 있던 이들로, 사건 관련자 모두가 3년여 만에 풀려난 '이상한 간첩사건'이 돼 버린 셈이다(국정원과거사진실규명을통한발전위원회, 2006, 4쪽 참고).

　앞서 1969년 3월에는 21개월을 감옥에서 보낸 윤이상이 박정희 대통령의 사면 조치로 석방됐다. 납치와 재판의 속사정을 발설하지 않고 한국 정부를 비난하는 발언을 하지 않겠다는 서약서에 서명한 뒤다.

7년형을 선고받았던 파독 광부 박성옥도 1970년 10월 형 집행정지執行停止로 대전형무소에서 석방됐고, 파독 광부 김성칠과 김진택도 역시 형 집행정지로 풀려났다. 수사발표 때 그들은 '도저히 용서할 수 없는 간첩'으로 낙인찍혔던 이들이 아닌가.

특히 구속된 동백림 사건 연루자의 석방을 위해 백방으로 나섰던 이들은 다름 아닌 중앙정보부였다는 점에서 의혹이 커진다. 사건 관계자들은 중앙정보부가 자신들의 석방을 위해 많은 노력을 기울였다고 증언했다. 김성칠의 증언이다.

"구치소에서 수감 중이던 어느 날, 중앙정보부 측에서 '항소를 취하取下하라, 형이 확정돼야 대통령이 사면을 하고 출국시켜줄 것 아니냐'고 했다. 이에 '주한 독일대사관에서 온다면 믿을 수 있다'고 답했다. 주한 독일대사관에서 사람이 찾아왔고, 그래서 비로소 소를 취하했다. 대전형무소로 이감된 뒤 의사가 와서 진찰을 했다. 의사는 '어디 아픈 데 없느냐'고 물었다. 나는 '없다'고 답했다. 의사가 '아프다고 말하라'고 조언해, 나는 '아프다'고 답했다. 그랬더니 형 집행정지로 풀어줬다."

김성칠의 증언에 따르면 중앙정보부는 대통령의 사면을 거론하면서 그에게 소송 취하를 제의했고, 주한 독일대사관 직원이 그를 찾도록 했으며, 형을 복역할 수 없을 만큼 아프지 않는데도 아프다는 진찰을 받게 한 뒤 형을 집행정지시켜줬다는 것이다.

중앙정보부 요원들은 아울러 석방된 김성칠이 대전형무소 뒷문을 통해 나오자, 그를 다시 남산 중앙정보부로 데려갔다. '역사적인 순간'이라며 그에게 악수握手를 청하기도 했다. 중앙정보부는 얼마 후 박성옥과 김성칠, 작곡가 윤이상 등 동백림 사건 관계자 20여 명에게 산업 시찰視察을 시켜주기도 했다. '경제시찰단'이라고 쓰인 버스에 태워 포항제철을 비롯해 울산, 부산 등의 산업단지를 보여줬다. 경찰 오토바이가 이들 관광버스를 선도했고, '과장'으로 불리는 사람의 인솔 하에 최고급 식사대접도 받았다. 재미있는 일화도 있다. 김성칠의 증언이다.

"부산 자갈치 시장에 갔을 때의 일이다. 윤이상이 '그만 쫓아다니고 우리만 좀 편하게 구경하자'며 (중앙정보부의) 과장에게 나가라고 했다. 우리는 자갈치 시장 골목 전체를 비우고, 회를 먹기도 했다."

물론 '경제시찰'의 성격에 대해선 해석이 엇갈린다. "조국을 떠날 때와 달리 지금은 잘 살고 있다고 선전하려는 교육의 일환"(박성옥 등)이라는 시각과 "중앙정보부가 우리에게 미안했기에 시켜준 관광"(김성칠 등)이라는 시각으로 엇갈린다. 파독 광부 등은 경제시찰을 끝내고 서독으로 돌아갔다.

사건의 황당함은 여기에만 그치지 않는다. 동백림 사건의 조사와 수사발표를 주도한 김형욱의 고백 또한 황당함을 더욱 증폭시킨다. 그는 자신의 회고록에서 동백림 사건의 동기動機를 '세계주의世界主義' '목가牧歌적인 열망' 등 세계관과 인생관이라는 철학 수준으로 추상화시킨다.

"지식인이란 특히 지적 수준이 객관적인 형태, 예를 들어 외국의 저명한 대학에서 학위를 받았거나 국제적으로 이름을 떨쳤을 경우 사고방식이 보다 세계주의적으로 변모하는 속성을 가지고 있다. 국가적인 견지에서 볼 때 이런 경우의 지식인은 좋게 말해 보다 자유분방自由奔放해지고 나쁘게 말해 무책임해진다. 동백림 사건에 연루된 지식인들은 북한 공산주의의 호전성을 실감하거나 6·25의 전화 속에서 목숨을 걸고 참전한 경험이 없는 젊은 층이었다. 더욱이 그들은 사상적으로 공산주의이론과 서적을 쉽게 접할 수 있는 서구라파에서 유학생활을 하면서 알게 모르게 북한의 공작 대상에 넘어갔다. 또 그중 상당수는 자신이 민족분단을 해결하기 위해 무엇인가 할 수 있다는 자못 목가적인 열망을 가지고 있었던 것도 사실이었다. 그 중 거대한 국가안보의 견지에서 용납될 수 없었던 것이 많았다. 지식인은 많은 경우 자신의 지적 성장이 오직 자신의 능력과 노력의 결과이자 국가와는 아무런 관계가 없다는 이기주의에 빠질 약점을 가지고 있다. 그러나 엄밀히 말해 지식인의 자기성장은 국가와 민족이란 배경에서만 가능한 것이었고 따라서 지식인은 그들의 지적 활동의 소산을 국가와 사회에 환원시킬 자세를 가지고 있어야 마땅한 것이 아닐까. 동백림 간첩사건은 이러한 지식인의 개인적 세계주의와 그들에 대한 국가의 기대가 마

찰摩擦한 전형적인 예에 불과한 것이었다."(김경재 정리, 1991, 190-191쪽)

　김형욱 회고를 요약하면, '동백림 사건'은 '지식인의 세계주의'와 '국가의 기대期待'가 충돌하면서 일어났다는 얘기다. 즉 민족분단의 해결을 위한 목가적인 열망에서 시작됐지만, 국가안보 차원에서는 용납될 수 없는 일을 저질렀다는 것이다. 1967년 수사결과 발표 당시 '북괴' '간첩 침투' '대남공작' 등의 무시무시한 표현이나 비장감은 온데간데없는, 참으로 허망한 결론이다.

　물론 김형욱의 이 같은 분석조차 파독 광부에겐 적용되지 않아 보인다. 왜냐하면 이들이 북측과 접촉한 동기는 '지식인의 세계주의'보다 형제나 친척을 만나고 싶다는 인도적인 동기가 더 크기 때문이다. 파독 광부 박성옥과 김성칠, 김진택 모두 이적 또는 간첩 행위를 위해 북측을 접촉한 게 결코 아니었다.

　여기에 사실의 과장과 확대해석 논란도 진실성을 훼손시킨다. 김형욱이 회고록에서 서울대 '민족주의비교연구회' 사건에 대해선 '실수'임을 인정한 것도 이와 무관치 않다(김경재 정리, 1991, 194쪽).

　동백림 사건은 이처럼 △조사 과정에서 끊임없이 제기되는 고문과 구타, 인권침해 의혹과 함께 △3년여 만에 사건 관계자가 모두 풀려났고 △석방 과정에서 중앙정보부가 깊숙이 개입했다는 증언이 나왔으며 △사실의 과장과 확대해석 논란까지 더해지면서 사건의 진실성眞實性에 대한 총체적인 의혹을 받고 있는 것이다.

·
·
·
·
·
·
·

결코 잊힐 수 없는 고문의 기억

총과 칼로 사납게 윽박지르고
논과 밭에 자라나는 우리들의 뜻을
군화발로 지근지근 짓밟아대고
밟아대며 조상들을 비웃어대는
지금은 겨울인가,
한밤중인가,

-양성우, 「겨울공화국」에서

　진실성에 대한 숱한 의혹이 제기되는 가운데 연행과 수사 과정
에서 피해자들에게 씻을 수 없는 상처를 안긴 고문拷問의혹 등 인
권침해人權侵害 문제는 반드시 기록해야 할 것이다. 시민에게 상처를
안긴 국가권력의 고문과 인권침해의 정확한 진상 규명과 함께 국

가권력과 핵심 관계자들의 진솔한 사과가 필요해서다. 많은 세월이 지났기에 사법적 판단이나 조치를 취하기는 어렵겠지만, 진상 규명과 역사적 반성은 더 나은 미래를 위해서 반드시 필요하기 때문이다.

먼저 파독 광부들은 연행과정에서 수사관의 거짓말에 속거나 불법 감금과 폭력 등에 의해 강제 연행되는 등 인권침해를 당한 것으로 확인됐다. 박성옥과 이수길 등 사건 관계자들이 국정원 과거사위원회에서 진술한 내용의 일부다.

"이수길 박성옥은 대사관에서 한국행을 거부한 탓에 폭력으로 위협을 받은 끝에 귀국에 동의할 수밖에 없었다고 진술… 대부분 임의동행이나 거짓말로 대사관을 거쳐 국내로 연행했던 반면, 일부는 대사관에서의 감금 폭력 등을 사용해 강제 연행했고…."(국정원과거사진실규명을통한발전위원회, 2006, 82-131쪽)

결코 잊힐 수 없는 것은 고문과 구타毆打이다. 독일 현지에서 만난 관계자들은 "한국에서 무서운 고문과 구타 등 인권침해를 당했다"고 한결같이 증언했다. 다른 관계자들도 인터뷰와 저술 등에서 고문을 받았다고 밝혔다. 이수길도 물고문과 전기고문을 당했다고 증언했다. 2005년 국정원 과거사위원회 조사에서도 김진택은 구타, 박성옥도 구타 등을 당했다고 말했다. 남산의 중앙정보부에서 조사를 받은 김성칠은 중앙정보부 요원들이 전기고문은 물론 자신에게 초산을 뿌리는 등 모진 고문을 가했다고 폭로했다.

"그들은 나를 두드려 패기도 했다. 특히 전기고문을 가하기도 했고, 초산을 나의 몸에 뿌리기도 했다."

김성칠은 이 같은 내용을 국정원 과거사위원회 면담에서도 상세히 얘기했다. 고문에 대한 흔적까지 보여주기도 했다. 김성칠의 폭로 내용이다.

"△자술서를 쓴 뒤 취조과정에서 때리고 전기고문하고 얼굴에 초산 뿌린다며 시범적으로 무릎 아래에 뿌려 화상 입은 것처럼 껍질이 벗겨졌음(김성칠은 초산고문의 흔적으로 한쪽 무릎 바로 밑에 지름 15cm 가량의 화상을 입은 듯한 흉터를 제시). △양쪽 어깨를 때리고 동료 광부들을 포섭하지 않았느냐고 묻더니 자술서에 그런 얘기가 없다며 각목이나 목도 같은 것으로 때리고 발로 찼으며 수사관 3명 중 1명은 서 있고, 1명은 몽둥이로 때리고, 1명은 발로 찼음. △전기고문은 다른 곳으로 옮기지 않고 같은 방에서 의자에 앉혀 전극을 몸에 댔는데, 전화기를 빨리 돌리면 전기가 더 세졌음. △서대문형무소로 이감 전, 4일간 조사받으면서 맞지 않은 날이 없었으며 전기고문은 2번 받았는데, 초산을 뿌린 날과 나중에 조사받다가 또 한 번 받았음."(국정원과거사진실규명을통한발전위원회, 2006, 97쪽)

중앙정보부 요원들은 김성칠에게 고문을 가하며 자술서와 함께 그가 포섭했던 사람, 주독 북한대사관에 함께 갔던 사람, 사실을 알고 있는 사람들의 명단을 요구했다. 김성칠은 '친구라도 이름을 대라'는 요구에 어쩔 수 없이 관련이 없는 친구의 이름을 진술했다. 중앙정보부 측은 이에 그가 말한 사람들의 여권을 모두 회수해 버렸다고 한다.

파독 광부 김진택도 수사 과정에서 '윗선'이 없다는 이유로 "많이 두들겨 맞았다"고 말했다고, 김성칠이 전했다. 김진택도 국정원 과거사위원회 조사에서 고문을 당했음을 분명히 증언했다.

"(서울) 이문동(중앙정보부)에서 약 4일간 조사를 받았는데 동백림에 한번밖에 갔을 리 없다면서 여죄를 추궁하는 과정에서 몽둥이로 한 번에 10대 정도씩 3회 동안 엉덩이를 맞았음."(국정원과거사진실규명을통한발전위원회, 2006, 96쪽)

중앙정보부 수사관들은 이에 대해 "동백림 수사과정에서 욕설 및 일부 구타 등은 있을 수 있지만 혐의가 워낙 뚜렷하고 순순히 자백을 했기 때문에 심한 가혹행위를 할 필요가 없었다"며 "심각한 고문은 없었다"고 부인했다.

하지만 국정원 과거사위원회는 수사 과정에서 △일부 수사관이 잠 안 재우기, 구타 등은 있을 수 있었다고 증언하고 △피의자들이 전기고문과 물고문, '비행기타기'(양팔을 뒤로 묶은 뒤 포승줄로 천정에 매달아 공중에 띄워 놓는 고문으로, 몸이 공중으로 들리는 순간 대부분 고통으로 까무러쳐 의식을 잃음) 등의 가혹행위를 받았다고 증언했으며 △진술의 구체성과 일관성 등으로 미루어볼 때 구타와 물고문, 전기고문 등도 이뤄졌을 것으로 추정된다고 결론지었다. 사실상 고문 등 인권침해가 이뤄졌음을 인정한 셈이다.

"국정원 과거사위원회는 일부 수사관이 수사 과정에서 위협과 잠 안 재우기, 구타 등은 있을 수 있었다고 증언하고, 일부 신체적 징벌을 가하는 가혹행위의 경우 사건 피의자들이 구타를 포함해 전기고문(김성칠, 이수길, 천상병, 조영수, 공광덕, 김택환), 물고문(이수길, 정성배, 김택환), '비행기타기'(김학준, 조영수) 등의 신체적 가혹행위를 받았다고 주장하고 있는 바, 아래 서술된 가혹행위 주장은 진술의 구체성 및 일관성 등으로 미루어볼 때 사실일 가능성이 높은 것으로 보이며, 따라서 수사 과정에서 구타, 물고문, 전기고문 등도 행사됐던 것으로 추정된다고 결론지었다."(국정원과거사진실규명을통한발전위원회, 2006, 102-103쪽)

고문과 구타 등 인권침해의 직접적인 책임자인 김형욱이 명확히 반성하지 않았다는 점도 역사는 반드시 기록해야 할 것이다. 지독한 물고문, 전기고문을 당했다고 증언한 이수길의 증언과 달리, 그는 회고록에서 이를 어정쩡하게 해명하고 넘어갔다.

"나를 협조해 간호사의 파독을 주선했던 이수길도 오랜 고초를 겪다가 풀려나와 나에게 인사까지 하고 독일로 돌아갔다. 특별한 혐의가 없었고 내가 수사담당 요원에게 각별한 처우를 지시했는데도, 워낙 소아마비를 앓았던 약질이어서 고생을 많이 한 모양이었다. 훗날 내가 중앙정보부장을 그만두고 개인 자격으로 독일을 방문했을 때, 연락을 했더니, 자동차로 두어 시간이나 걸린 거리를 헐레벌떡 달려왔다. 나에게 따뜻하게 식사를 대접하고 환대해 줬다. '부장님, 그때 정말 혼났습니다. 어떻게 무섭게 때리던지 바지에다 생똥을 쌌습니다.' 나는 이수길의 두 손을 붙잡고 한참이나 할 말을 잊었다. '이 박사, 정말 면목이 없소.' 고통을 겪은 사람들은 비단 임석진과 이수길만은 아니었을 것이다. 나는 관련자 모두에게 인간적으로 용서를 빌고 싶은 심정이었다."(김경재 정리, 1991, 199-200쪽)

정확한 진상 공개와 진실한 반성은 고통스럽지만, 그래도 그것만이 용서를 받는 길이다. 반성을 통해 오히려 진정 위대한 길이 열리기도 한다. 이런 맥락에서 본다면 김형욱이 당사자를 찾아가 사과를 했지만 공개적인 반성을 하지 않은 것은 아쉽다.

특히 고문 의혹과 구타 등 치명적인 인권침해에 대한 국정 최고 책임자 박정희 대통령의 도덕적 또는 법률적 책임을 실무 책임자인 김형욱과 분리함으로써, 박 대통령을 책임에서 벗어나게 하려는 일각의 '불순不純한 시도' 또한 비판에서 빗겨날 수 없다는 생각이다.

"박정희 대통령의 '철저 수사 지시'를 김형욱 중앙정보부장은 '합리성을 잃어도 좋다'는 뜻으로 받아들인 것은 아니었을까. 해외로부터 무리한 구인과정과 합리적이지 못한 확대 수사, 도처에서 나타나는 고문 흔적은 진범을 찾아내 엄중 처벌하는 데 실패하고 무고한 피해자 속에 진범이 섞이게 만들어 종국에는 사건 자체가 조작이라는 오명을 쓰기에 이르렀다."(조갑제, 2001b, 84쪽)

조갑제의 주장은 김형욱이 박 대통령의 '철저수사 지시'를 '합리성을 잃어도 좋다'고 잘못 이해한 것에서 비롯됐다는 식으로 해석, 박 대통령과 김형욱과의 연결連結고리를 끊으려 시도한다. 결과적으로 국정 최고책임자인 박 대통령을 국가권력에 의한 고문과 인권침해에 대한 도덕적 또는 법률적 책임으로부터 면죄부免罪符를 주려는 게 아니냐는 비판에서 자유로울 수 없다는 지적이다.

68운동-짧은 만남, 긴 여운餘韻

　1968년 3월 22일 프랑스 파리에서 서쪽으로 16km쯤 떨어진 소르본느대학(Universite Paris-Sorbonne·Paris IV) 낭테르(Nanterre)분교에서 '작은 사건'이 일어났다. 미국의 베트남 침공에 항의하기 위해 '아메리칸 익스프레스 뱅크(American Express Bank)'를 습격하려던 학생 6명이 경찰에 체포되자, 학생운동 지도자인 다니엘 콘 벤디트(Daniel Cohn-Bendit)를 비롯한 8명의 학생들이 항의의 표시로 '교수제도 및 사회에 대한 전체적인 이의제기'를 내걸고 낭테르대학 학장집무실을 점거한 것이다. 콘 벤디트 그룹에 비판적이거나 조소를 보내던 학생들도 체포 학생들의 석방을 요구하며 시위에 가담하면서 사건은 점점 확산되기 시작했다.

　독일과 프랑스를 비롯해 유럽을 강타한 '68운동(May 1968 events in France)'은 이렇게 시작해 한국 지식인 사회뿐만 아니라 독일에 거주하던 파독 광부와 간호사에게도 적지 않은 영향을 끼쳤다.

소르본느대학 측은 5월 2일 낭테르 분교를 폐쇄했고, 자연히 5월 3일 이후 투쟁은 파리 소르본느 본교로 옮겨붙었다. 학생들은 낭테르대학 폐쇄에 항의하면서 거리로, 광장으로 뛰쳐나갔다. 5월 6일 중등교육교원전국조합(SNES)이 대학생들과 연대투쟁을 선언했다. 학생 시위대는 5월 10일 파리 시내에서 바리케이드를 두고 경찰과 유혈충돌을 벌이는 등 '바리케이드의 밤'을 연출했다. 5월 13일에는 노동총동맹(CGT)이 총파업 투쟁을 벌이며 가세, 1000만 명의 노동자가 시위에 참여했다. 바야흐로 시민의 힘, 광장의 힘이 분출噴出했다.

하지만 5월 27일 임금 10% 인상 등의 내용을 담은 '그르넬 협약(Grenelle agreements)'이 노동계와 정부 사이에 맺어지게 되면서 시위는 꺾이기 시작했다. 6월 5일 시위를 끝으로 사실상 프랑스에서 68운동은 막을 내렸다. 학생들의 시위에 강경 대응했던 우파右派 정치인 샤를 드 골(Charles André Joseph Marie de Gaulle·1890-1970)은 6월 총선에서 승리를 거뒀다. 하지만 샤를 드 골은 이듬해인 1969년 국민투표에서 패해 대통령직에서 사임했다.

68운동은 프랑스는 물론 독일과 이탈리아 등 유럽뿐만 아니라 세계적으로 커다란 반향反響을 일으켰다. 자본주의 전반에 대한 문제제기가 이뤄졌고, 특히 혁명의 가능성까지 타진됐기 때문이다.

독일에서도 68운동은 예외가 아니었다. 오히려 68운동이 일어나기 1년 전인 1967년부터 68운동의 기운氣運이 엿보였다. 1967년 6월 2일. 독일 대학생들은 이란의 팔레비(Pahlavi) 국왕의 서베를린 방문에 맞춰 항의데모를 벌였다. 이 과정에서 대학생 베노 오네조르크(Benno Ohnesorg)가 베를린오페라하우스 앞에서 사복경찰의 총에 뒷머리를 맞아 숨졌다. 학생들은 격렬한 시위를 전개했고, 지루한 공방 끝에 9월 베를린 경찰총장과 내무장관, 시장이 퇴진했다. 학생들이 승리한 것이다.

1968년 4월엔 베를린 거리에서 신파시스트에 의해 학생운동 지도자 루디 두취케(Rudi Dutschke)가 암살미수暗殺未遂된 사건이 발생했다. 격렬한 가두투쟁이 벌어졌다. 학생들은 며칠간 시가전을 전개했다. 특히 1968년 부활절 시위는 절정을 이뤘다.

학생들은 대학개혁과 반미, 베트남에서의 미군철수, 보수언론 반대, 자본주의 극복 등 정치사회적 요구뿐만 아니라 교육과 성, 기성세대가 간직해 온 가치관과 규범에 대한 거부와 대안을 요구했다. 독일 학생들이 내세웠던 슬로건 가운데 일부다.

· 나이 30을 넘은 자를 신뢰하지 말라
· 금지하는 것은 금지된다
· 너를 파괴하는 자를 분쇄하라
· 모택동 만세!

하지만 학생들의 투쟁은 공장 노동자와의 연대 투쟁으로 발전하지 못하고 정부 또한 대학 구조개혁 등에 신속하게 나서면서 급속히 진정됐다. 학생운동은 많은 소그룹으로 분화되면서 내리막길을 걸었다. 많은 학생운동 지도자들은 기존 사회민주당 노선에 흡수

돼 갔다. 다른 이들은 탈脫권위를 기치로 한 아동교육 운동에 뛰어들었고, 또 다른 이들은 노동현장으로 또는 적군파(Rote Armee Frak-tion)를 조직해 테러리스트가 되기도 했다.

비록 68운동은 현실에선 실패한 것으로 평가되지만, 독일 국민의 정치 의식화를 촉진해 1969년 9월 연방 총선거에서 사회민주당이 42.7%의 득표율로 기민련을 제치고 제1당으로 등극하는 원동력이 됐다. 아울러 빌리 브란트(Willy Brandt·1913-1992) 정부의 동방정책의 든든한 동력動力이 되기도 했다는 분석이다.

68운동은 파독 광부와 간호사에게 어떤 영향影響을 미쳤을까. 주로 세계관과 사회관의 확장擴張과 함께 결과적으로 인생관의 전환轉換도 가져온 것으로 보인다. 상당수 파독 광부나 간호사도 이 같은 맥락에서 증언한다.

"독일 친구들을 통해 독일 사회의 변화도 조금씩 느끼게 됐다. 독일에서는 소위 '68세대'에 의한 사회운동으로, 사회 전반이 개혁의 와중에 있었다. 특히 여성과 교육 부분에 많은 개혁이 있었다. 어린이들이 사회 규범에 끼워 맞추던 권위적 교육에 반대한 자유로운 교육, 예를 들면 '썸머힐(Summer hill)'이나 '반권위주의 교육운동' 등이 그것이다. 너무나 경이로운 테마들이었다."(최영숙, 2002.1.28, 10면)

특히 일부 파독 광부와 간호사는 교제하던 독일 여성 또는 남성을 통해 68운동의 문제의식을 깊숙이 인식했던 것으로 보인다. 유럽 사회를 강타한 68운동은 독일에 정착한 파독 광부와 간호사의 실제 삶에도 상당한 영향을 끼쳤다. 한 파독 간호사는 68운동의 아동교육운동 그룹이 세운 학교에 교사로 채용되기도 했다.

"학교를 졸업하고 시립보육원에서 2년 6개월간 근무한 후, 사립 보육원 교사로 채용됐다. 이 보육원은 1968년 학생운동을 하던 사람들이 자녀를 비권위주의적이며 자유로운 환경에서 교육시키고자 시의 재정지원을 받아 독립적으로 설립, 운영하는 곳이었다⋯. 나중에 알게 된 것이지만 학부모들이 나를 채용한 이유는 이러했다. 첫째, 그들이 나를 채용하지 않으면 무엇인가 손해를 볼 것이란 기분이 들 정도로 나의 행동이 꾸밈없고 당당^{堂堂}했으며, 둘째, 내가 외국인이기 때문에 아이들에게 다른 문화를 의식적으로 교육시킬 필요가 없고 자연히 외국인에 대한 선입견도 없앨 수 있을 것이라고 생각했기 때문이었다고 한다."(송금희, 2002.6.3, 20면)

제6장

남은 자와 떠나는 자, 그리고 돌아온 자

남은 자 – 한국 가발 신화를 쏴라1

조국祖國으로 돌아갈 것인가, 아니면 독일에서 새 인생을 개척開拓할 것인가. 가을이 고요를 떨구기 시작하던 1967년 10월. 파독 광부 1차2진 이구희는 카스트롭라욱셀 광산에서 3년 계약기간이 끝나자 자신의 거취去就에 대해 고민을 거듭했다.

이구희는 결국 한국행 비행기에 오르지 않았다. 모아둔 돈도 많지 않은 데다가 귀국 후의 진로進路도 불투명했기 때문이다. 돈은 이미 가족에게 송금해 버린 상태. 귀국한다 하더라도 안정적인 직장이 보장되는 건 아니었다. 꿈은 펄펄 끓었지만 현실은 서늘하고 외로웠다.

이구희와 같은 한국인 파독 광부들이 파독 당시 독일 광산회사와 계약한 기간은 3년. 3년의 계약 기간이 끝나면 그들은 다시 진로를 선택해야 했다. 그들이 택할 수 있는 진로는 크게 3가지였다.

독일에 남든지, 아니면 캐나다나 미국 등 제3국으로 떠나든지, 아니면 조국으로 돌아오는 것이다.

이 가운데 독일에서 새 삶을 살기 위해선 체류 연장이 관건이었다. 문제는 독일 병원의 인력난으로 체류 연장이 보장된 파독 간호사들과 달리 파독 광부들은 체류 연장이 보장되지 않았다는 점이다. 파독 광부들은 체류 연장을 위해 다양한 방법을 선택해야 했다. 파독 광부들이 체류 연장을 위해 주로 선택한 방법은 파독 간호사와 결혼해 가정을 꾸리거나, 현지에서 직업을 갖거나 아니면 대학 등 교육기관에 진학하는 것이었다.

그 가운데 가장 일반적인 방법은 역시 파독 간호사와 결혼結婚하는 것이었다. 계약기간이 끝나더라도 본인이 원하면 체류연장이 가능한 파독 간호사들과 결혼하면 '가족 동거권'이 인정되면서 독일에서 체류를 연장할 수 있어서다. 그래서 독일에 남으려는 파독 광부들은 너나 할 것 없이 파독 간호사에게 달려갔던 것이다.

물론 소수이긴 하지만, 독일의 여성과 결혼해 잔류하는 방법도 있었다. 일부 파독 광부는 독일 여성들과 결혼, 새 직장을 얻어 '제2의 삶'을 살았다.

대학 등 교육기관에 남는 것도 방법이었다. 특히 독일 대학의 학비는 상대적으로 저렴해 공부하기에 비교적 좋은 조건이었다. 다만 대학에서 공부를 계속하기 위해서는 능숙한 독일어 구사와 학력격차 해소 등이 필요했다.

그 외 전문적인 직장을 갖거나 자신의 사업(또는 자영업)을 하는 것도 하나의 방법이었다. 하지만 육체노동을 주로 해 온 파독 광부들이 전문 기술을 갖거나 새로운 기술을 배우는 것은 쉽지 않았다. 아울러 자영업을 시작할만한 돈도 모으지 못한 경우가 태반이었다.

그래서 그들은 통역 등을 하며 광산에 계속 남거나 아니면 체류 연장을 위해 힘든 선원이 돼야 했다. 현재 독일에서 거주하는 초기 파독 광부 가운데 유달리 선원 출신이 많은 이유이기도 하다.

1967년 12월 23일. 남부 독일을 잠깐 여행한 이구희도 독일 북부의 최대 항구도시 함부르크(Hamburg)에서 선원船員이 됐다. 다른 많은 파독 광부들처럼 체류연장을 위해서였다. 그는 선원으로 남미를 한 바퀴 돌며 우선 1년간 체류를 연장 받은 뒤 3개월 만에 그만뒀다.

그에게 남은 체류기간은 이제 9개월. 호주머니에 남은 돈은 400마르크(DM)뿐이었다. 이구희는 이때 신일 박사를 만났다. 경남 하동 출신인 신일은 서울대 경제학과를 졸업하고 뒤스부르크대학에서 경제학 박사학위를 받은 학자였다. 홍콩 출신 중국인 의사 아내와 함께 '삼호무역'을 인수, 홍콩에서 가발공장을 하던 장인의 가발 판매를 한창 준비하던 때다.

1967년 4월. 이구희는 함부르크 '삼호무역'의 외판外販사원이 됐다. '페르께(통가발)'가 주력 품목이었다. 상품 번호와 가격을 외운 뒤 캐주얼 복장에 가발假髮 샘플을 담은 '007가방'을 들고 함부르크 거리로 나섰다. 부자들에게 가발을 팔기 위해 알스터 호수(Lake Alster) 옆의 저택거리를 찾았다. 하지만 문을 열어 안만 살짝 보고 되돌아서곤 했다. 말도 제대로 붙이지 못했다.

다음으로 찾아간 곳은 카우프호프백화점(Galeria Kaufhof)이었다.

카우프호프백화점은 독일을 대표하는 백화점 체인. 이구희는 구매 담당 매니저를 찾았다. 구매담당 매니저는 그를 보더니 "미장원美粧院에 가보라"고 말했다. 이렇게 해 함부르크 시내 미장원을 돌아다니기 시작했다. 미장원마다 사정이 달랐다. 가발이 있는 곳도 있었고, 없는 곳도 있었다. 사람이 많아 안으로 들어가 말도 제대로 붙이기 힘들었다.

1주일 후. 이구희는 용기를 내 한 미장원에 들어섰다. 직원으로 보이는 한 독일 남성이 그의 모습을 위 아래로 살펴보더니 말을 건넸다.

"뭐 하러 오셨습니까?"

"가발을 팔러 왔는데요."

이구희는 그 남자에게서 '하탈' 가발 12개를 주문받았다. 제일 싼 것이었지만, 그가 세일즈맨으로서 받아낸 첫 주문이었다. 뛸 듯이 기뻐 사무실로 달려갔지만 사무실엔 재고가 4개 밖에 없었다. 주문에 맞출 수 없었고, 이구희는 다른 곳을 찾아야 했다.

생활비가 바닥나기 시작했다. 월세 70마르크를 지불하자 버스비조차 내기 힘들 정도가 됐다. 이구희는 우선 담배를 끊었다. 담배 12가치 값은 1마르크. 금연으로 확보한 1마르크로 우유 3개와 감자튀김을 사 끼니를 해결했다. 평소 즐겼던 바둑도 그만두고, 이 시간에 세일즈를 했다.

이구희는 '삼호무역' 직원 가운데 가장 많은 가발을 팔았다. 2위 판매자와 거의 배 수준의 차이가 났다. 독일어도 제대로 못하고 버스를 타고 다닌 그가, 말도 잘하고 자동차를 몰고 다니던 다른 동료들을 압도한 데엔 이유가 있었다. 바로 고객 또는 소비자 중심의 세일즈 전략 때문이었다. 이것은 1971년 한국 가발 신화神話를 낳는 밑거름이 되기도 한다.

당시 독일의 가발 세일즈맨은 보통 반품返品을 받지 않았다. 가발 가격이 비쌌기 때문이었다. 하지만 이구희는 반품을 받았다. 이를 위해 손으로 가발 뜨는 연습을 반복했다. 반품이 들어오면 그는 주말에도 쉬지 않고 가발을 손으로 떠 월요일에 고친 가발을 돌려줬다.

고객들은 너무 좋아했다. 이구희에게 가발을 구입한 사람은 다른 사람에게 절대 가발을 주문하지 않았다. 이들을 중심으로 미장원 업계에 입소문이 나자, 주문이 밀려들어왔다. 심지어 많은 독일 고객들은 그가 가게에 들어오기만을 기다리고 있었다. 그의 한 달 매출액은 3만 마르크였다.

3개월이 지나면서부터 자신감이 붙었다. 이구희는 독일 최대의 공업지대인 루르(Ruhr)지역의 구매력購買力에 주목했다. 그곳엔 한국 가발의 신화가 기다리고 있었다.

위대한 것을 얻으려는 자는 전력을 기울여야 한다.
제한 속에서 대가가 비로소 드러나고
법칙만이 우리에게 자유를 줄 수 있다.

-괴테, 「자연과 예술은…」에서

남은 자 – 한국 가발 신화를 쏴라2

　1968년 9월 어느 날 오후 독일 함부르크에서 뒤셀도르프로 이어진 아우토반. 한국인 3명을 태운 자동차가 쏜살같이 남쪽으로 내달리고 있었다. 파독 광부 1차2진 출신 이구희와 최병진, 그리고 1차5진 출신 구성원이었다. 독일 최대의 공업지대인 루르(Ruhr)지역에서 가발을 팔기 위해 내려가는 길이었다.

　이구희는 독일에 남기로 하고 그해 4월부터 함부르크에서 가발을 팔아왔다. 이구희를 태우고 다니던 구성원은 나중에 브라질에 정착했다. 반면 미국 비자를 발급받기 위해 1년 넘게 배를 탔던 최병진은 미국 시카고로 떠나기 직전 이구희의 제안으로 잠깐 함께 한 경우였다. 이구희가 "고생하지 말고 차 한 대 가져와 가발을 팔라"고 제안해 중고차 '오페라'를 한 대를 산 뒤다. 이구희는 이후 30마르크 안팎에 공급받은 가발을 최병진의 오페라에 실어주고

60-70마르크를 받고 팔라고 했다. 가발은 잘 팔렸지만, 최병진은 가발을 오래 팔지는 못했다. 이구희는 최병진이 가발을 팔아 번 돈을 카지노에서 날려버린 것을 알고 더 이상 가발을 공급해주지 않았기 때문이다.

이구희와 구성원은 최병진이 미국 시카고로 떠난 뒤에도 루르지역을 돌며 가발을 팔았다. 차를 타고 가다가 소변이 마려우면 콜라병에 오줌을 누면서 미장원을 돌고 또 돌았다.

이구희가 처음 독일에서 팔던 가발은 홍콩 가발이었다. 그는 함부르크의 신일 박사가 운영하는 '삼호무역'에서 홍콩 가발 판매의 10%를 수익으로 받기로 하고 대신 팔았다. 하지만 시간이 흐르면서 이구희와 신 박사 간 입장차가 생겼다. 직접 현장에서 가발을 팔던 이구희는 소매小賣의 한계를 느껴 도매都賣로도 팔자고 주장한 반면 신 박사는 사업 확장이 번잡할 뿐만 아니라 위험도 커진다고 반대했다. 두 사람은 1970년 7월 결별訣別했다. 이면에는 홍콩 가발보다 한국 가발을 팔고 싶었던 소박한 애국심도 작용했다고, 이구희는 털어놨다.

이구희는 신일 박사와 결별한 후 한국으로 들어왔다. 자신에게 가발을 공급해줄 회사를 찾기 위해서였다. 1970년대 초반 가발산업은 한국 수출품목 1호였다. 수출실적 10위 기업 안에 3-4곳이 가발공장이 차지할 정도였다. 대표적인 가발 업체로 서울통상과 다나무역, 한·독 등이 꼽혔다.

이구희는 서독 판매책임자로 인정해주면 책임을 지고 가발을 팔아주겠다고 한국 가발회사에 제의했다. 가발 회사들은 냉담했다.

인조 가발을 주로 생산·판매하는 동화통상만이 긍정적인 반응을 보였다. 그래서 그는 동화통상과 손을 잡기로 했다. 그 때가 1970년 10월. 한국에 들어간 지 3개월만이었다.

서독으로 돌아온 이구희는 판매대행사의 형식에 대해 고민했다. '동화통상 서독지사를 만드는 게 좋을까, 아니면 개인회사를 차리는 게 좋을까'. 그는 다소 돈이 들더라도 지분이 확실히 보장된다는 점에서 개인회사가 낫겠다고 판단했다. 도이체방크 모 지점장의 도움으로 이구희의 지분 90%, 아내 지분 5%, 지점장의 아내 5%로 구성된 개인회사를 뒤셀도르프 엘라스트라세에 세웠다. 이름은 'KCD&COCA'. 1971년 초의 일이다.

이구희는 동화통상에서 개당 1000원을 주고 가발을 수입했다. 세금과 운임 등 부대비용을 포함, 독일에 오면 10마르크 내외가 됐다. 그는 여기에 20배의 이윤을 붙여 200마르크씩 받고 서독 소매상에 팔았다. 이 정도 가격은 당시 서독 가발업계에 비해 싼 편인데다가 품질도 우수했기에 한국 가발의 인기가 입에서 입으로 전해지기 시작했다. 여기에 이전에 '삼호무역'에서 함부르크 미장원을 평정했던, 그만의 가발 판매 노하우였던 반품 수리 마케팅까지 더해지면서 독일에서 많은 가발을 팔게 됐다. 한 달에 800-1,200개 정도를 팔았다.

주문이 쏟아지자, 이구희는 뒤셀도르프 중앙역 앞 칼스트라세에서 300쿼드라(quadra)짜리 대형 가게를 차렸다. 가게 양쪽에 한국 가발을 길게 전시했다. 사람들이 꼬리에 꼬리를 물고 찾아왔다. 도·소매에서 호조를 보여 하루에 가발 2만 장, 20-30만 마르크를 벌기도 했다.

한국 가발을 독일에서 팔기 시작한 이구희의 선전으로 한국 가발은 3개월 만에 홍콩 가발을 제치고 서독 시장점유율 1위를 차지했다. 미장원이나 백화점마다 한국 가발을 찾는 이들로 북새통을 이뤘다. 공항에는 한국 가발이 쏟아져 들어왔다. 한때 서독에서 남성용 특수가발 판매량의 90%를 차지하기도 했다. 이후 한국 가발은 한 번도 독일에서 1위 자리를 뺏기지 않았다. 그것은 한국 가발의 신화였고, 그 중심엔 이구희가 있었다.

한편 김우중 전 대우그룹 회장도 당시 이탈리아에서 가발원사 베니스 지점을 개설, 역량을 발휘하고 있었다. 그와 김 전 회장은 대구초등학교 동기 동창이다.

남은 자 - 한국 가발의 신화를 쏴라3

독일에서 '한국 가발의 신화'를 쏘아올린 이구희는 1934년 일본 오사카에서 한의사인 아버지(1901-1964)와 가정주부인 어머니(1899-1950) 사이에 3남3녀 중 3남으로 태어났다. 부모가 일본에 정착한 것은 1928년쯤. 한의사인 아버지는, 당시 '1구2침3약론'(가장 빠른 것은 뜸이요, 두 번째는 침, 세 번째가 약이라는 한의학이론)이 보편적인 인식이었지만, 뜸과 침은 하지 않고 한약만 취급했다. 낙향한 고종 황제의 어의御醫인 죽천竹川 변석홍(邊錫弘·1846-1926년) 의원에게서 직접 가르침을 받았다고 한다. 어머니는 평범한 가정주부였다.

아버지는 뛰어난 의술을 가졌지만, 장사를 하려 하지 않았다. 특히 돈 관리를 못했다. 환자가 돈을 가져오면 받고, 그렇지 않으면 받지 않았다. 이 때문에 어머니와 자주 다투었다. 다만 2차 세계대전 중에도 농사짓는 사람들이 콩과 밭 등에서 생산한 농산물을 가져다 줘 배는 곯지 않았다.

이구희가 가족과 함께 귀국한 때는 해방 직후인 1945년 12월. 아버지 고향인 경북 고령과 가까운 대구에 정착했고, 1948년 덕산 초등학교(현재 대구초)에 입학했다. 한글도 몰랐던 그는 3개월 동안 시험을 준비, 1949년 대구중학교에 입학했다. 아버지는 '공부하라'는 말을 하지 않은 반면 어머니는 공부를 강하게 채근했다. 어머니는 1950년 6·25전쟁 중에 숨졌다.

이구희는 1952년 경북고에 입학했다. 고교 3학년 때에는 첫 수업과 마지막 수업을 자주 빠졌고 결석도 자주 했다. 친구와 함께 '공납금'을 이미 써버렸는데, 담임선생으로부터 이 시간에 공납금을 빨리 내라고 독촉받는 게 듣기 싫어 도망갔던 것이다. 친한 동기로는 『한국일보』 경제부장 출신으로 『한일경제신문』을 창간했던 신동욱 씨와 김영삼 대통령 시절 검찰총장을 역임한 박종철 씨가 있다.

1955년 경북대 철학哲學과에 입학한 이구희는 이듬해 철학을 더 깊이 공부하고 싶어 일본행을 시도했다. 하지만 일본에는 가지 못했고, 이 일 때문에 군에 입대했다.

"철학을 공부하고 싶었다. 등록금으로 뱃삯을 치르고 배를 탔다. 그런데 다음 날 눈을 떠보니, 배는 그대로 부산 영도 앞바다에 떠 있는 게 아닌가. 물결이 너무 거칠어 1주일 후에 출항한다는 것이었다. 돈을 돌려받았다. 무단결석을 해 집에도 갈 수 없어 군에 입대했다."

이구희는 3년 8개월간 강원도에서 복무했다. 주특기는 공병. 그는 군에서 많은 '추억'을 만든 뒤 1960년 일등병으로 제대했다. 무단 탈영이 잦았던 시절이라, 군 복무 중 짧지만 사진기자 생활도 했다.

1958년 어느 날. 모 지방신문에 다니는 속기사 친구가 이구희를 찾아왔다. 이구희는 그때 군에서 무단 탈영脫營한 상태였다. 친구는 신문사에 사진기자가 없다며 카메라가 있는 그에게 사진 기자직 응시를 제의했다. '군인' 이구희는 신문사 사장을 만났다. 곧바로 취업이 됐다. 사진을 찍었다. 신문사 기자라고 하며 술까지 얻어먹었다. 12월 10일 '인권의 날'에는 '사람 위에 사람 없고, 사람 밑에 사람 없다' 등의 플래카드가 걸린 형무소 정문 사진을 찍어 신문에 싣기도 했다. 대구 동천에서 열린 주한 미공군의 에어쇼를 보도한 뒤 그만뒀다.

"사장과 사진부장, 나 이렇게 셋이서 지프차를 타고 행사장에 들어갔다. 신났다. 에어쇼 장면을 여러 장 찍었다. 조종사 꽃다발 증정식도 있었다. 나는 포토라인 안까지 들어가 저돌적으로 셔터를 눌렀다. 포토라인을 넘지 못한 사진기자들이 화를 내고 쑥덕거렸다. '저기 누구고' '저 모르는 놈이…'. 사진을 다 찍고 나오니까 이 장면을 본 사장이 어깨를 툭 치며 '잘했어'라고 격려한 뒤 점심까지 사줬다. 문제는 그 다음에 벌어졌다. 암실에 들어가서 필름을 인화해보니 에어쇼 장면에 비행기가 없는 게 아닌가! 하얀 연기만 보일 뿐이었다. 사장도 얼굴이 창백해졌다. 결국 『영남일보』에 가서 사진을 얻어야 했다. '당신 말야, 코앞에서 난리 브루스치던 놈 아이가?'『영남일보』사진기자는 눈을 치켜세우며 화를 냈다. 머리 숙여 몇 차례나 사과한 뒤 '좋은 것 말고, 두 번째로 좋은 것으로 달라'고 사정했다. 이 일이 있은 뒤 기자직을 그만뒀다."

이구희는 군 제대 후 해운공사에서 치른 '마도로스(matroos·외항선 선원)' 선발 시험에 응시했다. 합격한 뒤 아버지에게 배를 타고 바다로 나가게 됐다고 말했다. 아버지는 처음엔 승낙하다가 나중엔 반대했다.

"구희야, 이리 와봐라. 배타고 나가면 얼마나 있게 되느냐?"

"일본은 1, 2주 정도 걸리고, 멀리 가면 3, 4개월 정도 걸리기도 한답니다."

"그렇게 오래 걸리느냐. 다시 생각해봐라. 내가 돈 벌어줄 테니 가지 마라."

이구희는 아버지의 설득에 선원이 되는 꿈을 접고 공무원 시험을 준비했다. 1962년 공무원 시험에 합격했다. 34대1의 경쟁률이었다. 발령이 늦어졌다. 그 사이 대구의 강창과 멍덕리, 안강 등지에서 낚시를 하며 소일했다.

이구희는 공무원시험에 합격했지만 단 하루도 정식 근무하지 못했다. 아버지가 인플루엔자 후유증으로 숨진 1964년 경북 상주군청에 근무하라는 발령을 받았다. 3월 어느 토요일 오후. 여관을 잡아놓은 뒤 상주군청에 신고하러 갔다. 군수는 공무원 연수를 받을 때의 교장이었다. "고맙다"며 반갑게 그를 맞았다. 하지만 인사

계장과 틀어졌다. 그는 말싸움 끝에 주먹을 휘둘렀다. 사람들이 몰려왔고, 이구희는 그대로 도망쳤다.

일요일 아침. 이구희는 다음날 출근을 생각하니 전날 싸운 것 때문에 갑갑했다. 결국 상주군청 근무를 포기하고 아침을 먹고 대구행 버스를 탔다. 버스 속에서 우연히 신문 광고가 눈에 들어왔다. '파독 광부 모집'. 그에게 한 줄기 새 희망이 솟아나는 느낌이었다.

이구희는 경상북도 노동위원장의 도움으로 문경탄광에서 '광부 경력'을 만든 뒤 파독 광부 시험에 합격, 1964년 10월 6일 독일행 비행기에 올랐다. 그는 독일에서 '한국 가발의 신화'를 만든 뒤 석재石材산업에 뛰어들었다가 실패, 2015년 현재 독일 뒤셀도르프에서 가발가게를 운영하며 조용히 지내고 있다.

．
．
．
．
．
．
．

떠나는 자 – 바다를 가르거나 하늘을 나르라!

안개 걷히고,
하늘 맑아지며
오일루스는
불안한 굴레를 풀어주네.
바람은 살랑거리고
선장은 움직인다!
속력! 속력!
파도가 갈라지며
먼 곳이 가까워지니
벌써 그 땅이 보이네!

– 괴테, 「행복한 항진」에서

1966년 9월 어느 날. 서독 항구도시 함부르크에 위치한 유명한 선박회사 '하팍로이드(Hapag-Lloyd)' 사무실에 20대 한국인이 고개를 내밀었다. 그는 배를 태워달라고 사정했다. 미국을 가기 위해 카스트롭라욱셀 광산을 무단 이탈無斷離脫한 1차2진 파독 광부 최병진(1938년생)이었다. 통역에게는 파리에 간다며 여권을 받아낸 뒤 함부르크 총영사관에서 그럴 듯한 이유로 하소연해 아이슬란드와 중남미 등으로 경유지 변경을 받아낸 뒤다.

하팍로이드 측은 최병진에게 그냥 기다리라고 했다. 그는 기다리는 동안 돈이 넉넉하지 못해 싸구려 여관을 전전했다. 겔젠키르헨 광산에서 온 1차2진 동료 최명학을 만나 잠시 배고픔을 달래기도 했다. 최명학도 미국으로 가기 위한 '무단 이탈자'였다. 선원이 되려던 파독 광부의 고단한 모습이다.

"낯설고 외진 북부 독일의 항구도시 함부르크. 아는 동료도 없었을 뿐 아니라 가뜩이나 분위기가 살벌한 항구도시다. 그는 긴장을 풀지 못한 채 답답한 가슴이 됐다. 항구 부근의 주차장에서 차를 세우고 차안에서 새우잠으로 밤을 보낸 후 부둣가에 흩어져 있는 여러 선박회사의 게시판에 적힌 외항선원 모집광고를 수첩에 적어뒀다가 외항선이 도착하면 달려가서 서류접수를 시도하곤 했다. 하지만 체류연장 허가서의 동봉을 이유로 어느 한곳에서도 받아주지 않았다. 하루 종일 외항선원 인력관리소를 돌아다니다가 빈 주차장으로 돌아오면 배도 고프고 심신도 피곤해 춥고 기나긴 밤 동안 한 번도 깨지 않고 새벽까지 잠들곤 했다. 출항했던 선박이

다시 돌아와 선원을 모집하면 달려가기를 계속하던 어느 날. 인사 담당자가 몇 번이고 외항선을 타기 위해 달려오는 홍수 형님의 노력에 감동해 서류심사를 면제하고 외항선을 타게 배려해줬다."(장재인, 2002, 194-195쪽)

얼마 후 하팍로이드사의 1만 2,000t짜리 대형 화물선이 들어왔다. 최병진은 화물선으로 달려가 배를 태워달라고 부탁했다. 하팍로이드사는 독일어를 하면 배에 태워주겠다고 했다. 그는 인사 정도는 할 수 있다며 태워달라고 거듭 사정했다. 하팍로이드사는 그에게 선원수첩을 만들어줬다. 체류허가도 연장시켜주겠다고 했다. 마침내 선원船員이 된 것이다. 광산을 떠난 지 2개월만이다.

미국 이민이 꿈이었던 파독 광부 최병진에게 '선원'이 된다는 것은 애초 한국에서는 생각하지 못한 일이었다. 부산에서 태어난 그가 파독 광부를 지원한 것도 모두 미국 이민을 위해서였다. 그런 그가 미국에 가기 위해 계약기간 3년을 다 채우지도 않고 광산을 무단이탈한 뒤 함부르크로 와서 선원이 된 것이다.

최병진의 경우처럼, 1966년부터 미국을 비롯한 제3국 이민을 위해 계약기간 만료 이전에 광산을 떠나는 파독 광부들이 늘고 있었다. 1965년 2개 광산에서 14명에 그쳤지만 1966년 3월까지 4개 광산 47명으로 증가세를 보였다(정해본, 1988, 102-104쪽 참고).

계약기간 내의 파독 광부 이탈이 급증한 이유는 제3국 이민을 희망하는 사람 가운데 상당수가 체류허가 기간(3년) 안에 이민하려 했기 때문이다. 아무래도 체류 허가가 끝나기 이전에 이민을 시도해야 성공 가능성이 높고 여유가 있어서다. 힘든 지하 채탄작업을 빨리 그만두고, 자신의 길을 가는 게 낫다고 판단한 것이다.

제3국행을 겨냥하고 계약 만료 전에 독일 광산을 떠나는 이들은 더욱 늘어 1967년 10월말에는 265명으로 급증세를 보였다(『동아일보』, 1967.11.16, 1면 참고). 이들은 브라질이나 아르헨티나, 프랑스, 노르웨이 등 남미나 유럽의 제3국으로 향했고, 심지어 6명은 소재조차 제대로 파악되지 못했다. 서독연방공화국 광산협회는 이에 사실상 '제1차 파독 광부 협정'이 제대로 이행되지 못하고 있다고 한국 정부에 강력히 항의했다(『동아일보』, 1967.11.16., 1면 참고).

파독 광부들이 3년 고용기간을 모두 끝마친 뒤에도 가장 많이 선택하는 진로도 제3국행이었다. 백상우의 지적은 당시 제3국행이 얼마나 광범위했는지 잘 설명해준다.

"극소수가 귀국하고(내 지역에서는 125명이 파독해 3년 후 공식 귀국자가 16명인 것으로 기억하고 있다), 나머지는 미국이나 캐나다에 취업이나 이민을 간다. 또는 스페인, 프랑스, 브라질, 칠레, 스웨덴 같은 나라에 살 곳을 찾아가게 된다."(백상우, 1997b, 218쪽)

본의 주독 한국대사관, 뒤셀도르프 주독 한국총영사관 등은 제3국 이민을 위해 몰려오는 한국인 광산 노동자들로 곤욕을 치렀다. 쏟아지는 비자(Visa) 업무 때문이다. 1차1진 파독 광부 조립의 얘기다.

"뒤셀도르프 주독 한국총영사관에선 파독 광부의 미국 비자 신청이 폭주하는 바람에 골치를 앓고 있었다. 나는 광부를 대신해 비자를 받아주곤 했다. 어느 날, 총영사관 측에서 '당신은 가지 않고 왜 자꾸 사람들을 데려와 비자달라고 그러느냐, 당신부터 가라'고 하소연을 할 정도였다. 미국행 비자발급 때문에 골치가 아팠다."

파독 광부들은 왜 하필 선원이 되려 했을까. 미국에 가기 위해선 미국 비자가 필요했지만, 파독 광부들이 미국 비자를 받기는 쉽지 않았다. 그래서 미국 비자를 쉽게 내주는 곳으로 가야 했다. 당시 미국 비자를 쉽게 내준다고 알려진 곳은 아이슬란드나 중남미 국가. 그들은 그곳에 가서 '경유지 변경經由地變更'을 받아내는 방식으로 미국 비자를 받았다. 그러기 위해선 먼저 선원이 돼야 했던 것이다.

최병진이 탔던 화물선은 1만 2,000t급 대형 화물선이었다. 배 앞에는 선장과 항해사가 탔고, 뒤에는 마도로스, 기관사 등이 탔다. 총인원은 48명 수준. 배는 함부르크에서 엘베(Elbe)강을 타고 상류인 벨기에의 안트베르펜(Antwerpen)으로 갔다. 달리는 속도는 대략 6노트(Knot). 얼마 뒤 대서양으로 나아갔다. 망망대해가 펼쳐졌다. 찌는 듯한 더위. 말 그대로 철판 위에서 달걀이 익을 정도였다.

중남미 첫 경유지인 니카라과까지 가는 데 걸리는 시간은 40여 일. 니카라과, 온두라스, 코스타리카, 콜롬비아, 아르헨티나, 칠레, 페루, 파나마 운하를 경유해 다시 돌아오는 데 3개월 반이 걸렸다. 짐을 현지에 내려주고 대신 커피 원두를 실었다.

최병진은 배 안에서 밥을 나르는 일을 했다. 시간이 나는 대로 독일어를 공부했다. 독일어 학습서인 『독일어 삼위일체』를 3개월 만에 다 외울 정도였다. 마침 교사를 하던 사람도 타고 있어 그에게서 독일어를 배우기도 했다.

배 위에서 '막스'로 불린 최병진은 항해 40여 일 만에 '주먹왕'으로 등극했다. 강하지 못하면 천덕꾸러기가 되겠다는 위기의식이 그를 '주먹왕'으로 만든 것이다. 그는 매일 손에 수건을 두르고 화물선 한 켠에 만든 나무기둥을 100대씩 때렸다. 파워를 키우기 위해서였다. 억센 뱃사람들의 세계였기에 힘이 필요했다.

한 독일인 선원이 나무기둥을 때리고 있는 최병진의 모습을 보고 "무엇하고 있느냐"고 물었다. 그는 서투른 독일어로 "코리안 가라테를 연습하고 있다"고 말했다. 독일인 선원은 그처럼 나무를 한 번 쳐봤다. 하지만 독일인은 전혀 준비 없이 쳤기에 아파서 고통스런 표정을 지었다. 특히 독일 선원들과 한 차례 다툼 후엔 아무도 '막스'를 무시하지 못했다고 한다.

'막스' 최병진은 배가 멈추면 미국 대사관으로 달려가곤 했다. 비자를 발급받기 위해서다. 하지만 쉽게 경유지 변경을 해주지 않았다. 1년 반을 훌쩍 넘긴 1968년 어느 날. 그는 에콰도르의 미국대사관에서 미국 시카고를 경유하는 비자를 받을 수 있었다. 기간은 단 3일이었다. 곧바로 함부르크로 돌아왔다.

잠깐 이구희와 가발장사를 했던 최병진이 미국 시카고행 비행기를 탄 것은 1968년 11월. 미국에 가고자 광산에서 뛰쳐나온 지 2년이 지난 때다. 아울러 미국행을 꿈꾸고 한국을 떠난 지는 4년이 흐른 뒤다. 그가 미국 시카고(Chicago)에 도착했을 때 그곳에는 이미 파독 광부 50-60명이 먼저 와 있었다. 대다수가 그처럼 배를 타고 경유지를 변경, 이곳에 왔을 것으로 추정됐다.

최병진은 '거리 수용소'의 소개를 받아 여행자들이 주로 묵는 1달러짜리 방을 구했다. 침대 하나가 딸린 조그만 방이었다. 샌드위치는 60센트, 커피는 공짜. 돈이 넉넉지 않았기에 커피를 잔뜩 먹는 방식으로 배를 채웠다.

오전 5시. 최병진은 신문 한 부와 지도를 산 뒤 무작정 직장을 구하러 나섰다. 회사처럼 보이는 곳에는 닥치는 대로 들어갔다. 하지만 그를 고용하겠다는 곳은 없었다. 오후 10시까지 직장을 구하지 못했다. 계속 길을 걸었다. 걷다보니 시카고 시내를 벗어나 버렸다.

그런데 멀리서 불빛이 뿜어져 나오는 게 보였다. 공장의 불빛 같았다. 최병진은 불빛을 향해 걷고 또 걸었다. 다리는 이미 풀릴 대로 풀려 있었다. 하지만 그는 멈출 수 없었다. 직장을 구해야 했다. 얼마를 갔을까. 자동차 한 대가 그의 앞에서 멈췄다. 미국인이 타고 있었다.

"어디까지 가십니까? 태워주고 싶은데요."

"예, 저기 공장처럼 보이는 곳에 가려고 합니다. 일자리를 구하러 가는 길인데요."

"(놀라는 표정을 지으며) 아니, 도대체 여기에서 저기까지 얼마나 먼 줄 아십니까. 어서 차에 타십시오."

미국인은 바로 그 회사의 직원이었다. 그는 최병진을 공장까지 태워줬다. 회사는 전국적으로 화물을 운송하는 곳이었다. 최병진이 회사에 들어가자 회사에서는 간단한 인터뷰를 했다. 회사 측은 "송장送狀을 볼 줄 아느냐"고 물었다. 그는 군 병참기지에서 일했기에 "송장을 볼 줄 안다"고 대답했다. 회사 측은 만족한 표정이었다. 이것으로 그의 채용이 결정됐다. 그때가 밤 12시.

최병진은 화물 번호에 따라 화물을 차에 싣는 일을 했다. 그는 직업을 가짐으로써 미국 정착의 기반을 다졌다. 이후 오전에는 주물공장, 오후에는 식당 등에서 아르바이트를 하면서 많은 돈을 모았다. 숙소도 7달러짜리로 옮겼다. 파독 광부 출신 '막스' 최병진은 독일에서 배운 근면정신과 절약정신을 바탕으로 미국 시카고에서 '아메리칸 드림'을 꿈꾸기 시작했다. 하지만 그는 1년 뒤인 1970년 12월 독일로 돌아왔다. 현재 독일 노르트라인베스트팔렌 주의 뮌첸글라드바하(Monchengladbach)에서 김밥 집을 운영 중이다. 귀국 직후 만난 아내(1950년생)와 1남2녀의 자녀가 있다.

떠나는 자 – 바다를 가르거나 하늘을 나르라2

　1968년 7월 말. 한국인 두 사람이 캐나다 토론토(Toronto)의 이민자를 위한 기관인 '맨파워(Manpower)' 사무실에 상기된 표정으로 들어섰다. 캐나다에서 직업을 갖기 위해서였다. 그 가운데 파독 광부 출신 김영호(1940년생)도 포함돼 있었다.

　파독 광부들이 3년의 계약근무를 마친 후 선택한 제3국 행선지는 캐나다와 미국, 네덜란드, 프랑스, 스위스, 스웨덴 등 다양했다. 여러 나라 가운데 미국과 캐나다가 다소 많았다는 게 파독 광부들의 공통된 증언이다.

　캐나다는 이민 절차가 까다로웠던 미국과 달리 비교적 쉬웠다. 가족과 친지, 후원자 등의 초청 이민이 가능했기 때문이다. 그래서 많은 파독 광부들이 자연스럽게 캐나다로 향했던 것이다.

　맨파워 측은 김영호가 한국과 독일에서 전기 관련 일을 해왔다는 것을 알고 전기면허 시험을 보라고 권했다. 그는 10월 주정부 전기면허를 땄다. 3년 후엔 캐나다 전체 전기면허를 따내 '한국인 첫 캐나다 전기면허 소지자'가 됐다. 그는 케이블TV를 가설하는 회사에서 7년간 일한 뒤 1975년 전기회사를 세웠다. 이후 사업이 번창하면서 '캐나다 드림'을 이뤘다고 한다(송광호, 1991, 286-292쪽 참고).

1940년 충북 괴산에서 태어난 김영호는 파독 광부 1차5진 출신. 1962년부터 경북 문경시멘트에서 전기사원으로 근무한 그는 1965년 6월 25일 전기공電氣工으로 파독했다. 다른 전기공 3명과 함께 광산에 배치됐다.

김영호가 처음부터 독일 현지에서 전기공으로 인정받은 것은 아니었다. 독일 광산회사 측은 채탄부와 전기공 두 부문의 보조를 시켰다. 전기공으로 인정받기 위해 끊임없이 싸운 1년 후에야 전기공으로 인정받았다. 한 달간의 전기기술 테스트와 함께 한국에서 관련 증명서를 제출한 뒤다. 그는 전기공으로서 오전반에 배치됐고, 이후 안정된 생활을 했다.

김영호가 캐나다로 이민을 가게 된 것은 이미 캐나다로 이민을 간 친구의 권유 때문이었다. 친구는 캐나다로 이민을 희망한다면, 후원자가 돼주겠다고 했다. 고민 끝에 그는 쾰른에 있는 주독 캐나다대사관으로 갔다. 친구를 후원자로 한 이민 신청서를 냈다(송광호, 1991, 286-292쪽 참고).

파독 광부 1차3진 출신 엄 모 씨도 캐나다에 정착한 경우이다. 1939년 강원도 삼척에서 태어난 엄 씨는 1964년 11월부터 뒤스부르크 광산에서 채탄부로 2년 반 일한 뒤 계약 종료 전인 1967년 이민을 신청했다. 그는 1989년 이래 2006년 현재까지 캐나다에서 남북한을 오가며 무역사업을 하고 있다(송광호, 1991, 128-133쪽 참고).

물론 파독 광부가 가장 많이 선택한 제3국은 미국이었다. 1972년 독일 겔젠키르헨에서 미국 뉴욕으로 이주해간 파독 광부 모임에 20여 명이나 나왔다는 얘기와 200여 명이 독일 출신 모임을 만들었다는 얘기는 이를 잘 보여준다. 장재인의 설명이다.

"얼마 후 돌아온 창식 선배는 기셀라에게 예약해 놓은 호텔에 여장을 풀게 한 후 독일 겔센에서 뉴욕으로 이주한 한인 모임에 기셀라를 데리고 참석했다. 그곳에는 한인 20여 명이 모였다. 그녀에게도 대부분 일면식이 있는 얼굴이었다. 창식의 소개로 인사를 한 이들은 식품점과 정비공장, 택시사업, 건축업, 음식점, 여행사 등을 하며 생활이 안정된 사람들이었다. 200명 정도의 독일 출신이 모임을 만들어 자주 만난다는 이야기를 들으며 그녀는 한국인의 단결된 힘에 놀랐고 마치 겔센에 있는 모든 한국인이 뉴욕으로 옮겨온 듯한 느낌을 받았다고 한다."(장재인, 2002, 107-108쪽)

프랑스와 네덜란드, 스위스 등 유럽으로 이민하는 경우도 적지 않았다. 현재 프랑스 동포 사회는 주로 이주한 파독 광부와 간호사, 유학을 와서 잔류한 사람들로 이뤄졌다. 네덜란드의 경우 1995년 현재 한인이 785명 수준으로 순수 교민(370명) 상사공관원(330명) 유학생 가족(90명) 등으로 구성됐다. 교민은 무역회사 지사 등에서 근무하던 사람이 주저앉거나 파독 광부가 이주한 경우가 많았다(이광규, 2000, 213-214쪽 참고).

　북유럽의 스웨덴에도 상당수의 파독 광부와 간호사가 정착했다. 스위스에도 많은 파독 광부와 간호사들이 정착했다. 1970년대 후반 스위스에 정착한 파독 광부와 간호사가 100명에 달한다는 주장도 있다.

　파독 광부 출신이 캐나다와 미국 등 제3국에서 성공적으로 정착할 수 있었던 배경에는 독일의 지하 1,000m에서 배운 '독일 정신獨逸精神'이 바탕이 됐다. 먹고 살기 위해서는 무슨 일이라도 할 수 있다는 생각과 자세가 이미 갖춰져 있었다는 것이다. 1차1진 조립의 설명이다.

"미국이나 캐나다로 간 많은 파독 광부들은 대부분 성공했다. 지금 미국에서 잘 살고 있는 동포 가운데 상당수가 파독 광부 출신이다. 성공의 밑천은 독일에서 광부로 일했다는 사실이다. 한국에서는 배에서 꼬르륵 소리가 나도 체면 때문에 아무 일이나 하지 못한다. 하지만 독일에 살면서 그것이 아니라는 걸 체험으로 배웠다. 그것이 미국이나 캐나다에서 성공할 수 있는 제일 큰 자본이 됐을 것이다."

'독일 정신'을 품고 돌아온 자1
- 한국 영화에 기여하라

"이역만리 독일의 지하 1,000m에서 섭씨 38도를 오르내리는 찜통더위 아래 60kg짜리 쇠동발을 붙잡고 눈물을 흘리며 깨달은 게 있다. '기적'이란 없으며, 모든 것은 오직 근면과 땀에서 비롯된다는 점이다. 우리는 그것을 절감했다."

영화 촬영장비 대여 및 촬영 서비스를 제공하는 회사 '신영필름'을 세워 한국영화 발전에 적지 않은 기여를 한 파독 광부 출신 고 김태우 사장(1941-2013)의 생전 증언이다. 즉 3년간의 독일 광부 생활을 통해 '오직 근면과 노력으로 세상은 이뤄진다'는 '독일 정신'을 깨닫고 귀국했기에 자신의 삶을 온전히 일굴 수 있었다는 고백이었다.

"잘 지내고 있었느냐. 나는 며칠 있으면 독일에 간다."

찬바람이 불던 1963년 12월 어느 날. 1941년 전북 정읍에서 태어난 김태우는 경기 파주시 30사단 예비군 훈련장에서 만난 고려대 공대 친구로부터 이런 얘기를 듣고 깜짝 놀랐다. 이 친구는 얼마 후 파독 광부 1차1진으로 독일로 떠났다. 고려대 경제학과 60학번이던 그도 이때부터 무심코 지나쳤던 파독 광부를 암울한 현실의 탈출구로 생각하기 시작했다.

1964년 대학교 3학년 1학기를 마칠 즈음 파독 광부 모집공고가 났다. 김태우도 지원하고 싶었다. 문제는 광부로 근무한 경험이 있어야 했다. 그래서 아버지 친구의 소개로 강원도 삼척의 한 석탄회사에 입사해 돈을 쥐어가며 '광부 수업'을 받았다. 당시 파독 광부 선발 경쟁률은 대략 30대 1정도로, 웬만한 대학의 입시 경쟁률보다 셌다. 그는 "시험에서 떨어지면 인생이 끝나는 줄 알았다"고 회고했다.

1964년 12월 23일. 김태우는 파독 광부 1차2진으로 독일로 떠났다. 그해 10월 파독 광부로 선발되고 서울 우이동의 크리스천아카데미(Christian Academy)와 장성탄광에서 2주씩 교육을 받은 뒤다. 대학 3학년이던 당시 그의 나이는 24세. 20여 시간의 긴 비행 끝에 독일의 쾰른-본공항에 도착한 그는 노르트라인베스트팔렌 주 뒤스부르크의 함본광산 제5샤크트에 배속돼 3년간 청춘을 불살랐다.

김태우는 독일 현지 교육을 마친 후 채탄부로 일하기 시작했다. 호벨이 톱니처럼 돌아가며 석탄을 긁어내는 사이 그는 빈 공간에 60kg짜리 쇠봉발을 세우는 작업을 수없이 반복했다. 언어 소통도, 일도 어려웠다고 그는 회고했다.

"독일 막장은 수직갱으로 지하 1,000m까지 파고 들어갔다. 온도는 최소 30도에서 최고 38도까지 이른다. 물 2, 3통을 마시고 장화 속에 땀이 질퍽해져 양말을 7, 8차례 짜야 하루가 끝났다."

김태우는 독일 탄광회사의 시청각교육 도중 봤던 다큐멘터리에 감동해 영화 촬영 기술자가 되겠다고 다짐한다. 「철鐵은 살아있다」 라는 다큐멘터리 영화로, 석탄을 연료로 때서 철을 녹이고 이를 가 지고 철골 건물을 짓는 내용이었다고 한다. 그는 순식간에 영화에 빠져들었고 "이거다" 하는 생각이 들었다(이한수, 2013.1.16, A8면 참고).

김태우는 광부 생활이 끝나갈 즈음 뮌헨에 소재한 카메라회사 아놀드 니키타의 영화촬영용 35mm카메라 '아리플렉스(Arriflex)' 한 대를 구입했다. 이 카메라는 당시 우리나라에서 불가능했던 '역촬 逆撮'이 가능한 제품이었다. 즉 높은 곳에서 뛰어내리는 장면을 찍 어 거꾸로 돌리면 아래에서 위로 올라가는 것처럼 보이게 하는 첨 단 기능을 탑재하고 있었다(이한수, 2013.1.16, A8면 참고).

"(3년간의) 광부 생활이 거의 끝날 무렵, 아내(남민자·작고)가 '독일 촬 영기기가 매우 뛰어나니 국내로 가져오면 좋을 것 같다'고 말하더 라. 촬영 기사인 아내의 형부가 그런 얘기를 해준 모양이었다."

김태우는 독일에서 3년간 저축한 돈 2만 마르크에 한국 집에서 보낸 돈까지 더해 카메라를 샀다. 금액은 당시 우리나라에서 여러 채의 집을 살 수 정도의 액수였다. 그는 카메라 회사 측의 배려로 6개월 과정의 영화 촬영기술 교육을 무료로 받을 수 있었다. 그는 광부 생활이 끝난 이후 6개월간 카메라회사 기숙사에서 먹고 자며 촬영기술을 배웠다.

1968년 4월 5일. 김태우는 최첨단 카메라에 촬영기술까지 익히고 귀국했다. 그는 이후 장일호 감독이 제작하는「황혼의 브루스」촬영을 맡으며 충무로 영화계에 뛰어들었다. 그의 최신 카메라도 국내 영화인들 사이에 입소문이 퍼지면서 영화촬영 현장에서 사용되기 시작했다. 1969년에는 회사 '신영필름'을 세웠다.

김태우는 1973년 산림청의 산림녹화 정책을 홍보하는「산을 푸르게」라는 20분짜리 다큐멘터리 영화를 시작으로 수십 편의 정책홍보 영화를 찍었다. 첫 정책홍보 영화인「산을 푸르게」에는 서울 우이동의 숲 속에서 송충이가 솔잎을 차례차례 갉아먹는 장면이 포함됐다. 산림청 사람들은 당시 이 화면을 보고 "당신 정말 최고다"라는 찬사를 쏟아냈다.

특히 1993년 대전엑스포를 겨냥해 제작한 홍보영화는 잊을 수 없다고 김태우는 회고했다. 그는 '열사熱砂의 땅' 리비아와 극한의 남극까지 가 국내에서 처음으로 70mm 영화를 찍었다. 이렇게 해서 만들어진 게 20분짜리 다큐멘터리 영화「달리는 한국인」이었다. 당시 암을 앓았던 그의 아내는 "당신의 영화가 완성되기 전에는 죽을 수 없다"고 격려하기도 했다.

김태우와 신영필름은 이후 영화 관련 매체가 늘자 1997년 산불예방 홍보영화를 끝으로 정책홍보영화 촬영을 그만두고 1998년부터「쉬리」(1999년 상영)를 시작으로 상업영화의 촬영기기 대여와 촬영 서비스로 전환했다. 이후「공동경비구역JSA」(2000)와「공공의 적」

(2002년), 「말죽거리 잔혹사」(2004년), 「왕의 남자」(2005), 「우리 생애 최고의 순간」(2007), 「최종병기 활」(2011), 「광해, 왕이 된 남자」(2012) 등의 영화 제작에 참여하면서 한국 영화 발전에 기여해왔다.

김태우는 2006년 9월 고려대에 재입학해 2008년 68세의 나이에 대학을 졸업하는 '학구열'을 보여주기도 했다. 1960년 입학한 지 무려 48년만이었다. 그는 '밀린 마지막 숙제'를 다한 느낌이었다고 증언했다.

"대학 재학(3학년) 도중 파독 광부로 떠나면서 공부를 그만둬야 했다. 이후에는 사업에 바빠 시간이 없었고, 다시 시작할 용기도 없었다. 하지만 2006년 '이때가 아니면 못하겠다'는 생각이 들었다. 다행히 입학 후 일정한 시간이 지나면 재입학이 안 되는 규정도 사라져 재입학할 수 있었다."

김태우는 '한국파독광부총연합회'와 '파독 광부·간호사·간호조무사연합회' 등을 주도적으로 결성하고 『파독 광부 백서』(2009)를 발간하는 등 파독 광부와 간호사들의 네트워크 형성과 그들의 삶을 기리는 일에 힘을 쏟았다.

특히 작고하기 직전 정부 지원 등을 받아 서울 양재동의 건물을 매입해 지하 1층, 지상 4층 규모의 '파독 근로자 기념관'을 준비했다. 전시관 안에 파독 광부와 간호사의 기념 전시실과 교육장은 물론 고국을 방문한 파독 광부 등이 묵을 수 있는 숙소도 갖추도록 했다. 기념관은 2013년 5월 21일 개관했다.

하지만 김태우는 2012년 12월 뇌출혈로 고려대 안암병원에서 수술을 받은 뒤 치료를 받다가 '파독 근로자 기념관'의 개관을 보지 못하고 2013년 4월 1일 작고했다. 사인은 '폐섬유화증' 악화였다.

．
．
．
．
．
．
．

'독일 정신'을 품고 돌아온 자2

"1963년 우리나라에서 최초로 서독에 파견됐던 광부 236명 중 제1진 115명이 12월 21일 오후 5시 10분 에어프랑스 편으로 돌아왔다. 해외파견 근무 3년 동안 숱한 화제를 낳았던 '인력수출 1호'의 귀국 모습은 퍽 건강하고 밝아보였다."(이용승, 1966.12.22., 4면)

1963년 12월 독일로 떠났던 파독 광부 1차1진 115명이 3년 후인 1966년 12월 한국으로 돌아오던 모습을 전한 신문 기사이다. 계약 기간 3년이 끝나자, 독일에 정착하거나 제3국 이민을 가지 않은 파독 광부들은 이렇게 조국으로 돌아왔다.

파독 광부의 귀국은 단순히 광산 노동자들이 몸만 돌아온 것이 아니었다. 그들은 라인강의 기적을 일으킨 독일인의 근면과 절약 정신을 배우고 돌아왔다. 이는 파독 광부의 증언에서도 잘 드러난다.

"서울 미아동 이종관 씨는 '한국 광부들은 퍽 성실하고 근면하다는 평이지요. 우리들이 처음 가서 느낀 것은 요령이 통하지 않는다는 것, 아무리 견디기 어려운 곳에서도 성실과 인내로써 일하면 인정을 받는다는 것을 배운 점이죠'라고 말했다."(이용승, 1966.12.22, 4면)

일부는 계약 이후 독일에서 공부, 박사학위를 받고 국내 강단으로 돌아와 후학을 양성하기도 했다. 독일 본대에서 경제학박사 학위를 받은 뒤 동국대 교수를 역임한 조희영 박사를 비롯, 권이종 한국교원대학 교수, 석종현 단국대 교수 등이 대표적이다.

다만 조국으로 돌아온 파독 광부는 출발 당시의 절반에도 미치지 못하는 규모였다. 파독 광부들이 이처럼 소수少數만 귀국하는 것은 "직업상의 기술습득과 지식 향상을 위한다"('제1차 파독 광부 협정' 제1장)는 광부 파독의 당초 목표가 크게 훼손된 것으로 해석할 수 있다. 물론 광부 파독의 목적 달성을 단순히 귀국자 규모로 평가한다는 지적이 있을 수 있지만, 기술습득이란 기본적으로 사람과 시스템으로 축적된다는 점에서 이 같은 평가는 크게 틀리지 않다는 분석이다.

한편 파독 간호사들이 3년간의 근무를 마친 뒤 선택하는 진로도 광부들과 엇비슷했다. 일부는 미국과 캐나다 등으로 이민을 갔다. 일부는 독일에 남았고, 또 다른 일부는 귀국했다. 특히 독일에 남은 간호사들은 대부분 소속 병원과 재계약했고, 일부는 다른 직업으로 전업하기도 했다.

"3년 근무를 마친 간호사 중 많은 사람들이 미국이나 캐나다로 이민을 갔다. 한 병원에 같이 근무하던 동문 선배가 함께 캐나다로 가자고 했을 때, 나는 망설였다. 유난히 어렵게 시작했던 독일생활이었다. 다시 다른 나라에 가 말을 배우고 (그곳) 사람들과 기후, 생활에 적응해야 한다고 생각하니 용기가 나지 않았다. 계속 독일에 머물기로 결정을 했다."(김순임, 2003.4.21, 12면)

파독 광부와 마찬가지로 계약기간 전에 미국으로 가는 간호사도 적지 않았다. 계약기간 전에 미국과 캐나다 등으로 가버린 간호사 수가 120명을 넘어 '사회문제'가 돼 언론에서 크게 보도되기도 했다(이수길, 1997, 177쪽 참고).

파독 간호사의 이탈離脫이 급증한 배경에는 간호사 자신의 판단도 크게 작용했지만 미국의 외국인 간호사 정책변화와도 밀접하게 연관돼 있었다. 즉 파독 간호사에 대한 호의적인 평가가 잇따르면서 미국도 이전과 달리 한국 간호사를 받아들이기로 한 것이다.

"1966년부터 한국 간호사들이 서독에 취업하고 실력을 인정받아 큰 인기를 얻고 있다는 사실이 매스컴을 통해 미국에 알려지자 뉴욕을 비롯한 일부 주에서 지금까지의 한국 간호사 기피忌避 정책을 바꿔 독일에서 근무하고 있는 간호사는 받아들이기로 했다. 이러한 미국 사정을 탐지한 한국의 기술직업소개소 책임자들이 1966년 말부터 프랑크푸르트에 주재하면서 연줄을 통해 미국 취업을 권고하고 동시에 미국 병원 취업을 주선하기 시작했다. 일부 한국 간호사들은 그렇지 않아도 기회만 있으면 미국에 가 일하고 싶던 차라 이런 때를 놓치지 않고 동료들도 모르게 직업소개업자와 약속 장소에서 만나 상담을 성사시켰다."(이수길, 1997, 175쪽)

물론 파독 간호사의 미국 생활이 100% 만족스러운 것은 아니었다. 근본적으로 독일과 달리 미국의 사회복지 체계가 상대적으로 미흡했기 때문이라는 분석이다. 이수길의 지적이다.

"미국에 간 간호사의 통계는 알 수가 없지만 대부분이 차별대우를 심하게 하는 미국 병원생활을 청산하고 배우자와 같이 자유사업을 하는 경우가 많았다. 사회보장이 완전히 확보되고 노동법규가 엄한 독일과 달리 미국에서는 외국 간호사가 미국 간호사보다 훨씬 적은 월급을 받고 일했다. 휴가도 독일의 6주와 비교가 되지 않는 2주 정도이다. 병이 났을 경우에는 모든 것을 자비 부담해야 한다. 1960년대에는 달러 환율과 마르크의 차가 많아 미국에서 받은 월급이 서독보다 많았지만 사회보장 혜택을 빼면 비슷했다."(이수길, 1997, 177쪽)

1967년. 서독 석탄사업의 쇠퇴와 전반적인 경기 침체의 영향, 동백림 사건의 여파, 한국 광부와 한국 정부에 대한 불신 등이 종합적으로 작용하면서 광부 파독과 간호사 파독은 모두 중단됐다. 독일의 경기불황과 광산산업 자체가 쇠락의 길을 걷고 있는 게 근본적인 원인이었지만, 동백림 사건으로 인한 들끓는 여론도 한국인 광부 파독 중단에 무시하지 못할 영향을 미친 것으로 분석된다. 정해본의 지적이다.

"광부 파독의 물결이 끊어진 이유로 독일에서는 광산 사양화와 불경기, 마르크화의 절상, 국내 정치 문제 등을 들고 있었지만, 여기에는 1967년 동베를린 사건의 광부연계설도 크게 작용했다. 다른 한편으로 한국 정부와 한국 광부에 대한 불신이 광부고용에 영향을 미쳤던 것이다."(정해본, 1988, 155쪽)

특히 1968년부터 중지된 간호사 파독의 경우 한국과 독일 양국 사회에서 여론이 좋지 않게 돌아간 것도 배경으로 작용했다. 즉 일부 종교사회단체를 중심으로 인도적 차원에서 간호사 파독에 대한 비판 여론이 적지 않았다.

"한국과 독일 여론이 한국 간호사, 보조원의 서독 취업을 인도적인 견지에서 제지할 것을 요구했다. 특히 종교계통인 후진국 원조단체에서 전후 폐허화된 한국을 돕기 위해 원조금을 줘 간호사를 양성시켜 놓으니 선진국인 독일에 와 환자를 간호한다는 것은 인력기술을 착취하는 행위이므로 중지해야 한다는 거센 운동이 효력을 나타냈기 때문이다. 여기에 덩달아 한국 종교단체와 일부 정부 관리가 합세하면서 1968년을 기해 간호요원 파독이 중단되게 됐다."(이수길, 1997, 187-188쪽)

제7장

2차 파독과
재독 교민사회의 정착

1970년 광부 파독 재개

서독 경제의 불황과 석탄산업의 쇠퇴, 동백림 사건 등의 영향으로 1967년 중단됐던 광부 파독이 재개再開된 것은 1970년 1월의 일이다. 두 나라 사이에 놓여 있던 여러 난관은 1969년 4월 테오도르 테호르스트(Theodor Tehorst) 함본광산 사장이 방한하면서 매듭이 풀렸다. 그는 "광부 2000명을 신규 채용하고 싶다"고 한국 정부에 밝혔다.

한국해외개발공사는 이에 1969년 12월 파독 광부 모집공고를 냈고, 1970년 1월 300명을 독일로 보냈다. 2차 광부 파독이 시작된 것이다. 한국 정부와 서독 정부는 1970년 2월18일 「한국 광부의 취업에 대한 한·독 정부간 의 협정」('제2차 파독 광부 협정')을 체결했다. 협정 체결의 주체가 한국 정부와 독일 연방공화국 탄광협회였던 1차 광부 파독 때와는 달리 2차 때에는 두 나라 정부였다는 점에서 차이가 있다.

이후 광부 파독은 1977년까지 지속돼 △1970년 1,305명 △1971년 982명 △1972년 71명 △1973년 842명 △1974년 1,088명 △1976년 314명 △1977년 795명 등 모두 5,397명이 독일 땅을 밟았다(재독한인연합회 편, 1987, 381쪽; 재독동포50년사 편찬위원회, 2015, 28쪽 참고).

간호사 파독도 재개됐다. 민간 차원에서 이뤄진 1960년대 후반과 달리 이번엔 국가 차원으로 추진됐다. 1969년 9월 22일 주독 한국대사관과 독일병원협회(DKG)간 '한국 간호요원 독일 내 병원취업에 관한 절차'를 합의한 뒤 1970년 4월 간호사 832명, 간호보조사 875명 등 1,707명을 시작으로 간호사 파독이 다시 시작됐다. 그해 6월엔 한국해외개발공사와 독일병원협회 간 「유자격 한국 간호원 및 간호보조원의 독일병원 취업에 관한 협정」을 체결하기도 했다. 하지만 1974년 독일에서 간호요원의 임금이 11%나 오르면서 간호사 파독은 줄었고, 1976년 62명을 마지막으로 막을 내렸다. 1970년부터 이때까지 7,438명의 간호요원이 파독한 것으로 집계되고 있다(재독한인연합회 편, 1987, 381쪽; 재독동포50년사 편찬위원회, 2015, 28쪽 참고).

아울러 기계공, 병아리 감별사鑑別師 등 기술자들도 이 시기에 파독했다. 1971년 9월 조사에 따르면 바이에른 주에 240명을 비롯해 한국 기술자 474명이 독일에서 일했다고 한다(외무부 영사국, 1971, 267쪽 참고).

제2차 광부 파독은 제1차 파독과 여러 면에서 공통점共通點이 많았다. 정도의 차이가 없는 것은 아니지만, 대체로 △여전한 선발 과정의 난맥상과 형식적인 교육 △기본 고용기간 3년과 체류 연장의 원칙적인 불허 △대다수가 지하 채탄작업에 종사 △사회적 시장경제체계에 따른 임금체계 △광산연금보험 대신 특별회계 구성 △기숙사 생활 △체류 연장의 주요 방법으로 파독 간호사와 결합 등이 꼽힌다.

차이점差異點이 없는 것도 아니었다. 선발-교육과정의 혼선과 난맥상은 상대적으로 더 심해진 반면 서독 현지 생활은 훨씬 자유분방自由奔放해졌다. 선발과정은 응모요강과 자격이 자주 바뀌는 등 갈팡질팡하는 모습을 보였다. 정해본 교수의 지적이다.

"제2차 파독 광부 협정 체결 후 파독 광부 선발요강은 종전과는 달리 혼선을 빚었다. 즉 1972년 10월부터 1973년 11월까지 1년여 동안 응모 자격과 요강이 모집할 때마다 바뀌었다. 처음에는 응모 자격을 까다롭게 해 충원이 되지 않았기 때문이며, 부족 인원은 그때마다 새 응모요강을 만들어 추가 모집했다. 1972년 10월부터 1973년 1월 사이 두 번에 걸쳐 광부 800여 명을 선발하면서 처음엔 대한석탄공사 산하의 현직광부만 선발한다고 했다가 충원이 되지 않자 민영탄전 광부도 가능하다고 했다. 그래도 충원이 되지 않자 이직한 지 1년 미만의 광부에게도 응모 자격을 주는 등 갈팡질팡했다."(정해본, 1988, 77-78쪽)

교육도 여전히 형식적이었다. 1965년 한국해외개발공사가 설립되고 동백림 사건의 영향으로 '소양素養교육'이라는 이름으로 반공反共교육이 추가됐지만, 교육 내용은 여전히 형식적이었다는 평가다. 장재인의 증언은 이를 잘 보여준다.

"훈련 첫날 폐광이 돼버린 갱도 속에서 우리 일행은 교육을 받았다. 도계에서 일주일 정도 생활하는 동안은 읍내가 온통 잔치 분위기였다. 아침에 일어나면 하숙집 단위로 식사를 끝내고, 오전 10시쯤 함께 잠깐 만나 양 소장의 독일 광부 체험담을 한 시간 가량 들어야 했다. 점심식사를 마치고 오후 휴식에 들어갔다. 오후 동안에는 각자 개인의 신상문제를 한국해외개발공사 도계 출장소에서 상담을 하기도 했다. 다른 사람은 세탁을 비롯해 소일을 한 후 저녁식사가 끝나면 하숙집 대항 '독짓볼'이란 경기를 했다…. 어둠이 깔리는 도계읍의 몇 개 안 된 막걸리 집은 탄광 실습교육을 위해 내려온 우리들로 항상 시끌벅적했다. 현지에서 주먹을 쓰는 건달과 거의 매일 저녁 치고받는 일이 벌어지곤 했다. 하지만 교육생이 뿌리는 돈이 워낙 많았던 터라 경찰서에서도 웬만하면 모르는 체하고 지나가는 형편이었다."(장재인, 2002, 25-26쪽)

특히 현장 교육에서 일부 관계자가 광부 교육생에게 금품金品을 상납上納받거나 향응饗應을 제공받았다는 증언도 잇따랐다. 교육생에게 의도적으로 탈락 가능성을 흘리는 방식으로 협박, 금품을 상납 받았다는 것이다. 1970년 7월 파독한 이들의 주장이다.

"도계역에서는 양 소장이라는 책임자가 나와 근엄한 표정으로 우리를 기다리고 있었다. 양 소장은 주변을 훑어보는 우리를 무섭게 쏘아보며 일장 훈시를 하기 시작했다. '여러분은 이제 시작일 뿐이며, 훈련 기간 중에도 자질이 없는 사람은 탈락돼 집으로 돌아갈 각오를 항상 준비하고 있으라'는 내용의, 겁을 주기에 충분한 훈시였다…. 한 집에 하숙을 하게 된 우리는 교육을 받기 하루 전날 밤 각자 만원씩 모아 양 소장을 찾아갔다. 상납을 받은 양 소장은 그때서야 농담을 건네면서 우리에게 긴장을 풀 수 있게 해줬다."(장재인, 2002, 24-25쪽)

2차 파독 광부들은 독일에서 1차 파독 광부에 비해 자취自炊생활을 하는 비율이 상대적으로 늘어났다. 처음에는 기숙사에서 생활했지만, 어느 정도 적응하면 기숙사에서 나와 개인생활을 했다.

심지어 독일 광산 측은 1974년 방독한 한국해외개발공사 이사장에게 "한국 광부 35%만이 기숙사 생활을 하고 나머지 65%는 개인숙소 생활을 해 결근율缺勤率 증가의 원인이 되고 있다"며 시정을 요구할 정도였다(정해본, 1988, 115-116쪽 참고).

·
·
·
·
·
·
·

"우리는 돈을 벌기 위해 왔다"

가난하다는 것은

가난하지 않은 사람보다

오직 한 움큼만 덜 가졌다는 뜻이므로

늘 가슴 한쪽이 비어 있어

거기에

사랑을 채울 자리를 마련해 두었으므로

-안도현, 「가난하다는 것」에서

　과정과 절차의 차이뿐 아니라 1차와 2차 파독 광부 사이에는 본질本質적인 차이가 있었던 것으로 보인다. 2차 파독 광부들은 지원 동기와 출신 등에서 1차 파독 광부보다 서민庶民적, 민중民衆적 성격이 더욱 강화된 것으로 분석되기 때문이다.

먼저 동기動機에서는 제3국 이민이나 유학, 시대적 절망 등의 이유보다 빈곤貧困문제 해결이 상대적으로 많았다는 게 파독 광부들의 대체적인 견해다. 이 같은 경향은 광부 파독이 진행되면 될수록 더욱 강화된 것으로 보인다. 2차 파독 광부인 김일선의 증언이다.

"직업은 특별한 것이 없었고, 가족이 많아 생계조차 제대로 꾸려가기 힘들었다. 돈을 벌기 위해 독일에 왔다. 일부 독일에 가 공부를 하겠다거나 또는 다른 세계를 보면서 돈도 조금 벌어보겠다는 사람도 있었다. 하지만 거의 태반이 생계 때문에 왔다고 보는 게 맞다."

물론 박정희 체제가 강화되면서 시대에 대한 절망絶望으로 파독을 지원한 경우도 있었던 것으로 보인다. 자전自傳적인 소설 『나는 독일의 파독 광부였다』(2004)를 쓴 원병호가 그런 경우이다.

출신出身에서도 차이가 있었다. 실제 조사에서 2차 파독 광부의 구성은 강원과 전남 등 경제개발이 상대적으로 뒤처져 있던 지역 출신과 30대 이상이 증가한 것으로 나타났다. 1차에 비해 민중적 성격이 강화된 것으로 해석되는 근거 가운데 하나이다.

구체적으로 살펴보면, 출신 지역은 강원도 출신이 50.2%로 가장 많았다. 전남(16.8%)과 충남(13.7%), 경남(10.5%), 서울(5.4%) 출신자가 그 뒤를 이었다. 연령별로는 25-34세가 전체의 91.9%(30-34세 55.2%, 25-29세 36.3%)를 차지했다. 지원자의 평균 신장은 168.4±.74cm, 평균체중은 61.3±.65kg이었다(최삼섭, 1974, 5-7쪽 참고).

특히 1차 파독 광부가 상대적으로 대졸 출신자가 많았다면 2차에선 베트남전 참전군인參戰軍人 출신이 많았다. 민중적 성격이 강화된 것으로 해석되는 근거의 하나이다. 장재인의 증언이다.

"1차 파독 광부는 주로 먹고 사는 것보다 공부하고 싶어하는 사람이 많았다. 그때 경제 상황으로는 해외에서 공부하는 게 쉽지 않았다. 그런데 광부 파독이 그런 것을 가능하게 해주니까 광부로 독일에 온 것이다. 하지만 1970년부터 1976년까지 온 사람들은 베트남전 세대世代로, 자기 삶을 다른 방향에서 개척하려는 세대였다. 베트남이라는 곳에서 이미 '외국 물'도 먹어봤고, 사고도 개방적이었다. 자신의 꿈을 펼 수 있는 곳으로 가려는 의지가 상대적으로 컸다. 1977년 마지막 부류는 경제적으로 어렵고 그래서 돈을 벌어야겠다는 부류가 많았다."

1970년대 파독 간호요원도 1960년대에 비해 차이가 있었다. 상대적으로 30대와 중학교 졸업자, 호남 출신이 늘어난 것이다. 파견 간호사 또한 서민성, 민중성이 강화된 것으로 해석이 가능한 대목이다.

주독 한국대사관 등에 의하면, 1973년 12월 31일 기준으로 독일에 체류 중인 간호요원 6,124명 가운데 21-30세가 74.7%로 가장 많았다. 30대 이상(15.9%), 20세 이하(9.45%)가 그 뒤를 이었다. 30대 이상이 20세 이하보다 크게 못미쳤던 1966년과 달리 30대 이상의 간호요원이 20세 이하보다 많아졌다. 학력에서는 고졸이 4,023명

으로 65.7%를 차지, 여전히 가장 비중이 높았다. 중졸(18.9%), 초대
졸 혹은 중퇴(11.8%), 대졸(3.5%) 순이었다. 1666년에는 중졸의 비중
이 초대졸이나 대졸에 크게 뒤처졌지만, 이때에는 중졸 비중이 대
졸이나 초대졸 비중을 크게 상회했다. 출신지에선 전남이 1,307명
으로 21.3%로 가장 많았다. 이어 서울(816명, 13.3%), 경북(810명,
13.2%), 전북(798명, 13.0%), 충남(605명, 9.9%) 등의 순이었다. 호남湖南 출
신이 가장 많아 전체의 34.3%를 차지한 반면 서울의 비중은 크게
줄었다. 1966년 서울 출신 비중이 53%를 차지하던 것과는 크게
대비된다. 호남 출신이 많은 이유는 호남 지역의 경제적 상황이 상
대적으로 다른 곳보다 열악한 데다가 호남 지역에서 많은 간호요
원이 배출됐기 때문으로 보인다(정해본, 1988, 145-146쪽 참고).

"호남 출신의 간호요원이 크게 증가한 것은 전통적으로 이 지역
에서 간호요원이 많이 배출됐다는 점을 가장 큰 이유로 들 수 있
다. 즉 여러 종교계통의 간호학교가 일찍부터 설립돼, 빈농貧農 출
신의 여성들이 생업을 위해 간호사나 조산원助産員 등으로 진출했
다. 이들은 정규 간호교육을 받았기 때문에 수준 높은 간호능력을
갖추고 있었다."(정해본, 1988, 146쪽)

경험 차이에서 빚어진 '불법재판 사건'

"최근 클뢰크너광산에서 한국인 광산 노동자들이 '동료 노동자에게 사형을 언도言渡하고 자살을 강요했다고 합니다. 이유 여하를 막론하고 한국인 노동자들이 자기 동료에 대해 사형을 내리는 불법재판의 재발을 막기 위해 어떤 방지 대책을 가지고 있습니까?"

1972년 1월 19일 서독 의회 하원 본회의장. 사회민주당(SPD) 소속의 바르세 하원 의원은 대정부 질문에서 알폰세 바이에르 노동성 차관을 상대로 이같이 추궁했다. 얼마 전 카스트롭라욱셀(Castrop-Rauxel)의 클뢰크너광산에서 일어난 한국인 불법재판 사건과 관련한 대응책을 물은 것이다. 바이에르 차관은 다음과 같이 답변했다 (『동아일보』, 1972.1.25, 1면 참고).

"사건 관련자는 독일 법률에 따라 의법 처리될 것이고, 불법 재판에 참여한 사실이 드러나면 추방을 각오해야 할 것입니다. 다만 이 같은 사건은 한국인 광부들에게 일어나는 전형적 사건은 아닙니다."

서독 하원에서도 다뤄질 정도로, 1971년 12월 발생한 한국인 파독 광부의 불법재판 사건은 파독 광부 및 독일 사회를 강타했다. 아직까지 파독 광부 사회에서 이야기가 회자膾炙되고 있을 정도다.

2차 파독 광부들은 정보의 축적과 성숙한 독일 사회의 배려, 독일 사회에 이미 정착한 1차 파독 광부와 간호사 등의 도움으로 비교적 쉽게 적응適應했지만 문화적 차이를 완전히 이해하고 극복한 것은 아니었다. 그들이 독일 사회에 완전히 자리 잡기 위해서는 더 많은 사회문화적 경험經驗이 필요했던 것이다.

사건은 1971년 12월 23일 노르트라인베스트팔렌 주의 딘스라켄 시 경찰에 파독 광부 송 모 씨가 절도 등의 혐의로 체포되면서 시작됐다. 경찰은 클뢰크너광산 소속의 파독 광부 송 씨를 백화점 6층에서 400마르크짜리 카메라 한 대를 훔친 혐의로 붙잡아 조사한 뒤 일단 숙소로 돌려보냈다. 송 씨는 화순광업소에서 근무하다가 1971년 파독했다(장행훈, 1972.1.28, 3면; 백상우, 1997b, 218-219쪽 참고).

이 같은 사실은 카스트롭라욱셀의 한국인 광산 노동자 사회에서 입에서 입으로 전해졌고, 한국인의 긍지를 훼손했다는 비판 목소리가 곳곳에서 터져 나오기 시작했다. 강력하게 응징해야 한다는 목소리도 나왔다. 결국 독일에서 한국인의 명예를 더럽혔으니 자살을 권유하기로 의견이 모아졌다.

파독 광부들은 경찰 조사를 받고 풀려난 송 씨의 숙소로 찾아가 자살할 것을 권유했다. 하지만 송 씨는 자살 권유를 받아들이지 않았다. 이에 광부들은 다음날 회의를 열고 갑론을박 끝에 송 씨를 붙잡아 라인강 쪽으로 끌고 갔다. 라인강에서 자살을 강요하기 위해서였다. 많은 한국 노동자들이 행진에 가세하면서 대열은 순식간에 100여 명으로 불어났다.

시내에서 라인강까지의 거리는 약 2km. 파독 광부 100여 명이 동료를 붙잡아 라인강 쪽으로 행진하자 독일 경찰은 긴장된 표정으로 만일의 사태에 대비했다. 지상에선 순찰차가 줄지어 따랐고, 하늘에서는 헬기가 시위대열을 감시했다. 서독 경찰은 라인강이 가까워오자 파독 광부의 행진을 만류했다. 격앙된 파독 광부들은 행진을 멈추려 하지 않았다. 혼란한 틈을 타 송 씨는 라인강으로 뛰어들었고, 서독 경찰은 한국인 통역의 도움을 받아 송 씨를 구출했다. 경찰은 이와 동시에 파독 광부들의 진압에 나서면서 파독 광부들은 뿔뿔이 흩어졌다(장행훈, 1972.1.28, 3면 참고).

하지만 사건은 이것으로 끝나지 않았다. 파독 광부들의 행동은 '인민재판人民裁判'을 떠올리게 하는 것으로, 사적私的 사법권司法權 행사로 해석될 여지가 있는 행위였다. 범죄의 판별과 징벌의 결정, 그에 따른 형 집행은 모두 사법적 절차에 따라야 한다는 점에서 범죄로 해석될 여지가 컸던 것이다. 백상우의 회고다.

"죄인은 법이 다스리는 것인데, 우리는 법인격法人格이 아닐 뿐만 아니라 인민재판식으로 단죄하려 했다. 흥분된 마음을 달래려 하는 방법이었지만 법치국가의 입장에선 오히려 우리 한인들이 범행을 저지르는 격이 됐다."(백상우, 1997b, 219쪽)

　노르트라인베스트팔렌 주 사법 당국은 불법재판 사건에 연루된 파독 광부 100여 명 가운데 사진 체증 등을 통해 가담이 확인된 10명을 붙잡아 살인미수殺人未遂 등의 혐의로 집중적으로 조사를 벌였다. 광부들은 조사에서 파독 광부들이 송 씨를 실제로 죽일 의도가 전혀 없었고 그가 라인강에 빠져 위험할 경우 구조반을 가동해 구조하기로 약속했다는 점 등을 근거로 살인에 대한 의지가 없었다고 주장했다.

　사건의 파장波長은 적지 않았다. 한국과 서독 언론은 사건 내용을 비교적 상세히 다루면서 사태 추이에 촉각을 곤두세웠다. 서독 하원에서는 사회민주당 바르세 의원을 비롯해 일부 의원이 대정부 질문에서 파독 광부의 불법재판 문제를 추궁하기도 했다. 연루된 파독 광부들의 추방설追放說이 거론되자, 국제인권옹호 한국연맹 측은 빌리 브란트 서독수상에게 계속 일할 수 있도록 선처해달라는 서한을 보내기도 했다.

　결국 참여 광부들의 순수한 동기와 의도, 반성하는 자세, 적극적인 수사 협조, 김영주 주독 한국대사의 노력 등이 종합적으로 어우러지면서 자치회장인 유명준 씨가 광산을 그만두는 선으로 사건은 일단락—段落됐다(장행훈, 1972.1.28, 3면; 『동아일보』1972.1.20, 1면; 『중앙일보』1972.1.20, 7면; 『중앙일보』1972.1.22, 7면 등 참고).

"기쁨과 슬픔을 함께" 글뤽아우프회 창립

1973년 12월 22일 서독 본시의 근교인 지그부르크(Siegburg). 주로 퇴직자 출신의 파독 광부들이 참여한 가운데 '재독한인 글뤽아우프친목회'(현 재독한인 글뤽아우프회) 창립총회가 열렸다. '글뤽아우프(Glueckauf)'의 뜻은 '행운을 갖고 위로'라는 뜻으로, 광산 노동자들이 탄광으로 들어가는 동료에 대해 무사고를 기원하는 의미로 건네는 인사말이다. 광산 노동자를 상징하는 말쯤 되겠다. 한국인 파독 광부 또한 항상 이 인사를 나눴다.

각종 사건사고가 끊이지 않던 가운데 1973년은 파독 광부의 역사에서 잊힐 수 없는 해이다. 한국인 파독 광부의 자주적인 조직인 재독한인 글뤽아우프회가 탄생했기 때문이다. 비록 초기에는 친목회親睦會라는 명칭을 내걸었지만, 파독 광산 노동자들의 자주적이고 대중적인 조직이었다는 점에서 파독 광부사의 한 페이지를 열었다는 평이다. 나중에 '친목회'라는 단어가 빠지고 '재독한인 글릭아우프회'로 바뀌게 됐다.

이날 창립총회에서는 조희영趙熙榮 박사가 회장으로 선출됐다. 총회에 참가한 파독 광부들은 국내 한 탄광에서 폭발사고로 숨진 유가족에게 보내기 위해 1,400마르크도 모았다.

재독한인 글릭아우프회는 초창기에는 주로 퇴직자 중심으로 모임이 운영됐다. 모임 결성을 주도한 조희영도 퇴직광부였고, 회원자격도 '광산에 파견돼 소정의 근무를 마친 자'로 규정해 광산 퇴직자로 제한했다.

결성 배경은 파독 광부 간 친목과 이를 통한 한인사회 기여에 대한 열망 때문이었다. 퇴직 파독 광부들은 주로 아내의 근무지를 따라 직장을 구하는 경우가 많았다. 자연히 뿔뿔이 헤어질 수밖에 없고 이에 따라 서로간의 만남이 그리웠던 것이다. 홍종철의 기억이다.

"3년간의 광산 계약을 마치고 결혼한 우리는 주로 아내의 근무지 위치로 뿔뿔이 헤어졌다. 직장을 구하고 새 삶의 터전을 닦았다. 야생마처럼 방향 감각도 없이 이리저리 뛰어 다니다가 가정이라는 것이 생기니 마음의 안정도 오고, 또 혼자가 아니라는 의무감 같은 것도 생겼다. 하지만 어느 시점에서 역시 타국 생활은 외롭다는 것을 느끼게 됐다. 지하 막장에서 동고동락하던 친구가 그리워졌다. '만나자, 그래서 내 이야기를 들려주자, 그들의 이야기도 듣자, 기쁨도 슬픔도 같이 나누고 외로움일랑 서로 달래주자'. 이러한 충동이 솟구쳤다. 1970년대 초 조희영 박사 등이 주도해 퇴직광부 친목회를 발족시켰다. '지하에서 죽지 않고 무사히 올라온' 우리는 광부의 인사를 따 친목회를 글뤽아우프라고 명명했다. 가끔 만나서 체육 행사도 하고 야외에서 불고기 파티도 했다."(홍종철, 1997, 184-185쪽)

조직의 목적은 '친목과 협동심'을 공고히 하는 것으로 했다. 주요 사업으로 '문화·사회·체육·친선 등 본회의 목적을 달성함에 필요하다고 인정되는 사업'이 채택됐다. 친목을 위한 체육문화 활동과 야유회, 각종 성금 기탁 등이 이뤄졌다.

조희영은 글뤽아우프회 창립을 주도한 뒤 초대 회장과 2대 회장을 맡으며 조직 기반을 다졌다. 그는 광산에 근무한 지 3일 만에 아헨공대를 찾아가 곧바로 랭귀지스쿨에 등록했다. 탄광소장까지 소개 받아 밤근무에 편성돼 낮에는 학교에 다닐 수 있었다.

조희영은 '재독한인 글뤽아우프회'가 앞장서서 독일에서 체험적으로 배운 '독일 정신'을 전파해 조국 근대화에 기여하자고 주장했다. 그가 1975년 5월에 발간된 회지 『글뤽아우프』 창간에 즈음해 기고했던 글의 일부다.

"1,200m 지하에서의 고된 근로생활은 우리에게 심신을 연마하게 해주었고, 근대화를 위한 정신혁명의 일역을 맡아야 할 사명을 부여하고 있다. 그러므로 글뤽아우프 회원 모두는 지난날 수난을 참고 견디어낸 것만으로 만족하는 소극적 자세만을 가져서는 안 될 것이며, 이 고난의 극복을 창조적으로 이용함에 그 참뜻이 있음을 인식해야 할 것이다. 우리 주위와 조국 근대화를 자극할 수 있는 정신적인 바람은 우선 근면한 개개인의 생활에 두어져야 하겠음을 전제하고서 출발해야 할 줄 믿는다. 서구의 선진 제국 특히 우리가 살고 있는 독일 민족의 발전이 그들 국민 각자의 근면 성실한 생활 규범이 뒷받침하고 있음을 우리가 부인해서는 안 될 줄 믿는다. 또한 근면을 토대로 그들의 생활 규범이 근대화를 해칠 탈선가능성과 한계를 최소한으로 좁혔을 것이라는 추상적 당위를 인정해야 할 줄로 믿는다…. 여기에 우리의 구체적 사명이 분명해진다. 즉 체험에서 습득한 근면 성실한 생활 규범을 내 조국의 근로대중에게 옮아 심어야 할 대사업인 것이다."(조희영, 1997, 171쪽)

조희영은 특히 1975년 6월 재독한인연합회 제13차 정기총회에서 회장에 피선되면서 파독 광부가 재독 동포사회를 주도하는 데 역할을 했다. 1963년 10월 유학생 중심으로 조직된 '재독한인연합회'는 파독 광부와 간호사가 본격적으로 가세하면서 조직이 확대 강화됐다. 재독한인연합회는 전국체전 참가와 8·15광복절 행사 등 문화체육 활동을 매개로 한국과 연결되는 주요 통로가 됐다.

동포 사회에 상처 준 서류위조 사건

    1974년 5월에는 독일 현지에서 파독 광부들의 서류위조書類僞造 사건이 터지면서 파독 광부 사회가 또 한 번 충격에 휩싸였다. 사건 관계자가 구속됐을 뿐만 아니라 서독 언론과 한국 정부에서도 깊은 우려를 표명하는 등 적잖은 파장이 일었기 때문이다.

    사건의 요지는 일부 한국인 파독 광부가 주독 한국대사관의 관인官印 등을 위조해 가족수당을 받아내는가 하면 생존해 있는 부인을 사망한 것처럼 증명서류를 조작해 거액의 위로금慰勞金을 광산 회사 등으로부터 받아냈다는 것이다.

    언론 보도와 증언 등을 종합해보면, 파독 광부 출신 이 모 씨 부부는 한국인 파독 광부를 상대로 허위 사망신고서를 광산회사에 제출하게 해 1인당 평균 1,500마르크의 위로금을 받아냈고 이 가운데 3분의 2인 1,000마르크를 커미션으로 갈취喝取했다. 이 씨는 이 과정에서 주독 한국대사관의 관인과 영사의 사인을 위조한 것으로 드러났다(『경향신문』, 1974.5.24, 7면;『한국일보』, 1974.5.24, 7면 등 참고).

이 같은 사실은 오버하우젠 광산회사에서 한국인 파독 광부의 부인 사망신고가 잇따라 들어옴에 따라 회사 측이 주한 서독대사관에 사실을 조회한 결과 죽었다고 신고된 광부 부인들이 생존하고 있음이 확인되면서 밝혀졌다.

광산회사의 고발에 따라 보트롭시 경찰과 에센 지방검찰청은 한국인 광산 노동자들의 문서위조 실태에 대한 전면 수사에 착수했다. 가족 사망증명서를 제출한 한국인 파독 광부와 간호사 가운데 1973년 10월부터 들어온 결혼관계 서류, 한국인 초청 기능공의 자격증, 간호사 자격증 등이 주요 대상이었다.

위조 혐의가 드러난 사람들에 대한 수사도 병행했다. 특히 대다수 파독 광부는 부인의 사망원인을 유명 유원지 호수에서 보트를 타다가 전복돼 사망했다고 신고했다. 서독 검찰은 이를 집중 추궁했다.

"발각된 서류는 서류위조로 취급돼 검찰청으로 넘겨지게 되고 한 건씩 분류돼 담당검사가 배정되기 시작했다…. 조용히 설명을 듣고 있던 검사는 얼굴 표정이 어두워지더니 '당신은 지금 거짓말을 하고 있다'며 다른 사람의 서류를 꺼내 보여 줬다. 서류를 하나씩 들춰 보면서 깜짝 놀랄 수밖에 없었다. 거기에는 광산 동료 10여 명이 거의 같은 날 부인이 뱃놀이로 사망했다고 진술했고 사고 장소도 각기 다른 전국의 유명 관광지 유원지였던 것이다."(장재인, 2002, 119-120쪽)

사법당국은 서류위조 사건의 전모를 밝혀낸 뒤 서류 위조를 조장한 이 씨 부부를 비롯해 5명을 입건, 이 씨를 비롯한 2명을 불법체류 혐의로 구속했다. 1970년 6월 파독한 이 씨는 1972년 9월 광산에서 해고된 뒤 불법 체류해 왔다.

한국인 파독 광부의 서류위조 실태는 심각한 수준이었다. 사건이 터지기 수년 전인 1965년에도 이와 유사한 문서위조 행위가 저질러져 1969년 적발됐다. 당시의 언론 보도다.

"(1969년 3월)11일 검찰은 파독 광부 출신 임 모(31) 씨를 사문서 위조 및 동 행사 혐의로 구속했다. 임 씨는 1965년 3월 노동청에서 모집한 서독 광부로 독일에 갈 때 가족수당을 타기 위해 2월 12일자로 서울 서대문구 영천동 김 모(29) 양과 결혼한 것처럼 동대문구청 호적과에 가짜 혼인신고를 했다. 1968년 4월 귀국한 후 1966년 1월 아내가 사망한 것처럼 가짜 사망신고서를 만들어 구청에 낸 혐의를 받고 있다."(『중앙일보』, 1969.3.11, 7면)

서류위조 범위는 광범위했다. 언론보도 등에 따르면, 일부 광부는 한국을 떠날 때부터 가족사항을 위조했다. 예를 들면 미혼의 광부는 호적상 결혼한 것으로 꾸며 가장의 신분을 갖고 출국했다. 간호사의 경우도 일부 이 같은 행위가 드러났다. 배우자 및 직계가족 수에 따라 지급되는 가족수당家族手當을 더 받기 위해서다.

다음 단계에서는 독일 현지에서 계약기간이 종료될 무렵 배우자가 사망한 것처럼 서류를 위조하기도 했다. '호적상의 배우자'를 사망한 것으로 신고하면 사망위로금을 받을 수 있다는 점에 착안한 범죄였다.

특히 일부는 3년간의 노동계약 기간이 끝난 뒤 체류 연장을 받기 위해 독일에 오기 전에 관련 서류를 정리하고, 다시 파독 간호사와 결혼한 것으로 조작하기도 했다. 참으로 어이없는 일이었다. 서류위조의 커미션은 위로금의 3분의 2에 이르는 것으로 알려졌다(『한국일보』, 1974.5.24, 7면 참고).

사건의 파장은 컸다. 서독 오버하우젠에서 발행되는『노이에루르차이퉁(Neue Ruhr Zeitung)』지는 5월 17일자에 '한국 광부들, 생존 부인을 사망자로 위장, 오버하우젠 광산 교묘한 사기행각 적발'이라는 3단 기사를 내보냈다. 전국지인『프랑크푸르트알게마이네차이퉁(FAZ)』등도 사건을 비중 있게 보도했다.

특히 국영 '독일 제2텔레비전(ZDF)'은 사건 핵심 관계자의 인터뷰를 내보내기도 했다. 취재 기자가 "어떻게 많은 부인이 일시에 죽었느냐"고 질문하자, 파독 광부는 "놀이 보트가 전복됐다"고 응답하는 장면이 방송됐다. 취재기자는 다시 "그 사고가 한국 신문에 보도됐느냐"고 야유 섞인 말투로 반문하는 등 동포 사회의 신뢰도에 큰 상처를 입혔다.

진필식 대사를 비롯한 주독 한국대사관은 파독 광부와 간호사들에게 '최근 서류변조 사건이 경찰에 적발돼 관련자들이 구속심문을 받고 있으니 다시는 이런 일이 재발하지 않도록 각별히 주의하라'는 내용의 안내문을 광업소에 게시했다.

한국 정부도 6월 1일 서울 삼청동 국무총리 공관에서 국무총리

주재로 외무부장관, 보건사회부장관, 상공부장관, 노동청장 등이 참석한 가운데 '파독근로자 관리 대책회의'를 열었다. 선발요강 강화와 노무관 증파, 재독 근로자의 자율조직 구성 등을 결정했다. 6월 17일에는 세종로 정부종합청사에서 '해외취업 부정 근절'을 주제로 담화문까지 발표했다.

그들은 왜 이 같은 범죄를 저질렀을까. 앞에서 지적했듯이 독일의 임금 구조는 사회적 시장경제체제에 따라 미혼보다 기혼, 기혼보다는 기혼이면서도 자녀를 가진 사람이 더 받는 체계다. 복지사회의 임금구조였지만, 한국 노동자들은 복지사회 및 공동체 경험의 부족 때문에 금전적 이익을 볼 수 있는 '틈새'로만 보았던 셈이다. 장재인의 설명이다.

"사회보장 제도가 발달된 이곳 독일은 기혼자와 미혼자의 실제 봉급 수령액에 있어서 똑같은 작업량과 똑같은 시간의 노동을 하였음에도 현격한 차이가 났다. 기혼자에게 부양할 자식이 둘 내지 셋이 있으면 봉급 수령액은 큰 차이가 났다. 독일에 온 지 한 달밖에 안 된 기혼자의 봉급과 이미 오래된 미혼자의 봉급을 비교해 본 미혼자들은 흥분하지 않을 수 없었다. 차이가 40-75%까지 나며 금액으로 따지면 한 달 생활비에 해당하는 몇 백 마르크나 되기 때문이다. 너나할 것 없이 한국 호적을 핑계 삼아 결혼했고 아이가 2명 내지 3명이 있는 것으로 신고하게 됐다."(장재인, 2002, 117-118쪽)

．
．
．
．
．
．
．

여행, 광부와 간호사의 다리가 되어

머물러 있으면 세상은 꿈처럼 달아나고
여행을 하면 운명이 장소를 정해준다.
더위도 추위도 붙잡아 둘 수는 없는 일.
피어나는 것으로 보이는 것도 곧 시들고 말리라.

-괴테, 「체랄-에딘 루미는 말한다」에서

    파독 광부들이 독일 사회에 정착하게 된 결정적인 계기는, 이미 여러 차례 밝혔듯이, 체류 연장이 허용된 파독 간호사와의 결합結슴이었다. 체류 연장이 쉽지 않았던 광산 노동자들은 체류 연장이 자유로웠던 간호사와 결합해 '가족 동거권家族同居權'을 인정받아 독일 사회에 안정적으로 정착할 수 있었다.

    간호사와의 결합은 또한 동포 사회를 독일 전역으로 확산시키는 계기가 됐다. 광산 노동자들은 파독 간호사와 결합하기 전엔 주로 루르 공업지대의 중심지인 노르트라인베스트팔렌 주에 몰려있었다. 하지만 독일 전역에 산재해 있던 간호사들과 가정을 꾸리면서 자연스럽게 독일 각지로 확산됐다. 1995년 함부르크와 베를린 한국 동포사회를 분석한 이광규의 분석이다.

"베를린과 함부르크의 유사한 점은 두 도시 모두 간호사가 먼저 이주하고 이어서 광산노동자가 모여든 점이다. 말하자면 서부 독일 광산지대 이외 도시에는 간호사가 먼저 정착하고 이들과 결혼한 광산노동자가 정착을 한 것이다."(이광규, 1996, 99쪽)

파독 광부와 간호사가 인연을 맺는 좋은 방법 가운데 하나가 여행旅行이었다. 이역만리 먼 곳에서 생활하던 그들은 여행을 통해 서로를 알게 되고 서로의 마음을 맞춰갔던 것이다.

독일 프랑크푸르트에서 여행업을 활발히 하고 있는 파독 광부 출신 김문규도 그때의 기억이 생생하다. 많은 한국인 광부와 간호사를 부부로 맺어줬기 때문이다. 그는 "여행을 통해 부부로 맺어준 경우가 수십 건에 이를 것"이라고 말했다.

1940년 경남 합천에서 태어난 김문규는 어릴 때부터 여행을 좋아했다. 중학교와 전주 영생고 시절엔 각각 1차례씩 무전無錢여행을 다녀오기도 했다. 1958년 중학교 3학년 여름방학 때에는 전남 곡성, 여수, 목포, 광주 등 호남지역을, 1959년 고등학교 1학년 여름방학 때에는 진주, 함안, 부산, 마산, 대구, 울산, 포항, 안동, 속

초 등 영남지역을 여행했다. 교통편은 주로 열차를 이용했다. 화물칸 등을 공짜로 타는 식이었다. 처음에는 풀밭이 잘 조성된 공동묘지나 절 등에서 잠을 잤다. 감자도 캐먹고 옥수수로 끼니를 때우기도 했다. 나중에는 경험이 축적되면서 마을 이장 집에 찾아가 사정을 얘기하고 밥을 얻어먹기도 했다.

그에게 여행은 견문과 지식을 넓혀주는 '산교육의 시간'이었다. 시골 사람이나 승려와 잠을 자면서 많은 것을 배우고 견문을 넓혔다. 특히 1961년 고교 3학년 여름방학 때 전북 김제 금산사에서 여행가 김찬삼(金燦三·1926-2003)과의 만남은 그에게 '세계 일주'라는 꿈을 심어줬다. '세계의 나그네'라 불린 김찬삼은 인천고 지리 교사를 하다가 나중에는 지리학 교수가 된 인물로, 그가 들려준 경험담과 교훈은 김문규에게 아직도 생생히 남아있다.

"학회 참석차 유럽에 갔다가 귀국하지 않고 무전여행을 다녔지. 돈이 떨어지면 아무 공장이나 찾아갔어. 처음 1주일 정도 하다보면 어느 정도 요령이 생기고 성실히 일해 신용이 생기면 잘 봐주기 시작한다. 그렇게 해서 돈을 모으고 어느 정도 모이면 다시 여행을 떠나지. 돈이 떨어지면 다시 일을 하고. 외국에서 돈 없으면 움직이지 못한다. 계속 용돈을 벌면서 3년간 여행을 했어. 그래서 성실해야 한다. 요령 부리고 거짓말하면 다 보인다. 그것이 지혜다."

김찬삼은 그러면서 그에게 "외국어를 조금 할 수 있어야 하고 가장 중요하게는 용기(勇氣)가 있어야 한다"고 조언했다. 김찬삼과의 만

남과 조언은 그에게 하나의 이정표가 됐다.

김문규가 독일에 온 것은 1970년 7월 24일. 대구에서 한 신문지국을 운영하다가 파독 광부를 모집한다는 기자의 얘기를 듣고 독일에 오게 됐다. 2차3진으로 동료 70명과 함께 겔젠키르헨 광산에서 일했다. 기계로 동발을 세우는 '아이젠스템펠'이 주 업무였다. 터키 노동자보다 상대적으로 기계를 더 잘 다루자 기계를 맡긴 것이다. 비록 힘들었지만, 이때 얻은 경험과 자신감은 이후 여행사업의 소중한 밑바탕이 됐다. 김문규의 고백이다.

"힘든 과정이었지만, 인생을 배우는 중요한 과정이었다. 주어진 상황에서 어떻게든 해내야 하고, 자기 생활에 충실해야만 독일 법에 따라 남을 수 있으며, 개인적으로 어렵지만 그 어려움을 극복해야만 다음 길이 있다는 점 등을 배웠다. 특히 어려운 일도 해냈는데 무슨 일인들 못하겠는가 하는 자신감도 얻었다."

김문규는 파독 광부 시절이던 1971년부터 동료 임종권, 이양구(작고) 등과 함께 여행을 다니기 시작했다. 여행을 하면 할수록 젊은 시절의 꿈이 되살아났다. 그럴수록 여행 횟수는 늘어갔다. 광부 시절에 유럽을 두 바퀴 돌았다. 자주 여행하는 그의 모습을 보고 동료들은 '여행물새'(번 돈을 여행으로 다 써버리는 부류)라고 놀리기도 했다. 1971년 파독한 뒤 슈투트가르트 적십자병원에서 간호사로 일하던 아내(1951년, 충남 홍성 출신)와 결혼해 가정도 꾸렸다.

1973년까지 광산에서 일한 그는 1974년 4월 여행업을 시작했다.

키센에서 시작한 뒤 이듬해 프랑크푸르트로 이사 왔다. 주중에는 병원 일을 하고 주말을 활용해 여행을 하는 방식이었다. 5년간 봄과 가을 휴가를 이용, 1년에 두 차례씩 광부와 간호사 등 한국동포를 모아 단체여행을 다닌 뒤 1980년 정식으로 여행사를 차렸다.

물론 쉽지만은 않았다. '약속 문화約束文化'에 익숙하지 않던 시대적 한계 때문에 제휴를 맺고 있던 K, S여행사 등 한국 여행사가 자주 스케줄 펑크를 냈다. 50명을 보내겠다고 했다가 10명으로 줄여 보내는 경우도 적지 않았다. 예약을 책임졌던 그는 호텔 등으로부터 신뢰를 잃어 여러 차례 곤혹스런 상황에 내몰렸다. 결국 그는 5만 달러를 손해본 뒤 1985년 이후 독자적인 여행업을 시작했다.

김문규는 특유의 성실함과 교민들의 도움으로 큰 어려움 없이 여행업을 꾸려왔다. 특히 1980년대 이후엔 광부나 간호사로 독일에 왔다가 조국으로 돌아간 사람들이 꼬리에 꼬리를 물며 찾아와 사업에 도움을 주고 있다고 귀띔했다.

2006년 현재 프랑크푸르트 인근 오버하우젠에 살면서 스스로 전화와 이메일, 팩스 등으로 예약을 받고 스케줄을 정하는 일을 하고 있다. 5일, 1주일, 10일, 12일짜리 '코치투어(Coach Tour·버스여행)' 관광 상품을 개발해 연간 700-1000명의 관광객을 유치하고 있다. 연 매출액은 60-70만 유로(한화 약 9-10억원) 수준. 물론 광고비와 직원 인건비 등 지출도 많아 온 가족이 함께 뛰고 있다.

한글학교에서 배우는 한국 정신

파독 광부와 간호사가 결합하면서 재독 동포사회同胞社會가 본격적으로 형성됐다. 가정이 꾸려지면서 2, 3세대가 형성됐고, 이들의 교육을 위해 '주말 한글학교'도 세워지기 시작했다. 주말 한글학교는 동포 사회를 탄탄하게 묶어주는 매개체媒介體가 됐다. 동포 2, 3세에게는 한국어와 한국문화를 전수하는 통로가 됐다. 한글학교는 동포 사회의 문화와 정신의 재생산再生産 구조를 제공하면서 한국인들이 독일 사회에 뿌리내릴 수 있는 토대가 됐다.

재독 한국동포 사회에서 첫 한글학교가 세워진 것은 1973년 4월. 서독 쾰른에서 주말 한국인학교가 세워졌다. 이후 광산 노동자와 간호사들이 밀집한 지역을 중심으로 확산됐다. 1977년 7곳, 1985년 33곳, 1995년 38곳으로 늘었다. 하지만 광부 및 간호사 파독이 중단된 뒤 교포 사회가 위축되면서 한글학교도 줄기 시작해

2002년 현재 36곳으로 줄었다고 한다.

이상경의 설명에 따르면, 주말 한글학교는 학교건물이나 공공건물, 교회, 개인주택 등에서 매주 토요일 오후 열린다. 한국어와 한국 문화, 역사 등을 2-4시간 정도 가르친다. 교과서는 주로 한국 정규학교의 국정교과서. 학교에 따라서는 독자적으로 교과서를 편집해 사용하는 곳도 있다. 교사는 주로 유학생이나 유학생 부인들이 담당한다. 특히 정교사 자격을 받아 교사 경험이 있는 사람도 더러 있다. 학교 운영경비는 대부분 학생들의 수업료와 서독 정부의 지원금, 이사회와 육성회의 후원금으로 충당된다. 때로는 현지 공공기관이나 종교단체로부터 재정적 후원을 받을 때도 있다(이상경, 1992, 866-868쪽 참고).

주말 한글학교는 독일에서 동포사회의 정체성을 유지하는 핵심이 됐다. 동포 2, 3세에게는 한국어와 한국노래를 가르치고 국사 등 역사교육까지 병행, 한국인이라는 자각을 심어줬다. 특히 자녀교육뿐만 아니라 이를 매개로 동포 사회의 조직을 다져줘 한국인이 세계와 교류하도록 도움을 줬다. '재독한국여성모임'의 회원으로 하이델베르크 한글학교 교장을 6년째 맡았던 강여규의 얘기다.

"대체로 외국에서 한국어 교육은 각 지역에 사는 한인과 그 자녀들이 자신의 뿌리를 확인하며 유지하는 하나의 길이다. 한국의 세계화를 위해서도 중요한 역할을 할 수 있다. 우리가 세계화란 말을 세계시장의 점령이란 투쟁적 의미가 아니라, 네 것과 내 것을 함께 인정하는 공존으로 이해한다면, 외국에 사는 한국인은 그 거주지 문화의 일원이 되면서 동시에 우리 것을 전파하는 다리의 역할을 할 수 있다."(강여규, 2002.10.28, 22면)

독일 가정에 입양된 한국인이나 한·독 가정의 2세에게 한국 문화를 전파하는 장소가 되기도 했다. 즉 한국의 뿌리를 찾고자 하는 한국계 독일인에게도 정신문화적 교육공간이 됐다. 다음은 그 사례 가운데 하나다.

"몇 년 전 독일인 두 부부가 각각 딸과 아들을 데리고 한글학교를 찾아왔다. 두 부부는 한국에서 아이를 입양해 길렀다며 한글학교가 있다는 소식을 듣고 늦게나마 아이들에게 한글을 가르치고 한국 사람과 어울릴 수 있는 기회를 찾아 주고 싶었다고 했다. 아이들은 이미 열여섯, 열일곱의 청소년이었다. 2년 정도 한글학교를 다녔고, 한국을 방문해 친부모를 찾아보려고 노력도 했다."(강여규, 2002.10.28, 22면)

물론 주말 한글학교의 미래가 밝지만은 않다. 교육을 받으려는 2, 3세가 줄어드는 데다 운영경비를 비롯한 재정상황이 갈수록 열악해지고 있는 탓이다. 재정난을 타개하기 위해 지역 축제 등에 참여하기도 한다. 강여규의 계속된 설명이다.

"우리 한글학교는 학부모가 내는 소액의 수업료로 유지가 될 수 없어, 재정문제를 해결하기 위해 여러 방법을 동원해야 한다. 그

중에 하나가 하이델베르크 시에서 열리는 거리축제나 외국인 축제에 참가해 한국음식을 판매하는 것이다. 이 행사에는 학부모와 교사가 모두 참가하게 된다. 하루 종일 서서 음식을 팔다보면 온 몸이 뻣뻣해질 정도로 힘이 든다. 그러나 수익이 적지 않고, 김밥 잡채 튀김 김치 등 한국 음식을 알리고 한글학교의 존재를 알릴 수 있는 기회가 되기 때문에 빼놓을 수 없는 연중행사가 됐다."(강여규, 2002.10.28, 22면)

한편 한국 동포사회가 정착하면서 주한미군과 결혼했다가 독일로 이주하게 된 한국인 여성들도 동포 사회와 연결되기도 했다. 이들은 대부분 미군이 한국 경기도 파주나 동두천 등에서 근무하던 시절에 만났다가 미군이 독일로 근무지를 옮기면서 함께 이주해온 경우였다. 주로 미군부대가 배치돼 있는 바덴뷔르템베르크 주의 만하임(Mannheim) 지역 등에 많이 살고 있다는 게 동포들의 증언이다. 뮌헨에 살고 있는 송준근의 기억이다.

"1980년대 초반 만하임에 정착하려고 생각한 적이 있었다. 그곳에는 미군과 함께 사는 한국 여성들이 많아 장사가 잘 될 것이라고 생각했기 때문이다. 이들은 주로 경기도 파주나 동두천 등에서 주둔하던 미군과 결혼, 이곳으로 온 경우였다."

정부 통계와 파독 광부의 증언 등에 따르면, 2003년 현재 독일 동포 사회는 독일 시민권자(6,933명)와 영주권자(9,740명)가 유학생

(5,569명)과 일반 체류자(7572명)보다 상대적으로 많다. 영국의 동포 사회가 시민권자(266명)와 영주권자(3,234명)가 일반 체류자(1만 2,500 명)와 유학생(1만 9,000명)에 비해 훨씬 적은 것과는 대비된다. 그만큼 한국인들이 파독 광부와 간호사를 중심으로 독일 사회에서 안정 되게 뿌리내리고 있다는 얘기다.

함박눈과 함께 저문 광부 파독

"파독 광부를 선발하려니까 사방에서 압력이 들어와 도저히 힘들어 못하겠다. 직접 한국으로 들어와 광부를 선발해 줄 수는 없겠느냐."

1975년 가을. 서독 루르광산회사의 사무실에서 일하고 있던 통역 조립은 한국에서 걸려온 국제전화 한 통을 받고 답답함을 느꼈다. 1963년 12월 1차1진으로서 파독한 조립은 1973년부터 광산회사 전체 통역으로 근무하고 있었다. 그에게 전화를 걸어온 사람은 서영수 당시 한국해외개발공사 사장이었다. 서 사장이 조립에게 파독 광부 선발을 의뢰한 것이다. 그만큼 광부 파독을 둘러싸고 잡음雜音과 혼란混亂이 극에 달했다는 얘기였다. 참으로 어이없는 요청이었다.

2차 광부 파독이 마지막을 향해 치달을수록 선발과 교육과정의 혼선은 심해졌다. 상당수가 브로커 등을 이용, 노동청이나 한국해외개발공사에 대한 로비를 시도했다. 원병호의 묘사는 당시 청탁과 로비가 얼마나 심각했는지를 단적으로 보여준다.

"어느 날 어머님과 약속한대로 아는 사람을 만나기로 했다. 서울 을지로에 있는 삼일다방에서 기다리고 있자니 분노가 인다. 남의 나라 광부로 가는 것에도 돈을 써야 하다니. 한편으로는 만약에 그분이 안 도와주면 서독행은 무척이나 어려울 것 같다. 한참 기다려서야 그 사람을 알아본 어머님이 자리에서 일어나며 인사를 한다. 고민주도 얼떨결에 따라 일어나 그에게 고개를 숙였다.

'안녕하십니까? 처음 뵙겠습니다. 고민주입니다.'

'아, 앉게. 어머님에게 이야기는 많이 들었지. 사실 우습지만 현실이네. 너무 많은 응모자 때문에 공정하게 합격하기가 매우 힘들다는 게 한국해외개발공사 측의 이야기지. 아무래도 한두 번 만나서 술 한 잔과 식사는 있어야 하기에 미안하게 되었군. 절대로 나는 돈 한 푼 먹지 않네. 그러니 뽑히면 가서 일이나 열심히 해 돈을 많이 벌어오게. 아무래도 광산 일이 좀 어려울 걸세.'

'아, 그러시겠지요. 외국에 간다니 어중이떠중이 모두 모이겠지요. 그런데다 돈 있고 살 만한 자까지 응모를 했다고 하니 어려울 것입니다. 그러니 꼭 부탁합니다.'

주위를 살피던 어머님은 잽싸게 준비해 온 누런 봉투를 그에게 건넨다. 다방이라 남을 의식한 그는 재빨리 봉투를 받아 안주머니

에 넣는다."(원병호, 2004, 111쪽)

　1976년 1월. 조립은 서영수 한국해외개발공사 사장의 요청에 따라 윌리 더 하르트 루르광산회사 인사기획실장과 함께 서울에 왔다. 선발 과정에서 쏟아지는 청탁과 외압, 로비를 뿌리치기 위해 광부로 떠난 그가 12년 만에 파독 광부 선발관으로 돌아온 것이다.
　독일 광산회사 측은 광산노동 경력을 우선 체크하는 등 '노동 생산성'에 선발 포인트를 맞춘 반면 조립은 어려운 여건에서도 잘 견딜 수 있는 '노동 안정성'에 초점을 맞췄다. 존재存在의 차이가 빚어낸 관점觀點의 차이였다. 조립의 얘기다.

　"독일 광산회사는 광산노동에 대해 아는 사람을 선발하려고 했다. 나의 입장에서는 돈도 없고 연줄도 없고 어디서 힘을 빌리기도 어려운 사람을 뽑으려 했다. 왜냐하면 어렵게 살아온 사람이라야 힘든 광산일과 독일 생활을 잘 견뎌낼 수 있으리라고 판단했기 때문이다. 강원도 문경이나 삼척, 장성 등에서 온 사람을 이상적이라고 생각했다."

　응시인원은 8,000여 명. 체격·체력검사와 면접시험, 현장교육 등을 거쳐 1976-77년 독일 땅을 밟은 사람(2차36진-2차47진)은 정용기 등을 포함한 1,009명. 조립은 바로 이들 1,000여 명을 선발했던 것이다.
　잊지 못할 사연도 적지 않았다. 조립은 파독 광부 선발을 끝난 뒤 윌리 더 하르트와 함께 장성광업소를 방문했다. 서울 청량리역에서 출발, 강원도 태백시 황지에서 기차를 이용했다. 얼마를 달렸을까. 기차 속에서 한국해외개발공사 직원 여덕주가 조립에게 다가왔다. 안타까운 사연 하나를 소개했다. 전남 진도에 사는 L이 할머니 장례 때문에 파독 광부 시험을 치르지 못했다는 것이다. 조립은 안타까웠다. 조립은 윌리 더 하르트에게 L의 사연을 소개했다. 윌리 더 하르트는 여덕주에게 L에 대한 별도의 선발시험이 가능한지를 물었다.

"혹시 빠른 시일 내에 신체·체력검사 등을 모두 치를 수 있겠습니까? 한국해외개발공사 이사, 선발관 등 관계자에게도 양해를 구해야 할 것 아닙니까?"

"(앞으로 다가오며) 선발관만 좋다고 한다면 모든 절차를 다 신속히 처리할 수 있고, 그렇게 하겠습니다."

"그럼 좋습니다. 시험볼 수 있는 기회를 주도록 합시다."

L은 결국 파독 광부로 선발됐다. 레클링하우젠 광산에서 일한 뒤 현재 독일에 정착해 살고 있다. 하지만 조립은 나중에야 L의 사연은 사실이 아니라는 걸 알게 됐다고 한다.

파독 광부 선발이 이렇게 끝나고 있을 즈음, 기차 밖에는 무정하게 함박눈이 펑펑 내리고 있었다. 선발된 파독 광부들은 1976년 3월 3일부터 차례로 독일행 비행기에 올라탔다. 1977년 10월 25일 정용기 등 2차47진이 김포공항을 떠났을 때 그들 뒤에는 아무도 없었다.

간호사 강제귀국 반대운동

　1977년 재독 동포사회, 특히 파독 광부 및 간호사 사회에 위기가 닥쳐왔다. 독일 경제상황이 악화하면서 한국인 광부 파독이 중단中斷됐다. 파독 간호사에 대한 집단해고와 강제귀환 조치도 잇따라 취해졌다.

　위기는 1973년 10월 6일 발발한 '중동전쟁'으로 촉발된 '제1차 오일쇼크'로 거슬러 올라간다. OPEC(석유수출국기구) 소속의 6개 원유 생산국은 그해 10월 16일 원유 가격을 17% 인상하고 이스라엘이 아랍 점령지역에서 철수하고 팔레스타인의 권리가 회복될 때까지 원유생산량을 매월 5%씩 감산하기로 한 것이다. 이듬해 원유 생산국들은 원유가를 다시 인상해 단기간에 4배 가까이 원유 가격이 폭등했다.

　1974, 75년 세계 경제와 함께 독일 경제도 크게 악화惡化됐다. 물

가는 폭등한 반면 실질 소득은 감소했다. 많은 기업과 사람들이 거리로 내몰렸다. 광산회사와 병원 등의 채산성도 급격히 악화하면서 비용 절감이 절실해졌다. 인원감축을 비롯한 구조조정이 불가피해졌다. 1차적인 타깃은 역시 한국인 광부와 간호사 등 외국인 노동자들이었다. 독일은 외국인 노동자에 대해 '노동자를 불렀더니, 사람이 왔네'라는 정책을 고수했다. 이 정책은 '외국인 노동자(Fremdarbeiter)'라는 말 대신 '손님 노동자(Gastarbeiter)'라는 용어로 잘 설명된다. 즉 '외국인 머슴'이 아니라 '손님 같은 일꾼'이라는 호의적인 표현이었지만, 이면엔 '손님인 만큼 우리가 필요로 하지 않으면 반드시 당신 나라로 돌아가야 한다'는 의미도 내포하고 있다는 지적이다.

"40여 년이 지난 오늘, 젊던 일꾼들은 이제 고령의 이주민이 됐다. 그들, '독일 산업전선의 노병들'이 없었더라면 '라인강의 기적 Wirtschaftswunder)'도 불가능했을 것이다. 그런데도 독일 사회는 '노동자를 불렀더니, 사람이 왔네!'라는 정책을 지금까지 고수하고 있다."(조국남, 2002.9.16, 22면)

독일 경제 침체는 결과적으로 파독 광부의 중단으로 이어졌다. 아울러 실업률이 늘어나면서 서독 여성들이 병의원으로 돌아오기 시작했다. 파독 간호사들도 위기를 맞았다. 자의반 타의반으로 하나둘씩 병원을 떠나야 했다. 심지어 뮌헨의 일부 병원에서는 한국의 간호인력 10여 명이 집단으로 해고되기도 했다.

위기는 1974년 2월부터 파독 간호사의 '사치奢侈 문제'가 불거지면서 어느 정도 예고된 상태였다. 이때는 이미 외국인 노동자에 대한 독일 사회의 압박이 가중되던 때였다. 1974년 2월 21일. 주한 서독 대사관 좀머(Sommer) 문정관이 보건사회부 장관에게 한 통의 편지를 보냈다. 파독 한국인 간호사가 사치스럽고 낭비적이라는 지적이었다. 좀머 민정관 편지의 주요 내용이다.

"서독 간호요원의 개인 생활이 무분별한 여행 등 사치와 외화낭비적인 경향이 강하다. 따라서 한국 정부의 외화획득 정책에 차질을 초려할 우려도 없지 않다. 간호사 파독 10년이 넘었는데도 이들을 위한 정부 당국의 관리기구나 대책이 미흡하다."

서독 언론도 한국인 파독 간호사에 대한 부정적인 보도를 내보내기 시작했다. 뮌헨에서 발간되는 일간지 『쥐트도이체차이퉁(Sud-deutsche Zeitung·남부독일신문)』은 그해 5월 17일자 기사에서 서베를린시 관리가 한국 간호사에게 취업허가 및 체재 기간의 연장을 미끼로 성범죄를 저질러 왔다고 보도하기도 했다.

한국 정부는 간호사의 사치 문제가 여론화되자 1974년 6월 14일 노동청에서 '관계관 회의'를 열었다. 여성 노무관제 신설과 파독 전 교육 강화 등이 논의됐다.

물론 국내에서도 간호사 파독에 대한 비판론批判論이 없었던 것은 아니다. '인력수출人力輸出'에 급급하지 말고 신분 보장과 보수 등에서 권익을 지켜내야 한다는 목소리가 적지 않았다. 1974년 대한 간호협회 전산초 회장의 지적이 대표적이다.

"'인력수출'을 목적으로 한 간호보조원 제도나 교육방법을 재검토해야 하고, 특히 외국과의 계약 관계나 근로조건에 있어서 인력수출에만 급급한 나머지 저자세를 취할 게 아니라 신분보장 면과 보수 면에서 한국 간호원의 권익을 최대한 지킬 수 있는 입장이어야 하는 것이다…. 해외 파견 간호원의 문제는 단순히 인력수출이라는 경제적 차원보다 그네들이 심는 이미지 여하에 따라 한국 전체에 대한 인식이 좌우될 수 있고 나아가선 국가 간의 유대마저 영향을 줄 수도 있기 때문에 민간외교 사절을 파견하는 경우와 같은 높은 차원에서 치밀한 계획과 훈련을 시켜야 한다."(전산초, 1974.6.15, 5면)

파독 간호사들은 1977년 고조된 서독 병원들의 퇴출退出 움직임에 굴하지 않고 맞섰다. 그해 5월부터 서독 병원당국의 집단해고 및 강제추방 조치에 조직적으로 대응했다. 서명운동과 가두시위, 입법청원 등 동원가능한 모든 합법적인 방식을 사용했다.

1977년 12월 독일인과 한국 동포를 대상으로 1만 1,000여 명의 서명을 받아 서독 의회와 정부에 간호사의 집단해고와 강제추방의 부당성을 호소했다. 서명의 주요 내용은 △우리는 독일의 병원이 간호사가 필요로 해 이곳에 왔으며 당신들을 도와줬다, 우리는 상품이 아니다, 이제 우리는 우리가 돌아가고 싶을 때 돌아가겠다. △5년 이상 종사자는 무기한 노동허가를, 8년 이상 종사자는 무기한 체류허가를 보장하라 등이었다.

특히 1978년 3월 가톨릭단체인 '카리타스(Caritas)'의 후원으로 한국 동포와 독일인 등 120여 명이 참석한 가운데 파독 간호사의 강제귀환 조치에 항의하는 집회를 가졌다. 이후 내무성과 노동청, 독일병원협회 등을 방문하기도 했다.

파독 간호사의 투쟁은 적지 않은 파장을 남겼다. 독일 언론이 파독 간호사의 투쟁에 대해 호의적인 보도를 내보내면서 여론은 조금씩 바뀌어 갔다. 결국 서독 당국은 강제 귀환強制歸還 조치를 철회했다. 파독 간호사들은 승리했고, 큰 고비를 넘길 수 있었다.

파독 간호사들은 이 같은 투쟁을 거치면서 스스로 '외국인 노동자外國人勞動者'라는 사실과 '자신의 문제는 스스로 적극적으로 해결하려 할 때만이 해결된다'는 교훈을 얻었다. 이는 1978년 9월 '재독한국여성모임' 결성으로 이어지기도 했다.

"우리가 하나가 돼 벌인 대응은 강제귀환 조치의 철회뿐만 아니라 또 하나의 열매를 낳았다. '우리가 우리 문제를 적극적으로 인식하고 스스로 뛰어들 때만 해결이 된다'는 귀중한 경험이었다. 공동 투쟁의 와중에 독일 전역에 흩어져 있던 한국 간호사와 유학생들의 긴밀한 만남이 이루어졌다. 우리는 공동의 문제를 이야기하기 시작했다. '왜 우리는 여기에 있는가? 어떻게 해 여기에 있게 되었는가?' 이런 생각은 조국에 대한 염려로 이어졌다. 1978년 '재독한국여성모임'의 결성으로 이어졌다. 재독한국여성모임은 지금까지 활동해 오고 있다."(최영숙, 2002.2.4, 10면)

·
·
·
·
·
·
·

"광주여, 십자가여!" 힌츠페터에게 진 빚

밤 12시

도시는 벌집처럼 쑤셔놓은 붉은 심장이었다

밤 12시

거리는 용암처럼 흐르는 피의 강이었다

밤 12시

바람은 살해된 처녀의 피묻은 머리카락을 날리고

밤 12시

밤은 총알처럼 튀어나온 아이의 눈동자를 파먹고

밤 12시

학살자들은 끊임없이 어디론가 시체의 산을 옮기고 있었다

-김남주, 「학살1」에서

"아빠, 텔레비전에서 한국 태극기가 나와요. 태극기가…."

1980년 5월 22일 오후 8시. 노르트라인베스트팔렌 주州의 공업 도시인 레버쿠젠의 집 거실에서 TV를 보고 있던 네 살배기 딸이 놀란 눈으로 송준근에게 달려오며 소리쳤다. 주말 한글학교에 다니고 있던 딸이 TV 속에서 태극기를 알아본 것이다. 태극기가? 왜? 일을 마치고 회사에서 돌아온 송준근은 이때 집에서 승용차를 청소하고 있었다. 그는 재빨리 거실로 뛰어 들어갔다. 딸의 말대로 ARD(독일 제1공영방송)의 NDR(북부독일방송)에는 태극기가 선명하게 나왔다. 시체 위에 놓여진 태극기, 관 위에 피 묻은 태극기였다. 시위하는 시민, 시민에게 총부리를 겨눈 군인, 군인들의 칼과 총 등에 의해 숨진 사람들, 사람들 속에 포함돼 무차별적으로 맞는 대학생…. 5·18 광주민주항쟁光州民主抗爭이 세계에 알려지는 순간이었다.

텔레비전은 같은 화면을 반복해서 내보냈다. 시간대를 달리해 뉴스 시간마다 톱뉴스로 계속 방송됐다. 심장이 멎을 것만 같았다. 어떻게 저럴 수가 있단 말인가. 1970년 파독한 송준근은 광주에 살고 있는 사촌형이 걱정됐다. 국제 전화를 돌렸다. 전화는 끊겨 연결되지 못했다. 결국 사촌 형과는 광주민주항쟁이 종료된 뒤에야 통화할 수 있었다. "어떻게 된 것이냐"는 그의 질문에 사촌형은 제대로 말을 잇지 못했다. 상황이 너무나 엄중했기 때문이었다. 사촌형은 다만 "후손을 건강하게 잘 키우라"는 말만 반복했다.

한국인 광산 노동자 사회도 발칵 뒤집혔다. 광주에 친척이 살고 있는 사람은 말할 것도 없고, 다른 지역에 살고 있는 사람들도 상황 파악에 분주했다. 사태 추이에 촉각을 곤두세웠다. 그들은 모두 암울한 시대에 절망했다.

광주의 진실眞實은 파독 광산 노동자, 간호사에게만 충격을 준 게 아니었다. 독일에서 방영된 광주의 진실은 다시 한국으로 전달됐고 한국의 대학생, 노동자에게 충격을 주며 1980년대 내내 한국 사회를 뒤흔들었다. 젊은 가톨릭 신부들이 독일에서 광주항쟁을 기록한 영상 테이프를 구해 한국에 들어온 것이다. 테이프는 은밀하게 유통되기 시작했고, 영상은 전국 방방곡곡에서 은밀하게 상영됐다. 영상을 본 많은 이들이 민주주의民主主義를 외치기 시작했다. 광주는 한국 민주주의 발전의 씨앗이 됐다.

"그때 다른 한 신부님이 화면에 보였네. 독일에 체류하던 신부님이셨네. 그는 독일에서 유리겐 힌츠페터가 타전한 그 뉴스를 텔레비전에서 보고 한국에 소식을 알렸다고 했네. 다른 젊은 신부님들이 투옥의 위험을 무릅쓰고 그 필름을 독일에서 한국으로 날랐고 그렇게 우리가 보았던 그 비디오가 완성된 것일세. 독일 기자는 한국에서, 한국 신부는 독일에서 그렇게, 어둠 속에서 빛 속으로 진실을 가져다놓았다."(공지영, 2004, 88쪽)

광주의 진실이 전 세계에 빨리 알려지게 된 데에는 ARD-NDR의 도쿄특파원이었던 카메라 기자 유리겐 힌츠페터(Juergen Hinzpeter)의 기자정신記者精神이 있었기에 가능했다.

1980년 5월 22일 서울 김포공항. 힌츠페터는 떨리는 가슴을 안고 일본항공(JAL) 도쿄행 1등석 검문대 앞에 섰다. 손에는 파란색

리본으로 화려하게 꾸민 과자봉지 선물이 들려 있었다. 그것은 단순한 과자 선물이 아니었다. 목숨을 걸고 광주에 잠입해 찍은 이틀간의 광주의 진실이 담긴 필름이었다. 그는 필름을 단단한 금속 캔 속에 포장해 과자더미 속에 넣었다. 친구의 결혼선물로 위장한 것이다(Hinzpeter, 1997, 119-130쪽 참고).

광주의 진실이 담긴 필름은 힌츠페터와 함께 무사히 김포공항의 검문대를 통과, 한국에서 일본으로 옮겨졌다. 필름은 다시 일본에서 독일로 보내졌다. 그리고 독일 현지에서 위르겐 베르트람 등의 편집을 거쳐 전 세계로 타전될 수 있었다.

힌츠페터가 이에 앞서 동료 헤닝과 함께 항쟁이 벌어진 광주에 들어간 것은 5월 20일 화요일 오전이었다. 택시 운전사 김사복의 도움과 "책임자를 찾으러 간다"고 기지를 발휘, 광주 시내에 진입하는 데 성공했다.

힌츠페터의 눈앞에 펼쳐진 광주의 모습은 충격 그 자체였다. 상무대 병원에서 태극기에 둘러싸인 채 숨진 사람들, 숨진 사람들 앞에서 오열하는 가족들, 그 가족들 옆에 놓인 몽둥이 자욱이 선명한 어린 학생들의 시체….

"내 생애에서 한 번도 이런 비슷한 상황을 목격한 적이 없었다. 심지어 베트남 전쟁에서 종군기자로 활동할 때도 이렇듯 비참한 광경은 본 적이 없었다. 가슴이 너무 꽉 막혀 사진 찍는 것을 잠시 중단할 수밖에 없었다."(Hinzpeter, 1997, 127쪽)

힌츠페터는 그래도 카메라를 다시 찍기 시작했다. 치밀어 오르는 분노와 울분을 참으며 역사의 현장을 필름에 담았다. 전두환 장군을 비롯한 신군부 세력의 잔인함에 치를 떨어야 했고, 광주 시민의 용기 있는 저항에 처연함을 느끼지 않을 수 없었다.

완전히 파괴된 광주 MBC 텔레비전 방송국, "군인들에 의해 광주 시민들이 무참히 짓밟혔고 이로 인해 항쟁으로 치달았다"고 증언하는 두 명의 미국인, 시내 교차로 근처의 높은 바리케이드와 전소된 군대 트럭, 평상시처럼 활발한 시장…

힌츠페터는 광주의 현장을 담은 필름을 필름 캔과 필름 박스에 담아 아직 찍지 않은 필름처럼 위장했다. 전날 찍은 다섯 개의 릴을 셔츠 속에 숨겼다. 왔던 길을 거슬러 삼엄한 군부의 경계를 뚫고 서울로, 도쿄로 향했다. '광주의 진실'은 이렇게 해서 ARD-NDR 방송을 타고 독일로, 세계로 알려졌다.

힌츠페터에 의해 광주의 진실이 알려지자, 파독 광부와 간호사 사회는 술렁거리기 시작했다. 서로에게 전화를 걸어 텔레비전에서 본 광주의 모습에 울분을 토로했다. 그들은 서명운동을 비롯해 행동에 나서기 시작했다. 특히 5월 30일에는 독일 현지에서 가두시위를 벌였다.

힌츠페터는 그해 9월 김대중(金大中·1926-2009) 전 대통령이 사형판결을 받자 「기로에 선 한국」이란 45분짜리 다큐멘터리를 만들어 군사정권의 폭압 상을 알리기도 했다. 광부와 간호사 등 동포들은 6,000여 명의 서명을 받아 빌리 브란트(Willy Brandt·1913-1992) 수상에게 보내 김대중 전 대통령의 구명운동을 건의했다. 11월 9일에는

'김대중을 구출하자'며 시위를 벌이기도 했다. 빌리 브란트는 세계를 상대로 김대중 구명을 호소했다. 파독 광부와 간호사들의 이같은 국내 민주화 운동에 대한 지지는 나중에 '5월 민중제'로 승화됐다. 광주의 진실은 한국 국민뿐만 아니라 파독 광부와 간호사를 근본적으로 변화시켰다.

　"광주의 충격과 함께 나는 한국의 민주화에 관심을 갖게 되면서 사회와 정치에도 관심을 갖게 됐다. 광주는 나에게 정치의식을 일깨워준 아주 중요한 이름이다. 뿐만 아니라 광주항쟁이 있었기 때문에 우리 고유문화에 대한 관심도 가지게 됐다. 연극과 강연회, 한국문제 토론회, 편지보내기 운동 등을 통해 많은 독일 사람과 한국 사람들이 한마음이 돼 우리 고국의 장래를 염려하는 기회를 가질 수 있었다."(김정숙, 2002.12.2, 22면)

　세계와 한국, 재독 광부와 간호사 사회에 광주의 진실을 알린 힌츠페터는 원래 의학도였지만 '68운동' 이후 기자로 전직했다. 역사 현장을 기록하고 싶어서였다. 1968년 카메라기자로 베트남 전쟁을 취재하기 시작한 이후 1978년 도쿄특파원으로 부임하는 등 19년 동안 아시아에서 활동했다.

　힌츠페터 이외에도 많은 독일 언론인들이 광주의 진실을 보도했다. 페터 크로메(Peter Crome)는 「혁명 정신이 우리를 엄습하다」라는 제하의 기사를 5월 27일자 『슈투트가르트차이퉁(Stuttgarter-zeitung)』에 실었다. 그가 계엄군의 봉쇄를 뚫고 광주 시내로 극적으로 들어가는 다음의 장면은 지금 읽어도 손에 땀을 쥐게 한다. 그야말로 '기자 정신'이 없다면 불가능한 기적이었다.

"군대가 점점 포위망을 좁혀가고 있는 광주시로 들어가고자 노력한 지 네 번째 시도에서 우리는 행운을 잡았다. 숲이 우거진 산길 위로 난 자갈이 깔려 있는 오솔길에서다. 비스듬히 세워 놓은 트럭 뒤에서 12명의 군인들과 함께 그곳을 감시하고 있던 대위 한 명이 우리들을 도시 안으로 들어가게 허락했다. 2명의 ARD카메라 맨과 운전사 그리고 나, 모두 4명은 보도를 위해 광주로 가는 것이 아니라 며칠 전에 실종된 우리 상관을 찾으러 간다고 믿도록 설득했다. 부하의 충성심을 다하려는 우리를 대위가 이해해 줘, 우리는 광주로 들어갈 수 있었다. 도시 외곽 인근에서 가장 어렵고도 마지막의 장애물을 우리는 정보요원 덕분에 통과할 수 있었다. 양말 속에 신분증을 감추고 있던 정보요원은 남몰래 시내로 들어가기 위해 우리 자동차를 얻어 타고 싶어했다. 우리는 그를 태워준 대가로 무사히 시내로 들어갈 수 있었다. 그는 시내로 잠입해 대중에게 사태에 관한 잘못된 정보를 제공하는 수많은 비밀 정보요원 가운데 한 명이었다."(Crome, 1998, 338쪽)

광주의 여운이 남아 있던 1980년 10월. 마지막으로 독일로 떠났던 한국인 광부마저 3년 계약 기간이 끝나가고 있었다. 조명을 받았던 첫 파독 때와는 달리 국민도, 언론도 그들의 마지막 모습을 기억하지 않았다. 물론 잠시 기억되지 못한다고 하더라도 의미 있는 끝은 언젠가 반드시 기억되게 마련이지만.

　계약 기간이 완료되자 많은 사람들은 조국으로 돌아왔다. 하지만 상당수는 계속 독일에 남아 지하에서 일을 하거나, 다른 직종을 찾아 나섰다. 그들은 재독 동포로 살아갔다.

　시간이 흐르면서 독일에 남은 파독 광부도 점점 줄어갔다. 주독 한국대사관 등에 따르면 1984년 12월 31일 기준으로 독일 광산에서 일하고 있던 한국인 광산 노동자는 프리드리히 하인리히 광산의 정용기를 비롯해 루르(Ruhr)지역에 153명과 에슈바일러 광산에 50명 등 203명에 불과했다(정해본, 1988, 77쪽 참고).

:
:
:
:
:
:
:

베를린 장벽 붕괴에서 통일을 읽다

"1989년은 동서독 (베를린) 장벽障壁이 무너지는 감격적인 해였지요. 베를린에 살면서 그것을 직접 경험할 수 있었어요. 많은 한국 사람들과 함께 우리도 빨리 통일이 될 수 있기를 염원했죠."(한정로, 2002.12.23, 22면)

1989년 베를린 장벽 붕괴로 상징되는 역사적인 독일 통일統一을 현장에서 경험한 파독 간호사 출신의 한정로는 당시를 이렇게 회고했다. 그러면서 베를린 장벽 붕괴로 비로소 한반도 통일을 고민하게 됐다고 말을 이었다.

"동서독의 통일은 갑자기 우리에게도 남과 북의 통일이 가능한 것으로 보이게 했죠. 통일에 대한 관심을 확대한 중요한 역사적 경

험이었어요."(한정로, 2002.12.23, 22면)

한정로의 지적처럼, 독일 통일은 파독 광부와 간호사 사회에 적지 않은 영향을 미쳤다. 왜냐하면 마지막 분단국인 우리에게도 통일의 가능성을 웅변하는 동시에 통일을 향해 실천하게 만든 대사건이었기 때문이다.

동서독을 가른 분단의 장벽, '베를린 장벽(Die Berliner Mauer)'. 우리에게 38도선이 있다면, 독일에게는 베를린 장벽이 있었다. 1945년 제2차 세계대전에서 독일은 패했다. 미국과 소련 등 연합국에 의해 독일은 동독과 서독으로, 베를린은 동베를린과 서베를린으로 나눠졌다. 1950년 중반 베를린 장벽화가 선언된 뒤 1961년 장벽이 세워졌다. 독일은 오랜 시간 분단돼 고통을 겪었다.

1989년 11월 9일. 베를린 장벽이 붕괴됐다. 동서독 간 경제력 등의 격차가 심해졌고, 구소련의 몰락으로 지지력을 잃은 동독이 붕괴되면서 서독에 흡수 통일된 것이다. 서독은 이 과정에서 미국과 소련 등으로부터 통일에 대해 적극적으로 지지받거나 적극적으로 반대하지 않도록 하는 방식으로 국제관계를 조정 관리했다. 비록 통일된 독일은 적지 않은 '통일 후유증'을 앓고 있지만, 그래도 무력충돌이 없는 평화적인 통일을 이뤘다는 점에서 많은 교훈을 남겼다.

만약 남한과 북한이 언젠가 통일을 한다면, 독일은 꼭 기억돼야 할 나라 가운데 하나일 것이다. 독일의 의미는 단순히 분단국가라는 공통성으로만 한정되지 않기 때문이다. 최근 남북 간 직접 왕래가 적지 않고 가까운 중국을 경유해 방북하는 경우가 많지만, 중국이 개혁개방하기 이전에는 독일이 많은 통일운동가의 방북 루트가 됐다. 1989년 북한을 다녀온 소설가 황석영은 이후 독일에서 오랜 기간 체류한 뒤 1993년 귀국, 구속됐다. 전대협 대표로서 1989년 북한 평양축전에 참여했던 임수경도 1989년 6월 20일 출국해 독일을 경유, 평양에 도착하기도 했다.

재독동포들도 조국의 통일을 위해 구체적인 행동을 벌이기도 했다. 특히 1980년 후반과 1990년대 초반 거세게 불었던 통일운동에 대한 지지와 통일운동가 구명운동에 나서기도 했다. 1989년의 일이다.

"이튿날(1989년 11월 10일) (재독한국)여성모임 회원들은 북과 장구, 꽹과리를 치면서 '조국은 하나다(Korea is one)'라고 쓴 현수막을 들고 브란덴부르크 문 앞에서 손을 들어 크게 외쳤다. 지나가는 사람들이 우리를 붙잡고 '독일이 다시 통일됐으니, 너희 나라도 멀지 않아 곧 통일이 될 것'이라고 우리에게 용기를 불어넣어 줬다…. 나는 바로 그때 친구들과 함께 금단의 나라, 북한을 방문하고 국가보안법 위반으로 감옥에 계신 문익환 목사님과 임수경 학생의 석방을 위해 서명운동을 하고 있었다. 통일의 기쁨으로 가득찬 독일 사람들은 한국의 국가보안법에 대해 설명을 하려고 하면, 벌써 다 알고 있다는 듯이 기꺼이 서명을 해줬다. 이날 약 4,000여 명의 서명을 받을 수 있었다. 무력을 쓰지 않고 피를 흘리지 않고 이루어진 독일의 평화통일을 피부로 느끼면서 우리 민족이 겪고 있는 참담한 비극을 생각하지 않을 수 없었다. 5,000년의 유구한 역사를 하나의 핏줄로 이어온 우리 민족이 외세에 의해 조국의 분단과 민족분열의 비극을 겪게 된 지도 어언 반세기, 이제 민족대단결로 분단과 대결의 역사를 끝장내야 할 시기가 아닌가?"(김진향, 2002.3.25, 10면)

파독 광부와 간호사 사회는 1980년 광주의 진실과 1989년 베를린 장벽 붕괴라는 두 가지 대사건을 통해 조국의 민주주의와 한반도 통일에 대한 문제의식을 심화시켰다.

역사를 산다는 건 말이야
밤을 낮으로 낮을 밤으로 뒤바꾸는 일이라구
하늘을 땅으로 땅을 하늘로 뒤엎는 일이라구
맨발로 바위를 걷어차 무너뜨리고
그 속에 묻히는 일이라고
넋만은 살아 자유의 깃발로 드높이
나부끼는 일이라고
벽을 문이라고 지르고 나가야 하는
이땅에서 오늘 역사를 산다는 건 말이야
휴전선은 없다고 소리치는 일이라고
서울역이나 부산, 광주역에 가서
평양가는 기차표를 내놓으라고
주장하는 일이라고

-문익환, 「잠꼬대 아닌 잠꼬대」에서

제8장

경제 초석 놓고
독일에는 한국혼

．
．
．
．
．
．
．

'한강의 기적' 씨앗이 된 광부 간호사의 송금

"그 사람들 때문에 서독에서 차관이 들어와 경기에 기름기가 돌기 시작했고, 거기다가 광부들이 계속 가면서 송금하는 게 본격화되니까 판이 아주 달라지고 있다 그거지. 그 사람들은 매달 의무적으로 송금을 해야 하고, 그렇게 들어오는 돈은 전부가 다 귀한 딸라(Dollar)란 말야."(조정래, 2003, 50-51쪽)

조정래의 대하大河소설 『한강』(제4권) 가운데 건설업자 박부길이 아들 박준서에게 중요한 경영 노하우를 가르치는 대목이다. 박부길은 여기에서 광부 파독이 갖는 경제적인 의미意味를 정확하게 짚는다.

"정부에선 딸라를 쌓으면서 국내 돈을 찍어 가족들에게 전해주는 거니까 나라는 부자가 되고, 국내 소비는 촉진되면서 경기가 좋아지고, 그 사람들 공이 이만저만이 아니야. 거기다가 간호사들까지 서독으로 가기 시작했어. 그럼 더 많은 딸라가 들어오게 될 텐데. 이건 우리한테 더 없이 좋은 기회야. 정신 바짝 차리고 이 기회를 놓쳐서는 안 된다 그런 말이다."(조정래, 2003, 50-51쪽)

즉 박부길은 광부 파독을 '파독 광부의 송금送金 → 정부의 외화 축적과 민간의 소비 촉진 → 근본적인 경제의 변화'라는 경제성장의 선순환善循環 고리의 출발점으로 인식한다. 도대체 파독 광부의 송금이 한국 경제성장에 있어서 어떤 의미가 있길래 사업가 박부길은 "판이 아주 달라지고 있다"고 했을까.

먼저 파독 광부와 간호사의 국내 송금 규모를 살펴볼 필요가 있다. 노동청(1976) 등에 따르면 파독 광부와 간호사들은 1964년 11만 달러를 시작으로 △1965년 273만 달러 △1966년 477만 달러 △1967년 579만 달러 △1968년 241만 달러 △1969년 124만 달러 △1970년 333만 달러 △1971년 659만 달러 △1972년 831만 달러 △1973년 1,416만 달러 △1974년 2,447만 달러 △1975년 2,768만 달러 등 모두 1억153만 달러를 송금했다(진실·화해를위한과거사정리위원회, 2009, 213-214쪽 참고).

<표 6> 광부 및 간호사 등 서독 근로자 송금 규모

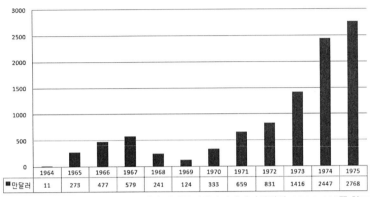

만달러	1964	1965	1966	1967	1968	1969	1970	1971	1972	1973	1974	1975
	11	273	477	579	241	124	333	659	831	1416	2447	2768

<출처> 노동청, 1976; 진실·화해를위한과거사정리위원회, 2009, 214쪽 참고

파독 광부와 간호사의 이 같은 송금액은 지금의 우리나라 경제 규모에서 보면 큰 게 아니겠지만, 당시 경제규모에서 살펴보면 상당한 의미가 있었다. 즉 파독 광부 및 간호사의 송금은 당시 우리나라 상품商品 수출의 2% 가까운 비중比重을 차지했다. 각종 자료 등에 따르면, 1965년 한국의 상품수출 총액은 1억 7500만 달러 수준이었는데, 그해 파독 광부와 간호사들이 한국에 송금한 금액이 273만 달러였다. 따라서 파독 광부와 간호사 등의 송금은 우리나라 상품수출액의 1.5%를 차지하는 큰 액수였다. 베트남파병이 본격화된 1966년의 경우 한국의 상품수출 총액의 2억 5000만 달러였고, 그해 파독 광부와 간호사가 송금액은 477만 달러로, 상품수출액의 1.9%를 차지했다. 1967년 상품 수출액은 3억 2000만 달러였고, 파독 광부와 간호사들의 송금액은 579만 달러로 상품수출액의 1.8%에 이르렀다. 즉 1965-67년 3년간 파독 광부 및 간호

사의 송금액은 당시 우리나라 총 수출액의 거의 2%에 육박肉薄하는 규모였다는 얘기다(노동청, 1976; 진실·화해를위한과거사정리위원회, 2009, 213쪽 참고).

특히 파독 광부들의 국내 송금은 순수한 외화획득外貨獲得이었고, 따라서 원자재와 중간재를 사서 재가공해 파는 당시의 상품 수출보다 실질적인 국제수지면에서 비교할 수 없을 만큼 효과가 컸다는 지적도 있다. 박래영의 지적이다.

"엄격히 따지자면 해외진출 인력의 송금액과 상품수출액을 직접 비교해 국제수지 효과를 말하는 것은 적절하지 못하다. 해외진출 인력의 송금은 전액 외화획득으로 볼 수 있다. 하지만 상품수출은 원자재나 중간재를 도입한 경우가 많아 부가가치만이 외화획득으로 되기 때문이다. 만약 순수한 외화획득으로 환산한다면 해외진출 인력의 송금이 이룩한 국제수지 개선효과는 상품수출에 의한 것보다 1.5배 내지 2배로 높게 평가돼야 할 것이다."(박래영, 1988, 543-544쪽)

아울러 파독 광부 및 간호사의 송금은 당시 우리나라 외환 보유고外換保有高의 최대 2.3%까지 차지하기도 했다. 한국은행 경제통계시스템 등에 따르면, 파독 광부 및 간호사의 송금은 1964년 11만 달러로 그해 우리나라 외환보유고(1억 3640만 달러)의 0.08%를 차지한 이래 △1965년 1.87% △1966년 1.95% △1967년 1.62%를 차지했다. 광부 및 간호사 파독 중단으로 1968년부터 1970년까지 그 비중이 줄었지만 1971년 1.16%(송금액 659만 달러, 외환 보유고 5억 6810만 달러)로 다시 증가한 뒤 △1972년 1.12% △1973년 1.29% △1974년 2.32% △1975년 1.79%를 차지했다.

<표 7> 독일 노동자 송금의 수출 및 외환보유고 대비 비중

연도	수출액 (만 달러)	외환보유고 (만 달러)	송금액 (만 달러)	송금액/ 수출액	송금액/ 외환보유고
1964	11900	13640	11	0.09%	0.08%
1965	17510	14630	273	1.56%	1.87%
1966	25030	24520	477	1.91%	1.95%
1967	32020	35660	579	1.81%	1.62%
1968	45540	39100	241	0.53%	0.62%
1969	62250	55290	124	0.20%	0.22%
1970	83520	60970	333	0.40%	0.55%
1971	106760	56810	659	0.62%	1.16%
1972	162410	73970	831	0.51%	1.12%
1973	322500	109440	1416	0.44%	1.29%
1974	446040	105570	2447	0.55%	2.32%
1975	508100	155020	2768	0.54%	1.79%

<출처> 진실·화해를위한과거사정리위원회, 2009, 213쪽 및
한국은행 경제통계시스템 데이터

결국 파독 광부와 간호사 등의 송금은 당시 상품수출 규모와 외환보유고에서 차지하는 비중 등 여러 측면을 고려하면 상당히 유의미한 규모였고 비중이었음을 알 수 있다. 결과적으로 파독 광부와 간호사의 송금이 한국 경제성장에 차지하는 기여도寄與度는 단순 수치 이상이었다는 분석이다. 심지어 한국 경제성장에서 10% 이상 기여했다는 분석조차 있다. 김수용 등은 파독 광부와 간호사 등 해외인력 송금의 한국 경제성장에 미친 기여도(불변가격 송금 증가액/GNP 증가액×100)를 분석한 결과 1965년에는 12.2%에 이르고, 1966년에는 11.8%, 1967년에는 무려 15.1%에 이른다고 주장했다. 파독 광부와 간호사들은 1960년대 후반 송금을 통해 한국 경제성장에 두 자리수대 기여를 했다는 얘기다.

<표 8> 파독 광부 및 간호사 등 해외인력들의 한국 경제성장 기여도

연도	경상가격 GNP (A,억 원)	경상가격 송금액 (B,억 원)	불변가격 GNP 증가액 (C,억 원)	불변가격 송금 증가액 (D,억 원)	B/A (국민총생산에 대한 기여도, %)	D/C (경제성장에 대한 기여도, %)
1965	8057	45	2134	231	0.6	12.2
1966	1조 370	155	4934	520	1.5	11.8
1967	1조 2812	310	299	380	2.4	15.1
1968	1조 6529	239	5262	-380	1.4	-6.7
1969	2조 1552	199	7157	-206	0.9	-2.8
1970	2조 6840	150	4515	-189	0.6	-4.0

<출처> 김수용, 1983, 50쪽

파독 광부와 간호사들의 외화 송금은 3년 계약기간을 끝낸 뒤 미국이나 캐나다 등 제3국으로 이민한 뒤 다시 현지에서 국내에 송금한 돈까지 합치면 훨씬 늘어난다.

이처럼 파독 광부와 간호사의 송금은 본격적인 성장을 시작하던 1960년대 초·중반 한국 경제에 엄청난 영향을 미쳤다. 송금은 가계 측면에선 소비消費와 저축貯蓄을 촉진시켰다. 소비 증가는 각종 소비재 산업의 생산증대를 유발했고, 저축 증가는 투자재원投資財源의 확대로 이어지면서 산업생산력을 확대시켰다. 국가 차원에서는 외환보유고를 늘려 새 투자를 가능하게 했고, 경제성장의 동력을 확보하는 효과도 가져왔다는 얘기다.

"인력수출은 진출인원 만큼의 새 고용이 창출될 뿐 아니라 관련 산업의 수요를 유발해 파생적 노동수요를 일으킴으로써 고용증대雇傭增大에 기여한다. 해외에서 지급받는 임금은 관련 직종 간의 인력확보 등을 위한 연쇄적 임금상승의 파급효과를 나타내고, 개인 노동자가 수령한 외화임금은 전체로서 국민경제에 외화수입 형태로 돼 국제수지 개선에 막대한 영향을 미쳤다. 1977년에는 무역수지 적자를 133.14% 보전해 경제수지가 흑자로 전환하는 데 결정적 기여를 한 것이다."(오영모, 1978, 120쪽)

즉 파독 광부와 간호사의 송금은 고용 창출, 내수 진작과 투자활성화, 외화 보유고 증가, 물가상승, 국제수지 개선 등 한국 경제의 많은 부문에서 긍정적인 영향을 미쳤다는 것이 대체적인 지적이다.

그래서 광부 파독은 1965년 베트남 파병, 1970년대의 중동 특수 등으로 이어지며 해외취업을 통한 한국 경제 기여의 시발점이 되기도 했다. 이러한 점에서 파독 광부와 간호사, 그들이 보낸 송금은 '한강의 기적'으로 불리는 1960, 70년대 한국의 경제성장의 디딤돌이었다는 평가를 받기에 충분하다.

1974년 파독한 남편을 따라 1978년 5월부터 독일에서 살아온 정화랑이 "한국 경제성장의 씨앗은 독일에서 광부와 간호사들이 벌어들인 외화였다"고 한 다음의 평가는 결코 틀린 게 아니라는 판단이다.

"훨씬 뒤의 일이지만, 독일 연방 공보성에 우리나라 광부의 파독 경위를 알아보려고 문의를 했다. 공보성에서는 신문을 복사해 보내왔다. 몇 년간에 걸쳐 관영통신 DPA(Deutsche Presse-Agentur)를 인용해 보도했던 신문 기사를 여러 장 복사해 보내 줬다. 나는 그것을 읽어보고 우리나라 경제발전의 씨앗은 독일에서 광부와 간호사들이 벌어들인 외화였다고 생각했다."(정화랑, 1997, 228-229쪽)

광부 파독에 많은 영향을 미친 백영훈白永勳은 '한강의 기적'으로 표현되기도 하는 한국의 1960, 70년 경제성장은 기본적으로 4가지 계기로 이뤄졌다고 분석했다. 즉 △1963년부터 시작된 광부와 간호사의 파독과 마르크화 △1960년 후반의 일본 청구권請求權 자금의 유입과 포항제철 건설 등 경제 분야 전용轉用 △베트남전 참전과 이를 매개로 한 베트남 특수 △1970년대 중동 건설 특수가 그것이다. 그는 그러면서도 광부, 간호사의 파독은 "가난에서 벗어나 보려는 몸부림이었다"며 "한국 경제성장의 원동력"이라고 평가했다. 한국 경제성장의 가장 첫 번째 계기契機가 됐다는 얘기다.

"아직도 우리 기억에 생생한 서독 광부, 간호사 파견은 두말할 것도 없이 가난에서 벗어나 보려는 극동 조그마한 나라의 몸부림이었다. 그것이 1960년대부터 시작된 한국경제 발전의 원동력이었다. 말없이 가슴으로 맺은 공감대, 자각과 분발, 그것이 위대한 힘을 생겨나게 했다. 나는 그 불이 결코 꺼지지 않았다는 것을 안다. 꺼질 수가 없기 때문이다."(백영훈, 2001, 49쪽)

한·독 관계 발전에도 도움

　파독 광부와 간호사가 단순히 한국 경제성장에만 기여한 것은 아니다. 한국과 독일의 양국 관계 증진關係增進에도 적지 않은 영향을 미친 것으로 보이기 때문이다. 1964년 박정희 대통령이 독일을 방문하고 1967년 하인리히 뤼브케(Karl Heinrich Lübke·1894-1972) 서독 대통령이 한국을 찾는 등 양국 대통령이 상호 교차방문하면서 두 나라 관계를 개선시킨 바탕에는 파독 광부 및 간호사가 있었다는 지적도 있다. 박래영의 지적이다.

　"서독에 광부와 간호사의 파견이 실현되면서 두 나라 간 해결해야 할 문제가 발생함에 따라 정부 간 관계도 더욱 긴밀해졌다. 초기 우리나라에서는 광부 파독을 정부가 직접 맡았기 때문에 많은 교섭이 우리나라 정부와 서독 민간단체 사이에서 이루어졌고, 서독 정부와의 직접적인 관계는 많지 않았다. 파독 광부와 간호사의 수가 많아지면서 정부 간 관계도 다양해졌고 방문 기회도 많아지자 드디어 (1964년) 박정희 대통령의 서독 방문이 실현되는 등 외교 관계의 발전이 있었다. 한국과 서독은 그 이전에는 소수의 유학생을 파견하고 약간의 교역이 있는 정도에서 관계가 유지됐을 뿐이었지만, 서독에 취업한 한국인 수가 많아짐에 따라 국익에서 차지하는 비중이 커졌고, 종국에는 대통령의 방독까지 이른 것으로 봐야 한다."(박래영, 1988, 570쪽)

한국과 독일의 관계발전은 시간이 흐르면서 자연스럽게 교역이나 자본투자 등 경제 관계 증진으로 이어졌다. 독일은 현재에도 한국의 주요 교역국交易國의 지위를 견고하게 유지하고 있고, 유럽연합(EU) 국가 중에선 여전히 최대 교역국 위상을 지켜오고 있다.

한국은 2011년 3월 기준 독일과의 교역에서 △수출 95억 달러 △수입 169억 달러 △무역수지 마이너스 74억 달러를 각각 기록, 10대 교역국의 지위를 차지했다. 특히 수입 규모에서는 6위, 무역수지 적자 규모에서는 4위를 각각 차지했다(한국무역협회, 2011.3.29; 외교통상부 통상기획홍보과, 2012.2, 10쪽 참고).

최근에는 중국과 인도 등이 급부상하면서 교역 비중이 상대적으로 낮아지는 추세이지만, 이전 시기 독일의 비중은 막중했다. 2000년 한국과의 교역 규모에 있어 독일은 미국, 일본, 중국, 홍콩, 호주에 이어 6위였지만, 과거의 수치까지 합친 총 교역량은 125억 달러로 한국의 4대 교역국이었다. 한국도 독일에 있어 미국, 일본, 네덜란드에 이어 제4위 투자대상국이었고, 아시아 국가 중에서는 제1의 투자대상국이었다(백영훈, 2001, 98-99쪽 참고).

양국 문화 교류交流에도 적지 않은 영향을 미쳤다. 파독 광부와 간호사들은 독일인과 독일 사회, 독일에 진출한 제3국인에게 한국과 한국 문화를 알리는 전도사傳道師가 되기에 충분했다. 그들은 진정한 한국의 사상과 문화의 전파자라는 지적은 결코 과언이 아니었다.

파독 광부와 간호사들은 역으로 해외 경험이 많지 않던 한국인들에게 간접적인 해외 경험을 가능하게 했다. 많은 한국인은 이들을 통해 독일 또는 유럽에 대한 세계주의적 사고를 축적했다.

"직접적인 해외취업의 경험이 없는 나머지 가구도 거의 예외 없이 해외취업의 간접間接 경험자들이다. 일가친척이나 친지들 가운데 해외 취업 경험자가 없는 가구가 거의 없기 때문이다. 이들 역시 가족이나 친지인 해외취업 경험자로부터 현지 생활의 생생한 경험을 밤새워 듣기도 했다. 그들이 들려주는 이야기는 현지의 힘든 작업이나 고통스러운 악조건의 환경만이 아니었고 현지의 풍물과 관습, 그곳 사람들의 생활과 접촉 경험도 포함됐다. 여기에 신문이나 잡지 또는 TV에서 접할 수 있었던 해외취업의 실상까지 보태면 거의 모든 국민이 직접 또는 간접으로 해외취업을 충분히 경험한 셈이다. 해외진출에 대한 직접 또는 간접의 폭넓은 경험을 가질 수 있었던 것은 국제화 시대를 재촉하면서 국민의 해외진출을 촉진하는 데 큰 힘을 발휘하고 있다. 거기에 그치지 않고 외국과 비교해 우리가 살고 있는 이 땅에서 살아가는 것이 결코 나쁜 환경에서 어렵게 살아가는 게 아니라는 인식을 갖도록 하는 데도 크게 기여한 것이다. 1960년대까지만 하더라도 해외로 나가는 것은 특정 계층의 특권인 것으로 인식돼 왔고, 해외여행만 할 수 있어도 좋겠다는 생각이 있었다. 보통 사람으로서 해외에 나가는 것은 무조건 좋은 일이거나 그렇지 않으면 매우 두려운 일인 것처럼 느껴졌다. 그러나 폭넓은 해외취업 경험을 거치면서, 해외진출은 무조건 좋은 일이라는 생각도, 두려운 일이라는 생각도 없어졌다."(박래영, 1988, 562쪽)

물론 아쉬움이 전혀 없는 것은 아니다. 한국인 광부 파독의 역사적 성취成就를 재검토해보면, 기본적으로 1963년 12월 한국 정부와 독일 연방공화국 석탄협회 간 체결한 「독일탄광에서 한국 광부의 잠정적 취업계획에 관한 한·독 간의 협정」('제1차 파독 광부 협정')의 목적 및 목표를 100% 충족시킨 게 아니기 때문이다. 양측은 '제1차 파독 광부 협정'에서 광부 파독의 목적을 '직업상의 기술 습득과 지식 향상'(제1장)이라고 규정했지만, 한국은 광업 기술의 습득과 지식 향상이라는 전략적인 성과로 연결시키지 못했기 때문이다. 광부 파독을 국내 실업문제 해결과 외화획득의 수단으로만 관심을 가졌던 것으로 보이기 때문이다.

독일 또한 이 같은 한국 정부의 현실과 한계를 사실상 방임放任해버려 기술과 지식의 전수라는 '파독 광부 협정'의 의무義務를 다하지 못한 것이라는 해석도 가능하다. 즉 독일도 자국의 부족한 노동력 문제의 해결에 만족해 버린 것으로 보여서다. 독일 정부와 사회가 한국과 한국인 노동자에 대해 전략적인 시각과 연대의식이 부족했다는 다음의 주장도 이와 무관치 않아 보인다.

"지금에 와서 돌이켜보면 1950-60년대 외국인 노동자들의 수입을 결정하는 과정에서 서독 정부와 여러 관련 기관은 이들 '이질적인 존재'의 유입에 따른 문제를 깊이 검토한 흔적이 별로 없다. 독일은 유럽의 부국 가운데 해외 식민지를 가장 적게 갖고 있던 나라 가운데 하나였다. 그만큼 외국인 노동자-당연히 경제적 사회적으로 하층일 수밖에 없는-문제를 야기할 소지가 인접국에 비해 상대적으로 많았다는 얘기다. 그럼에도 정당과 노조, 사용자단체, 심지어 교회나 각종 복지 관련 이익단체까지도 이들 외국인 노동자를 보는 시각은 그저 부족한 노동력을 메우기 위해 일시적으로 불가피하게 필요한 존재 정도의 수준이었다."(재독한인글뤽아우프친목회, 1997, 87쪽)

즉 한국과 독일 정부 모두 처해진 현실 여건에 휘둘리면서 수십 년 이상을 내다보는 장기적인 비전과 전략戰略을 갖지 못한 채 '파독 광부 협정'의 목표를 실행하지 못한 게 아닌가 하는 판단이다.

서울올림픽 유치와 '차붐 신화'에도 힘 보태

"세울 코리아(Seoul Korea)!"

세계인의 이목이 집중됐던 1981년 9월 30일 오후 4시, 독일 남서부 바덴뷔르템베르크 주州에 위치한 도시 바덴바덴. 스페인 출신의 후안 안토니오 사마란치(Juan Antonio Samaranch) 국제올림픽위원회(IOC) 위원장이 제24회 올림픽 개최지로 대한민국 서울을 선언했다. 총회장에 있던 한국 대표단은 두 손을 올리며 환호했고, 서로를 얼싸안았다. 서울이 일본 나고야名古屋시를 52대 27로 물리치고 올림픽을 극적으로 유치하는 순간이었다.

한국을 세계에 알린 1988년 서울올림픽. 서울올림픽이 유치되기까지 기업인으로서는 고 정주영(鄭周永·1915-2001) 현대그룹 회장, 정부 측 인사로는 박종규(당시 대한체육회 회장) 씨와 노태우 전 대통령(정무2장관) 등이 많은 노력을 한 것으로 알려지고 있다.

특히 정 회장의 활약은 눈부신 것이었다. 1981년 5월 올림픽유치 민간추진위원장을 맡은 그는 그해 9월 15일 유럽에 도착, 올림픽 유치활동을 진두지휘하며 최선을 다했다. 오전 5시에 일어난 그는 7시부터 전략회의를 시작으로 IOC위원 성향분석을 기초로 개별 홍보활동을 벌였다. 특히 중동, 아프리카 등 저개발 IOC위원을 집중 공략해 몰표를 얻어내는 데 기여했다(정주영, 1986, 331-333쪽; 1991, 191-201쪽 참고).

이 과정에서 적지 않게 힘을 보탰던 파독 광부와 간호사 등 교포사회의 노력은 아직 제대로 조명받지 못하고 있다. 파독 광부와 간호사들은 한국 대표단의 통역을 맡았다. 매일 바덴바덴 거리를 청소했다. 특히 파독 광부들은 IOC위원이 머물고 있던 브래노스 파크 호텔 주위를 청소하며 한국에 대한 이미지 제고를 위해 노력했다. 김문규의 기억이다.

"파독 광부를 비롯한 교민들은 바덴바덴 시를 매일 청소했다. 만나는 사람마다 인사를 하고, 한국의 올림픽 유치 당위성을 주장하곤 했다. 동네마다 코리아를 연호하는 등 정서를 완전히 한국 쪽으로 돌려놨다."

독일 분데스리가에서 활약해 한국인의 긍지를 높인 차범근車範根 선수의 성공 뒤에도 파독 광부의 땀이 있었다. 소위 '차붐 신화神話'는 차범근 선수의 성실한 자세와 뛰어난 경기력뿐만 아니라 파독 광부들의 숨은 노력이 있었기에 가능했다는 것이다.

차범근은 1980년대 독일 축구 분데스리가에서 하나의 전설이었다. 1979년 프랑크푸르트 유니폼을 입고 분데스리가에 데뷔해 1989년 바이엘 레버쿠젠에서 은퇴할 때까지 308경기에서 98골을 터트렸다. 이 기록은 1999년까지 분데스리가의 외국인 최다 득점 기록으로 유지됐다(강준만, 2000, 161-170쪽 참고). 심지어 차범근을 노래한 시까지 나올 정도였다. 에크하르트 헨샤이트(Eckhard Henscheid)가 1979년 쓴 시 「차범근 찬가(Hymne auf Bum Kun Cha)」의 일부다(김화성, 2006.7.11, 67쪽 재인용).

축구 신의 은총은 놀라워라.
아무도 몰랐노라, 언제 그리고 어디서
그가 푸스카스와 펠레와 겜페스 후임으로
선택받은 자를 새로 보내줄지.
하지만 신은 학수고대하는 자신의 백성을 잊지 않고,
인도와 갠지스 강을 건너 아주 먼 나라로
탐색의 눈초리를 번뜩였노라.
그곳에는 오래 전부터 남자들의 기상과 고상한 기운이
꽃피우고 있으니.
용맹스런 코리아여! 당신은 우리에게 차를 보내주었노라!

광산 노동자들은 차범근이 프랑크푸르트에 입단하기까지 적지 않은 도움을 줬다. 파독 광부 출신으로 재독 한인연합회장을 역임한 여우종이 차범근의 프랑크푸르트 입단에 앞장섰고, 장재인을 비롯한 많은 파독 광부들이 거들었다. 차범근은 당시 군 복무 중이었기에 독일 진출이 여의치 않았다. 이에 여우종을 비롯한 파독 광부들은 독일 현지에서 서명운동을 벌여 그의 독일 진출을 촉구했다. 정부도 긍정적으로 검토하면서 차범근의 독일행이 이뤄졌다.

차범근이 독일에 온 것은 1978년 12월. 여우종 등은 1979년 "차범근이 분데스리가 브레멘에서 테스트를 받게 됐는데 같이 갈 수 있었으면 좋겠다"고 파독 광부를 불렀다. 여우종 등 파독 광부들은 논의 끝에 브레멘 대신에 프랑크푸르트에서 테스트를 받도록 주선했다. 홍종철의 증언이다.

"차범근이 프랑크푸르트로 오기 전, 여우종이 차범근의 입단을 놓고 브레멘의 매니저 로디 어사우어와 상담을 했다. 사정이 여의치 않았다. 다행히 프랑크푸르트의 '코치 트레이너'였던 슐체와 얘기가 잘 됐다. 그는 한국에서 열린 국제경기에서 화랑팀 소속으로 뛰던 차범근을 눈여겨봤던 것이다. 여우종은 이때도 동료 노동자들과 함께 많은 노력을 했다."

특히 장재인 등 파독 광부들은 차범근이 입단 테스트를 받는 동안 불고기를 하루 세 번씩 섭취할 수 있도록 했다. 유럽 선수 수준의 체격과 체력을 유지시켜주기 위해서다. 또 잔디구장에 익숙하지 못한 그를 위해 잔디가 깔린 쾰른의 얀 베세(Jahn Wiese)에서 연습하도록 알선해 줬다(장재인, 2002, 214쪽 참고).

특히 차범근이 1979년 7월 분데스리가 프랑크푸르트에서 뛰게 되자, 파독 광부 등은 주말이면 축구장을 찾아 응원했다. 분데스리가 데뷔 후 첫 원정 경기인 뒤셀도르프와의 경기에서 재독한인회는 50인승 전세버스로 응원을 가기도 했다. 자신감을 갖고 플레이하도록 하기 위해서였다.

처음 독일어가 능숙하지 못했던 차범근의 통역을 해준 것도 파독 광부들이었다. 파독 광부 이석문과 홍종철 등이 차범근의 통역을 맡았다. 1980년부터 3년간 차범근의 통역을 했던 홍종철의 얘기다.

"1980년 어느 날. 프랑크푸르트 감독 프리델 라우쉬에게서 전화가 왔다. 한번 만나자고 했다. 프랑크푸르트구장 옆 퀸스호텔로 갔다. 라우쉬 감독과 함께 우드 클루 팀매니저, 차범근 3명이 기다리고 있었다. 우드 클루는 '차범근이 축구는 잘 하는데, 말을 알아듣지 못한다'며 도와달라고 요청했다. 처음 몇 개월 (통역을) 하기로 했는데 3년을 하게 됐다. 집을 구하면서 계약서다 뭐다 하며 여러 뒷바라지도 했다."

차범근은 1953년 5월 22일 경기도 화성 출신으로 경신중, 경신고와 고려대 체육학과를 졸업했다. 1978년 12월 25일 다름슈타트와 6개월간 가계약을 맺고 보쿰전에서 77분간 출전했지만 군복무 문제로 귀국했다가 1979년 7월 아인트라흐트 프랑크푸르트에 스카우트된 뒤 분데스리가에서 10여 년간 활약했다. 차범근은 데뷔 첫 해인 1979년 12골을 넣으며 득점 7위에 오른 이후 아인트라흐트 프랑크푸르트와 레버쿠젠을 거쳐 1989년까지 308경기에 출전, 98골을 기록했다. 특히 1980년과 1988년 소속팀인 프랑크푸르트와 레버쿠젠을 유럽축구연맹(UEFA)컵 정상에 올려놓았다(강준만, 2000, 161-170쪽 참고).

차범근은 1972년 한국축구 국가대표팀 선수로 첫 A매치에 출전한 이래 1986년까지 모두 127회 출전, 57골을 기록했다. 국가대표팀 감독과 한국프로축구 수원 삼성 감독 등을 역임했다. 아내 오은미 씨 사이에 2남 1녀가 있으며, 1남 차두리 선수도 분데스리가에서 활약한 뒤 한국프로축구 서울FC에서 뛰었다.

독일에서 이미륵을 되살리다

1989년 3월 20일 토요일 오후 3시, 독일의 남부 도시 뮌헨에서 10여km 떨어진 그래펠핑(Grafelfing)의 공동묘지 정문에서 왼쪽으로 꺾이는 곳에 시멘트로 만들어진 묘비 앞에 촛불이 켜졌다. 묘비 앞 하얀 종이에 놓인 오징어 다리 위로 태양이 작렬하고 있었다. 검은 머리의 한국인 7-8명이 차례로 소주잔을 올리더니 재배再拜를 하기 시작했다. 뮌헨 시내에서 식료품 가게를 운영하는 송준근과 민영규, 아우그스부르크시에서 달려온 전동문과 강원식 등 파독 광부들이었다. 이들이 제사를 지낸 묘비에는 선명하게 한문글씨가 쓰여 있었다. '이미경李儀景'. 문학을 통해 한국을 독일 사회에 알린 망명작가 이미륵(李彌勒·1899-1950)의 본명이었다. 이날 행사는 재독 동포들이 자발적으로 이미륵 묘지에서 그를 추모하며 가진 첫 제사였다.

이후 이미륵이 세상을 떠난 3월 20일(양력)이 끼여 있는 토요일 오후 3시면 어김없이 이미륵의 제사가 있었다. 참여자도 차츰 늘어났다. 제사가 이어지면서 이미륵 이야기는 동포사회와 독일 사회에서 사라지지 않고 계속 퍼져갈 수 있었다.

정규화鄭奎和와 전혜린(田惠麟·1934-1965) 등 이미륵 연구자들이 학문적으로 이미륵을 조명했다면, 파독 광부들은 독일 사회에서 이미륵을 현실적인 문화와 역사로 정착定着시켰다. 만약 파독 광부가 없었다면, 이미륵의 대중적인 정착은 불가능했을지도 모른다는 지적이다.

실제 10년 후인 1999년 3월 독일의 뮌헨. 이미륵 박사 탄생 100주년 기념행사가 뮌헨 시내 곳곳에서 열렸다. 강연회와 기념 공연도 열렸다. '이미륵상' 수상식이 있었고, 유품도 전시됐다. 언론보도의 일부다.

"첫날 강연회에서는 성신여대 정규화 교수가 '이미륵-그의 문학활동과 휴머니즘', 본(Bonn)대학 알브레이히트 후베 박사가 '동양과서양의 문화중재자 이미륵'이라는 주제로 강연했다. 국립국악원 정가정악단의 기념공연이 이어졌다. 이날 행사에는 독일인과 한국인약 400명이 참석, 이미륵의 삶과 문학을 회고하고 그의 넋을 기렸다. 13일에는 제1회 이미륵상 수상식이 열린다. 1960년대 독일 유학시절부터 30여 년간 이미륵을 추적해온 이미륵 연구의 권위자정규화 교수, 그리고 지난해 12월 83세의 일기로 작고할 때까지 이미륵을 기리기 위해 독일에서 많은 사업을 벌인 루돌프 고스만 씨가 수상자로 결정됐다. 이와 함께 괴테포럼 전시실에서는 이미륵의 육필원고와 사진자료, 서예작품, 서한, 논문 등 80여 점의 유품이 5일간 전시되고 있다."(김경석, 1999.3.13)

송준근이 이미륵 제사를 시작하게 된 계기는 1986년 11월초로 거슬러 올라간다. 그는 어느 날 오전 아내와 두 자녀와 함께 뮌헨을 빠져나와 남서쪽 방향으로 차를 몰았다. 10여분 뒤 차가 멈춘 곳은 그래펠핑 묘지의 이미륵 묘소였다. 산책을 겸해 자녀들에게 교육을 하기 위해서였다. 이미륵을 추모함으로써 자녀에게 한국혼韓國魂을 불어넣으려는 심산이었다. 묘비 앞에는 장미꽃 한 송이가 놓여 있었다. 이후에도 계속 장미꽃이 놓여 있었다.

"2, 3년 동안 계속 산책을 왔다. 비록 묘소는 초라했지만, 누가 다녀갔는지 항상 꽃이 놓여 있었다. 놀라운 일이었다. 이곳을 아는 사람이 거의 없기 때문에 '독일 사람이겠구나' 하는 생각을 했다. 독일 사람들은 이미륵을 사랑하고 있었다."

송준근은 독일인들에게 사랑받는 이미륵의 제사를 지내주고 싶었다. 이미륵의 제삿날을 알아보니 3월 20일. 그는 파독 광부를 중심으로 동포들에게 3월 20일 전후에 제사를 지내자고 제안했다. 먼저 1차 파독 광부 민영규에게 제사 계획을 알렸다. 민영규는 좋다고 답했다. 이렇게 해 이미륵의 제사가 시작됐다.

파독 광부들의 이미륵 제사에 독일인도 하나둘 참여하기 시작했다. 제사가 거듭되면서 이미륵은 동포사회와 독일 사회에 확고하게 정착하게 됐다.

현재의 이미륵 묘소는 1995년 이장移葬된 것이다. 이장 과정에서도 송준근의 남모르는 노력이 있었다. 1994년 7월 어느 날. 그는 여름방학을 맞아 이미륵의 묘소를 찾은 정규화 교수에게 이미륵 묘소의 이장을 제의했다. 송준근의 기억이다.

"(묘지 내) 장소가 너무 협소했다. 제사를 지내기 위해 사람이 20명만 모여도 설 곳이 부족했다. 그렇다고 옆 자리까지 침범하는 것도 한계가 있었다. 그런데다 비석이 돌이 아니라 시멘트였다."

그의 얘기를 들은 정규화는 한국으로 돌아와 청와대를 비롯해 요로要路에 이미륵의 묘소 이장을 청원했다. 그와 정규화의 노력으로 한국 외무부는 이장하는 데 1만 달러를 지원해줬다. 이렇게 해 이미륵의 묘는 탁 트인, 양지바른 현재의 위치로 이장됐다. 한국 정부와 서항석 사장이 운영하는 거푸집회사 '페리'의 도움으로 비석이 한국에서 공수돼 한국 전통 비석도 세워졌다. 한국 '크리스마스나무'가 옆에서 이미륵의 묘소를 지키고 있다.

바이엘제약의 문을 연 한국인

"일자리를 찾고 있습니다. 혹시 자리가 있는지요?"

1973년 어느 날. 파독 광부 2차1진 송준근은 독일 크레펠트에 있는 바이엘(Bayer)제약 인사과 책임자 하센 캄프(Hassen Kamp)를 찾아 서투른 독일어로 이렇게 말했다.

3년간의 탄광 생활을 끝내고 1973년 파독 간호사와 결혼한 송준근은 아내가 크레펠트 병원으로 옮기자 함께 크레펠트로 옮겨 직장을 잡아야 했다. 하센 캄프가 되물었다.

"인적 사항이 어떻게 되십니까?"

송준근이 자신의 인적사항을 말하자 하센 캄프는 서류를 작성하고 돌아가라고 말했다. 3일 후 그는 취직이 됐다. 단, 3개월 동안 견습생見習生으로 일한다는 조건이었다.

이미륵을 독일 사회에서 대중적으로 되살려낸 파독 광부 송준근은 1940년 전남 창평에서 태어나 서울에서 식품가공회사에 다니다가 30세가 되던 해인 1970년 5월 31일 독일행 비행기에 올랐다.

바이엘제약에서 맡은 직무는 지게차로 화물을 운반하는 일. 광산의 지하노동에 비해 바이엘제약에서 하는 일은 쉽게 느껴졌다. 송준근의 말이다.

"광산에서 일하다가 바이엘제약에서 일하니 마치 호텔에서 일하는 느낌이었다. 기계가 일을 다 했다. 임금도 적지 않았다. 근무처까지 걸어서 다녔는데, 가끔 독일 사람이 차를 태워주곤 했다."

송준근은 3개월 후 정식 노동자가 됐다. 한국 사람으로 처음으로 바이엘제약에서 일하게 된 것이라고, 그는 설명했다. 이후 1974년 겔덴에서 온 김태균을 시작으로 한국인들이 차례로 바이엘제약에 입사하면서 바이엘제약에서 근무하는 한국인은 5명으로 늘었다.

"되돌아보니 바이엘제약에서 시범적으로 나를 써본 것이다. 술을 마시지 않고 말썽 없이 성실하게 일했다. 그래서 한국 사람을 쓰기 시작한 것이다. 이후 한국 사람들이 바이엘제약에 꽤 많이 입사했다."

그에게 가장 힘든 부문은 몇 개월에 한 번씩 갱신해야 하는 체류허가滯留許可 연장이었다. 주 정부 외사과의 담당자 미스톨은 장기 체류허가를 내주지 않았다. 송준근이 회사의 마이스터에게 이 같은 사실을 얘기하면, 회사에서는 미스톨에게 편지를 쓰곤 했다. 그러면 체류허가는 몇 개월씩 더 연장됐다. 하지만 그는 여전히 불안했다.

1974년. 임신한 아내의 배가 불러왔다. 아내가 더 이상 차를 운전할 수 없게 됐다. 운전면허증이 없던 그는 독일 운전면허증을 따기로 결심했다. 서투른 독일어였지만, 독일 교통법규 문답집을 거의 외우다시피 해 시험에 합격했다.

송준근은 그해 마이스터의 도움으로 레버쿠젠에 있는 바이엘제약으로 옮겼다. 전근인 셈이다. 그는 이즈음 석탄을 이용해 약품을 만드는 회사를 소개받았지만 거절했다. 광산노동 경험 때문에 석탄과 관련된 일을 하기 싫었다. 아내도 레버쿠젠의 병원으로 옮겼고, 장기 체류허가도 받았다.

송준근이 레버쿠젠의 바이엘제약에서 하던 일은 원료를 약품과 함께 넣은 뒤 태워 약을 만드는 공정이었다. 3교대로 이뤄지는 작업에서 아침반에 배속됐다. 보수도 좋은 편이었다. 1976년 두 번째 아이가 생기면서, 생활은 다람쥐 쳇바퀴처럼 굴러갔다. 그와 아내는 아침반과 오후반으로 근무를 조정한 뒤 차례로 아이를 탁아소에 맡기고 찾아왔다.

송준근의 가족은 1977년부터 미국 이민移民을 준비했다. 아내는 간호사로서 이민허가를 받았다. 하지만 영어가 서툴렀기에 비자는 쉽게 나오지 않았다. 준비했던 이민은 정작 교통사고 때문에 이뤄지지 못했다.

1981년 말 어느 일요일. 동포 가족과 함께 남부 프랑스에서 휴가를 보냈던 송준근은 프랑스 리옹을 지나 다시 북상北上하기 시작했다. 식사와 취침이 가능한 캠핑 자동차인 '캠핑 바겐(Camping Wagen)'을 교대로 운전했다. 창밖으로 시원스레 흐르는 물을 보며 독일로 향했다. 점심을 먹은 뒤엔 그가 운전대를 잡았다. 어느 경사길에서 브레이크에 차가 기우뚱거리더니 난간을 부딪쳤다. 그와 아이들은 다치지 않았지만 아내가 눈을 크게 다쳤다.

아내는 프랑스 병원에서 제대로 응급처치를 받지 못했다. 독일 쾰른대학 병원으로 돌아와서야 제대로 치료를 받을 수 있었다. 상황은 이미 악화된 뒤였다. 아내의 시력은 돌아오지 못했다. 송준근은 쾰른대학 병원이 성심성의껏 치료해줬던 것을 잊지 못한다.

"쾰른대학 병원에서 프랑스로 경비행기를 보내줘 그것을 타고 쾰른공항에 도착했다. 공항에는 의사 1명과 간호사 1명이 대기하고 있었다. 대학병원에서 좋은 병실을 배정해줬다. 친절한 의료서비스를 해줬다. 감동했다. 외국인 노동자인 나에게 환자로 동등하게 대해주는 모습 때문이었다."

1982년 6월. 송준근의 가족은 독일 남부의 뮌헨에 정착했다. 뮌헨은 상대적으로 외국인에 대해 보수적인 지역으로 알려진 곳이다. 그는 이곳에서 병원에서 퇴직한 아내와 함께 김밥도 팔면서 2006년 현재까지 식료품 가게를 운영 중이다.

이미륵 되살린 연구자, 정규화와 전혜린

　송준근이 추모 행사를 통해 이미륵(李彌勒·1899-1950)을 독일 사회에 대중적으로 뿌리내리게 했다면, 이미륵에 대한 학문적 토대를 쌓은 사람은 정규화鄭奎和 전 성심여대 교수와 수필가이자 번역가인 고故 전혜린(田惠麟·1934-1965)이었다.

　정규화는 『무던이』, 『이야기』, 『어머니』 등 한국에 소개되지 않았던 이미륵 작품을 우리말로 번역했다. 이미륵의 친구와 후손 70여 명을 만나 그의 삶을 추적하고 이미륵의 삶을 복원하려 힘쓰기도 했다. 이미륵 탄생 100주년을 맞은 1999년 3월 제1회 '이미륵상'을 수상한 이유이기도 하다. 한국외국어대 출신인 정규화는 1960년대 뮌헨으로 유학을 갔다. 유학시절 재독한인회에서도 적극적으로 활동, 간부를 역임하기도 했다.

　정규화가 이미륵과 인연을 맺게 된 것은 뮌헨대 근처 아말리엔가

65번지에 위치한 고서점 '뵐플레(Wolfle)서점'의 주인 로테 뵐플레(Lotte Wolfle·작고)를 만나면서부터다(김경석, 1999.3.13; 정규화, 2012, 13-14쪽; 정규화·박균, 2010, 300-301쪽 등 참고). 뮌헨대에서 역사학을 전공한 뵐플레 여사는 1920년대 후반부터 부친이 경영하던 고서점을 돕다가 서점 운영을 이어가게 됐다. 정규화는 어느 날 서가에서 책을 찾으려고 기웃거리다가 주인인 뵐플레 여사의 눈에 띄었다. 박사 학위를 가진 뵐플레 여사는 정규화에게 다가와 다정스럽게 물었다.

"실례합니다만, 혹시 한국 분이 아니십니까?"

당시에는 독일을 찾는 한국인이 많지 않고 일본인들이 더 많을 때이기에, 독일 사람들은 아시아인을 만나면 보통 '일본인이 아닌가'라고 묻는 경우가 많았다. 그래서 '한국인이 아닌가'라는 물음에 정규화는 다소 의아했다.

"네, 그렇습니다만."

"(밝게 웃으며) 그렇지요, 맞지요? 여러 해 전에 저희들에게 한자와 서예를 가르쳐 준 선생님이 계셨는데, 그분이 바로 한국 분이었어요."

"그게 도대체 누구신데요?"

"이미륵 박사라고, 아주 훌륭한 분이었습니다."

1920년대 후반 이미륵을 처음 만났던 기억, 서점을 찾아 문학과 동물학 교양서적을 샀던 이미륵의 모습, 1주일에 한 번씩 한문과 서예를 가르쳐줬던 얘기, 정치와 문학에 대해 토론을 벌인 경험, 이미륵의 마지막 모습…. 뵐플레 여사는 이미륵에 대해 많은 얘기를 해줬다. 정규화는 뵐플레 여사의 손에 잡힐 듯한 설명에 깜짝 놀랐다. 존경에서 우러나오는 증언證言이었다. 뵐플레 여사는 1920년대 아버지의 서점 운영을 도울 때부터 이미륵이 서점에 자주 찾아와 서로 알고 지내던 사이였다. 한국인 가운에 이렇게 독일 사람의 마음속에 살아남아 있는 사람이 있다니.

1965년 3월 어느 날. 정규화는 그래펠핑에 있는 이미륵 묘소를 찾았다. 잡초가 우거진 묘지였다. 그는 이미륵의 묘를 어루만지며 이미륵 연구硏究에 평생을 바치겠다고 다짐했다.

정규화는 이후 이미륵 연구에 매달렸다. 도서관에서 이미륵의 작품을 찾아냈고, 이미륵에 대한 증언이라면 수만 리 먼 곳을 찾아가는 것도 마다하지 않았다. 아내마저 이런 그의 모습에 짜증을 낼 정도였다. 그는 자신과의 약속을 지켰다. 송준근의 평가다.

"이미륵에 대한 학문적인 접근은 정규화 교수가 거의 다 했다. 이미륵의 작품을 발굴하고, 이것을 우리말로 번역했으며, 그의 삶까지도 추적했다. 그가 없었다면 오늘의 이미륵 또한 없을 것이다."

정규화에 앞서 이미륵을 주목한 사람은 '불꽃 같이 살다간 여성' 전혜린이었다. 1960년대 뮌헨 네오폴드 거리에서 생활했던 그녀는 1959년 이미륵의 자전적 소설 『압록강은 흐른다(Der Yalu Fliesst)』를 우리말로 처음 번역 출간했다. 그녀의 번역으로 이미륵은 한국에 대중적으로 알려질 토대가 쌓였다.

전혜린도 고서점에서 이미륵의 얘기를 처음 들었다고 한다. 아마 뵐플레 서점이었을 것이고, 로테 뵐플레 여사에게서 이미륵에 대해 들었을 것이다.

"어느 헌 책방에서는 주인과도 이내 친숙하게 돼 재독작가였던 이미륵의 이야기도 듣게 됐다. 뒷날 전혜린이『압록강은 흐른다』를 번역하는 계기가 되기도 했다."(정공채, 2002, 29쪽)

게다가 전혜린도 그래펠핑 묘지에서 이미륵의 향기를 느꼈다는 점에서, 송준근과 정규화의 경험과 너무나 흡사하다.

1934년 평남 순천에서 전봉덕의 8남매 중 큰 딸로 태어난 전혜린은 1965년 1월 10일 31세로 생을 마감하기까지 많은 일화를 남겼다. 특히 1952년 한국전쟁 중의 임시 수도 부산에서 수학과목이 0점이었음에도 전체에서 2등으로 서울대 법대에 들어간 것은 하나의 전설로 남아있다. 서울대 법대 3학년이던 1955년 10월 독일 유학을 갔고, 유학 중에 결혼해 딸까지 낳았다가 1964년 이혼하기도 했다(장석주, 2000, 70-72쪽 참고).

전혜린의 번역 작품으로는 이미륵 작품 외에도 루이저 린저(Luise Rinser)의『생의 한가운데』, 헤르만 헤세(Hermann Hesse)의『데미안』, 하인리히 뵐(Heinrich Boll)의『그리고 아무 말도 하지 않았다』등이 있다. 그는 이들 책의 번역을 통해 현대 독일을 한국에 알렸다. 저서로는 유고 수필집인『그리고 아무 말도 하지 않았다』(1966)와 일기 모음집『이 모든 괴로움을 다시』등이 있다.

전혜린은 1965년 1월 서울 명동의 술집 '은성'에서 술벗 조영숙 기자 앞에서 자작시를 읊었다.

몹시 괴로워지거든 어느 일요일에 죽어버리자

그때 당신이 돌아온다 해도

나는 이미 살아있지 않으리라.

전혜린은 자작시처럼 약물 과다복용으로 인한 심장마비로 세상을 떠났다. 자살로 생을 마감한 것이다. 그는 불꽃 같은 생을 버렸고, 그래서 찬란한 신화를 얻었다.

전혜린은 일부 파독 광부에게도 영향을 미쳤다. 뮌헨 슈바빙(Schwabing) 거리와 독일 경험을 모아 발간한 그녀의 유고 수필집 『그리고 아무 말도 하지 않았다』 때문이다. 독일 사회에 대한 교양서적이 많지 않던 시대였기에 상당수 파독 광부가 전혜린의 이 책을 읽고 독일에 왔다. 홍종철의 얘기다.

"나중에 대통령 훈장까지 받은 파독 광부 고창선이라는 친구는 전혜린의 책을 읽고 독일에 왔다. 서독에 간다고 하니까 독일에 관련된 책을 찾았지만 거의 없었다. 그녀의 책을 본 것이다. 나중에 방에 촛불을 켜놓고 전혜린이 느꼈던 독일 분위기를 느끼려 하기도 했다고 한다."

독일 사회에 핀 '이미륵 신화'

낯선 바다를 항해하고 돌아온 사람처럼,

그렇게 나는 영원한 원주민들의 집에 살고 있습니다.

충족된 나날은 그 식탁 위에 와 있건만,

나에겐 먼 곳이 형상에 가득 차 있습니다.

-릴케, 「외로운 남자」에서

"좋은 인격과 부단한 노력으로 동양인의 긍지와 정서를 서구에 인식시켰고 한국민을 위해 문화사절 역할을 했다."(최종고, 1983, 215쪽)

최종고(1983)는 이미륵李彌勒에 대해 "독일어 작품을 통해 한국 사상 및 문화를 서구에 소개"(213쪽)했다며 이같이 호평했다. 최종고의 호평처럼, 이미륵은 독일 사회에서 하나의 '신화神話'였다. 비록 1920년 독일에 들어와 1950년 3월 20일 타계하기까지 30년밖에 독일에서 살지 않았지만, 독일에서 남긴 족적은 대단한 것이었다.

정규화와 전혜린의 연구(전혜린, 2002; 정규화, 2001; 정규화, 2012; 정규화·박균, 2010 등 참고)와 송준근의 증언 등을 종합하면, 이미륵은 1899년 3월 8일 황해도 해주에서 아버지 이동빈과 어머니 이성녀 사이의 1남 3녀 가운데 막내아들로 태어났다. 본명은 이의경. 미륵彌勒은 아명으로, 어머니가 38세의 나이에 미륵보살을 찾아 100일 기도를 드린 끝에 얻은 아들이라 하여 미륵이라 불렀다.

이미륵은 해주보통학교(4년제)를 졸업하던 해인 1910년 당시의 관례대로 6세나 연상인 17세의 최문호와 결혼한다. 이미륵과 최문호 사이에 1917년 장남 명기와 1919년 딸 명주가 차례로 태어났다. 2006년 현재 이들의 생사는 알려지지 않은 상태다.

강의록 등으로 독학해 1917년 경성의학전문학교에 입학한 이미륵은 3학년이던 1919년 3·1운동에 가담한다. 동료 대학생과 독립을 호소하는 유인물을 뿌렸다. 그는 이 때문에 일본 경찰의 추적을 받게 돼 중국 상해로 망명했다. 상해에서 9개월여 체류하면서 임시정부 일을 하기도 했다.

이미륵은 다시 유럽으로 떠났다. 배를 타고 싱가포르 해협과 인도양을 거쳐 40여 일 만에 프랑스 마르세이유에 도착했다. 베네딕트회 전도사인 빌헬름을 만나 독일의 뮌스터시의 슈바르작(Schwarzach)수도원에 들어갔다. 1920년 5월 26일의 일이다. 그는 이곳에서 8개월간 머물며 독일어를 공부했다. 이 때 베네딕트회에 상당한 영향을 받은 것으로 보인다. 베네딕트회(Ordo Sancti Benedicti)는 6세기 초 이탈리아에서 성 베네딕토(480-547)가 창립한 수도회다. 청빈과 순결, 복종의 이상에 따라 엄격한 규율을 통해 중세 수도회의 모범이 됐다. 집단적 예배를 강조해 하루에 일곱 번씩 수사들이 모여 찬송하고 기도하는 성무일과를 강조했다.

이미륵은 뷔르츠부르크, 하이델베르크를 거쳐 1925년 뮌헨대로 옮기게 된다. '뮌헨 시대'가 시작된 것이다. 이전에 의학을 공부했던 그는 뮌헨대에서 동물학과 철학으로 방향을 바꿨다. 이미륵은 철학으로 전과轉科한 배경에 대해선 "직업적인 것보다는 정신적인 게 더 절실했기 때문"이라고 했다.

이미륵은 1926년 뮌헨대 외국인 학생회장으로 활동했다. 건강이 좋지 않아 1927년 6월 25일부터 3개월간 늑막염으로 스위스 루가노 요양소에 입원하기도 했다. 1928년 7월 18일 뮌헨대에서 동물학 박사학위를 취득했다.

이미륵은 이때 독립운동에도 참여했다. 1927년 2월 5일부터 2월 14일까지 벨기에 브뤼셀 등에서 열린 '세계 피압박민족 반제국주의 대회'에 독일 유학생이던 이극노와 파리에서 공부하던 김법린, 황우일 등과 함께 참석했다. 이미륵 등은 대회에서 일제의 조선 식민 지배 부당성과 침략당한 조선의 현실을 외국 대표들에게 알리기 위해 독일어와 영어 등으로 쓰인 8페이지짜리 문건 「조선의 문제」를 제작, 배포하기도 했다.

이미륵은 박사학위를 받은 뒤부터 창작에 열중했다. 한국을 배경으로 하는 소설 「이야기」를 발표했다. 그의 유고遺稿는 대부분 이 시기의 산물이었다. 일부 독일인을 대상으로 서예도 가르쳤다.

이미륵은 1931년 알프레드 자일러(Alfred Seyler·1880-1950) 교수의 뮌

헨 집에서 생활하게 되면서 본격적으로 글을 쓰기 시작했다. 1931 년 『다메(Dame)』지에 소설 「하늘의 천사」를 게재했다. 1932년 자일러 교수와 함께 뮌헨 교외인 그래펠핑으로 이사했다. 이미륵은 바이마르의 괴테 생가에서 담장이 덩굴을 가져와 자신의 침대 화분에 길렀다. 이 담장이 덩굴은 나중에 그의 묘소에 옮겨 심어지기도 했다.

이미륵은 1943년 그래펠핑에서 문화인 단체 '월요문인회'를 조직했다. 정기적으로 문학발표회와 토론회를 가짐으로써 작가, 교수, 화가 등 지식인들과 교류했다.

1946년. 이미륵은 뮌헨의 피퍼(Piper)출판사를 통해 첫 소설 작품 『압록강은 흐른다(Der Yalu Fliesst)』를 출간했다. 한국의 전통과 동양인의 정신세계를 자전적 이야기로 풀어간 소설이었다. 장롱 위의 꿀을 훔쳐 먹다 들켜 혼나고, 손톱에 봉숭아 꽃물들이던 기억, 쑥뜸의 공포와 잠자리채 이야기…. 마지막 장면은 절제돼 오히려 서글프다.

"그리고 곧 철이 바뀌어 눈이 내렸다. 어느 날 아침, 나는 잠자리에서 일어나 성벽에 흰 눈이 휘날리는 것을 보았다. 나는 그 흰 눈에서 행복을 느꼈다. 이것은 우리 고향 마을과 송림만에 휘날리던 눈과 같았다. 이날 아침, 나는 먼 고향에서의 첫 소식을 받았다. 나의 맏누님의 편지였다. 지난 가을에 어머님이 며칠 동안 앓으시다가 갑자기 별세하셨다는 사연이었다."(이미륵, 1946/2010, 254쪽)

이미륵의 작품은 동양의 내면 풍경과 대면할 기회를 제공했다고 서독 문단으로부터 호평 받았다. 특히 과장되지 않으면서 잔잔하게 이야기를 풀어나간 문장이 오히려 더 높은 평가를 받았다.

1947년부터 뮌헨대 동양학부에서 한학과 한국문학을 강의하던 이미륵은 1950년 1월 위암이 악화돼 볼프라츠하우젠 병원에 입원했다. 수술을 받았지만 3월 20일 51세의 나이로 숨을 거뒀다.

이미륵과 관련된 인사나 조직도 적지 않다. 먼저 이미륵의 혈족血族으로는 누이의 아들인 이영래(현재 유족대표), 이학래 등이 있다. 현재 인천시 남동구 고잔동에는 정규화를 회장으로 한 '이미륵박사기념사업회'도 있다. 이미륵의 제자弟子로는 볼프강 바흐(Wolfgang Leander Bauer) 중문학 교수가 있다. 그는 이미륵을 만나 동양철학에 심취, 중문학을 전공하게 됐다. 이미륵의 묘지에 적힌 한자 '이의경'을 쓰기도 했다. 작고한 하이델베르크 대학의 귄터 데본(Gunther Debon) 교수도 이미륵에게서 한국과 한학을 배운 것으로 알려졌다. 자일러 교수의 장남 오토 자일러(Otto Seyler)는 아직도 이미륵의 모습을 기억하고 있고, 나치에 저항한 민속학자 쿠르트 후버(Kurt Huber·1893-1943) 교수의 딸 브리기테 바이스(Brigitte Weiss)도 이미륵의 자필 사인이 담긴 독일어 초판본『압록강은 흐른다』를 소장 중이다.

이미륵은 문학적 성취뿐만 아니라 실천적 지성인知性人으로서도 독일 사회에 알려졌다. 특히 히틀러와 나치, 파시즘에 반대하면서도 정직성을 잃지 않았던 것으로 유명하다. 다음은 지금까지 전해져 내려오는 이야기 가운데 하나다.

나치가 기승을 부리던 시기. 이미륵은 국내에 번역 출간된 책

『아무도 미워하지 않는 자의 죽음(Die Weisse Rose)』에 나오는 반나치 저항운동 '백장미단(Weiße Rose) 사건'의 뮌헨대 쿠르트 후버(Kurt Huber) 교수와도 깊은 교분을 맺었다. 후버 교수는 반나치 단체의 정신적 지도자였다. 이미륵은 후버 교수가 반나치 운동으로 체포된 뒤에도 두려워하지 않고 그를 염려하기도 했다. 송준근의 얘기다.

"후버 교수의 딸에 의하면, 후버 교수가 반나치 운동 혐의로 체포된 뒤 가족 외에는 아무도 그의 면회面會를 오지 않았다. 친척도 무서워 후버 교수의 집에 찾아오지 않았다. 하지만 이미륵만은 집에 자주 찾아와 '어려운 일이 없느냐'며 따뜻하게 보살펴줬다. 이미륵은 초청받은 집에서 얻은 음식을 가져와 후버 교수의 아내 클라라 후버(Clara Huber·1908-1998)에게 전하며 후버 교수에게 넣어달라고 부탁하곤 했다. 보통 사람이 할 수 없는 일이었다고 후버 교수의 딸은 회고했다."

이미륵의 자전적 소설 『압록강은 흐른다』를 번역한 전혜린도 이즈음 나치에 동조하지 않고 저항하던 지성인 이미륵에 관한 일화逸話 하나를 기록했다. 전혜린(2002, 113쪽 참고)에 따르면, 나치가 한참 득세하고 있던 때 이미륵이 스웨덴으로 여행을 갔다. 같은 기차에 탄 어떤 독일 젊은이가 이미륵을 붙들고 맹렬히 히틀러 찬양을 시작했다. 처음부터 묵묵히 다 듣고 앉았던 이미륵이 얘기가 끝나자 물었다.

"히틀러가 누구입니까?"

이 물음에 그 독일 사람은 이미륵을 마치 무슨 신기한 동물을 보듯이 물끄러미 바라본 뒤 다시 말을 이어갔다.

"아니 지도자 히틀러를 모르신단 말입니까? 그 분의 위업은…."

독일인은 약 반시간 동안 히틀러가 해온 '위업偉業'에 대해 웅변을 토했다. 그런 뒤에 독일인은 다시 물었다.

"도대체 당신은 어느 나라에서 오셨습니까? 히틀러 이름도 모르다니!"

이미륵은 서슴지 않고 당당하게 답했다.

"독일에서 왔습니다."

이미륵의 이 대답에 독일인은 죽음과 같은 침묵沈默에 빠졌다고 전혜린은 전했다. 정규화는 이 이야기의 배경이 1936년 코펜하겐으로 가는 배 위였다고 기록한다(정규화, 2001, 389쪽 참고).

이미륵은 실천적 지성인이었을 뿐만이 아니라 정직성正直性으로도 널리 알려지기도 했다. 서독에서 화폐개혁이 이뤄지기 전인 1948년. 이미륵은 목사에게 50마르크를 줬다. 얼마 후 화폐개혁이 이뤄지면서 목사에게 준 50마르크는 사실상 휴지가 됐다. 이미륵은 이에 새 화폐로 돈을 바꾼 뒤 목사에게 50마르크에 해당하는 돈을 다시 전달했다. 목사는 이미륵의 정직성에 감복했다. 얘기는 목사의 친척 등을 통해 독일 언론에 알려지게 됐고, 경제 부흥을 위해 국민 마음을 모으는 데 열을 올렸던 독일 언론에 의해 대서특필大書特筆됐다고 송준근은 전했다.

이미륵이 작고한 지 4일이 지난 1950년 3월 24일. 독일인 300여 명이 참석한 가운데 그래펠핑 공동묘지에서 이미륵의 장례식이 열렸다. 이미륵이 생전에 가끔 불렀던 애국가가 불려졌다. 이미륵을 존경했기에 독일 사람이 부른 것이다. 실천적 지성인 이미륵의 힘이었다.

"동해물과 백두산이 마르고 닳도록 하나님이 보우하사 우리나라 만세 무궁화 삼천리 화려강산 대한사람 대한으로 길이 보전하세…"

제9장

돌아오지 못한 영혼들

지하 1,000m의 첫 희생자

1964년 11월 25일 오전 11시 30분 서독 겔젠키르헨에 위치한 에센광산 훈서프리스지구 지하. 석탄층을 파고드는 호벨의 굉음이 끊임없이 울려 퍼지고 있었다. 연결된 석탄층의 한 곳에서 갑자기 커다란 석탄 덩어리가 무너져내렸다. 석탄 덩어리는 스템펠(Stempel·쇠동발) 작업을 하던 한 광산 노동자의 머리를 덮쳤다. 그는 그대로 쓰러졌다. 뒤이어 천장에서 무수한 석탄이 부서져 내렸다. 순식간에 석탄 더미는 사람의 흔적조차 찾을 수 없을 정도로 쌓여버렸다. 그야말로 한 순간이었다.

사고事故였다. 곧바로 구조작업이 이뤄졌지만, 쓰러진 사람은 이미 차가운 주검으로 변한 뒤였다. 지하 1,000m의 지하에서 죽음은 삶에 너무나 가까이 있었다. 사망자는 충남 서천 출신의 한국인 파독 광부 1차2진 김철환(당시 32세)이었다. 첫 한국인 파독 광부 희생자犧牲者였다.

파독 광부들은 1960, 70년대 한국 경제성장의 디딤돌을 놓았지만, 이를 위해 수많은 이들이 지하 1,000m에서 이름 없이 목숨을 잃어야 했다. 이역만리 지하에서 숨져갔던 이들 파독 광부야말로 '한강의 기적'을 낳게 한 진정한 '경제 유공자'인 셈이다. 하지만 아직도 그들은 한국 현대사에서 정당한 평가를 받지 못하고 있다. 역사에서 그들은 아직도 '돌아오지 못한 이름이자 영혼靈魂'이었다.

김철환의 유해는 현지에서 화장 처리된 뒤 고국으로 돌아왔다. 사고 소식은 삽시간에 파독 광부 사회에 전파됐다. 많은 이들이 그의 죽음을 안타까워했다고, 최재천은 기록했다.

"지난 11월 25일 오전 11시 30분. '보다 나은 임금과 보다 높은 기술'을 목표로 이곳 루르의 탄광까지 와 일하던 우리 광부들은 한 사람의 성실한 동료를 잃고 벅찬 슬픔과 그럴수록 새삼스러워지는 고향에의 향수에 잠시 일손을 놓았다."(최재천, 1964.12.13, 6면)

'첫 번째 희생자' 김철환의 유해는 나중에 충남 서천이 아니라 서산으로 잘못 배달돼 논란이 되기도 했다. 즉 그의 유해는 1964년 12월 19일 충남 서천이 아닌 서산우체국으로 잘못 배달됐고, 유해 상자에서 유골의 재가 흘러나오는 등 부실하게 관리 운반됐다는 것이다.

"우체국 관계자의 말에 의하면 서독에서 서울국제우체국을 거쳐 충남 서천으로 가는 도중 착오로 서산으로 온 것이라고 한다. 종이끈으로 허술하게 묶인 유골 상자에서는 유골의 재가 줄줄 흘러나와 보는 사람의 가슴을 아프게 했다."(『경향신문』, 1964.12.21, 7면)

김철환의 유해가 제대로 관리 전달되지 못했다는 소식이 알려지자, 국내 광산노조가 이에 항의하는 일이 벌어지기도 했다(『동아일보』, 1964.12.23, 3면 참고).

1964년 11월 30일 월요일. 또 다른 한국인 젊은이가 본(Bonn)에서 남쪽으로 100km쯤 떨어진 아헨의 에슈바일러광산(EBV) 산하 굴라이광업소의 캄캄한 지하 막장에서 죽었다. 충남 대천 출신의 미혼인 이성재였다. 두 번째 희생자였다. 단국대 재학 중 군에 입대한 이성재는 제대 후 예상되는 취업난을 고려해 1964년 10월 파독한 경우였다(『경향신문』, 1965.1.26, 3면 참고).

성실하고 비교적 근무성적도 우수했던 수평갱 채탄부 이성재는 사고 당일도 평소처럼 탄을 캐내고 있었다. '아차' 하는 순간, 기분 나쁜 저음과 함께 천장이 무너지기 시작했다. 동시에 등 뒤에서 커다란 석탄 바위가 그를 덮쳤다. 얼마 후 동료 광부들은 한 무더기의 석탄 더미를 파내고 그를 찾아냈다. 하지만 이미 싸늘한 주검이 된 뒤였다. 이성재는 지하 채탄 일을 시작한 지 채 몇 주도 지나지 않는 때에 목숨을 잃었다. 독일 광산의 환경에 제대로 익숙하지 못한 상태였다.

파독 광부 출신임을 밝히고 그들의 권익보호를 위해 앞장서고 있는 권이종은 이성재의 사고 소식을 듣던 당시를 선명하게 기억하고 있었다. 이성재의 죽음은 그를 포함해 한국인 광부들에게 큰 충격을 줬기 때문이다.

권이종(2004, 62-63쪽)의 기억에 따르면, 광산에서 빈발하는 매몰 사고였지만 파독 광부들은 큰 충격을 받았다. 파독한 지 얼마 되지도 않는 데다 멀리 한국에서 함께 온 동료가 변變을 당한 때문이다.

"큰일 났어, 큰일 났다니까. 천장이 무너져 사람이 깔렸대."

"누구야? 누구래? 죽었어, 살았어?"

"이 씨라는구만. 돌덩이를 파헤치고 겨우 구출은 했다는데, 목숨이 온전하겠어?"

"온 지 며칠 됐다고, 쯧쯧, 거 참 안됐구만. 그런데 그 사람 처자식은 있나?"

이성재의 시체가 운구차에 실릴 때 장례식장은 눈물바다로 변했고, 많은 파독 광부들은 넋을 잃고 여러 날을 눈물로 지새웠다. 파독 광부들은 이성재 사건으로 비로소 죽음이 자신들의 곁에 어슬 렁거리고 있음을 실감했다.

"그러나 도망갈 수도 없다. 나에게는 아무런 선택권이 없다. 청운의 꿈을 안고 왔으니 끝까지 버틸 수밖에. 동료들의 비탄을 뒤로하고 기숙사로 돌아오는 길에 나 역시 언제 저렇게 관 속에서 말 못하는 시체로 누워 있을지 두려웠다."(권이종, 2004, 63쪽)

새 희망을 찾아 이역만리 독일의 지하로 뛰어온 삶. 하지만 뜻하지 않게 찾아온 죽음이라는 실재實在. 그들은 자신의 운명이 불안했다. 자신의 존재가 안타까웠고, 자신의 처지가 서러웠다.

　　우리들 생존자들

　　아직도 불안의 구더기들이 우리를 갉아먹는다.

-넬리 삭스, 「우리들 생존자들」에서

계속되는 광부들의 희생

　지하 1,000m에서 한국인 파독 광부의 희생은 계속됐다. 1965년 4월 26일 오전 8시 30분 에센의 에슈바일러광산(EBV) 지하갱내. 저탄貯炭작업 중이던 최대혁(崔大爀·당시 33세)은 탄차와 탄차 사이에 끼이면서 두개골파열로 숨졌다. 파독 광부 3번째 사망자였다. 경북 영주군 풍기豊基가 고향인 최대혁은 1964년 10월 파독해 이곳에서 일해왔다(『경향신문』, 1965.4.29, 3면; 『동아일보』, 1965.4.29, 7면 참고). 당시 신문이 전하는 최대혁과 그의 가족의 안타까운 사연이다.

　"최씨 집 외아들로 기둥이자 주춧돌인 최대혁의 본가에는 부모와 세 여동생, 처, 장남, 네 딸 등 11명의 가족이 방 2개짜리 판잣집에서 오직 소백小白준령의 화전 2,000평으로 연명해가고 있다. (영주) 풍기 바닥에서 '최 효자'로 통하던 최대혁은 품팔이를 해가며 주

경야독으로 풍기중·고교를 우등으로 졸업했다. 하지만 가난으로 작년 10월 10일 돈을 벌어 가정도 일으키고 원하던 공부도 해보려고 여비 5만 원을 빚내 파독 광부로 갔다. 그 동안 매달 1, 2번씩 꼬박꼬박 편지를 보냈고 지난 1월 하순엔 현금 5만 원을 송금해 빚을 대충 정리했다. 여동생 결혼비(결혼식 5월 10일)조로 친구로부터 돈 7만 8543원을 빌려 지난 29일 송금했지만, 부친은 '돈표'를 쥐고 찾을 경황없이 눈물만 흘리고 있다. 최대혁이 떠날 때 임신 중이던 부인은 지난 3월 10일 쌍둥이 여아를 낳았지만 남편 얼굴은 못 본 채 비보를 먼저 받게 됐다."(이정영, 1965.5.1, 7면)

에슈바일러광산에 근무하던 동료 한국인 광부들은 숨진 최대혁의 명복을 빌기 위해 성금 218마르크(당시 1만 4,800원)를 모아 동아일보사에 기탁, 화제가 되기도 했다(『동아일보』, 1965.8.12, 7면 참고).

1966년 1월 29일에는 파독 광부 권형식이 숨졌다. 그는 약 2주 전인 1월 14일 지하 막장에서 나무 돌받이에 치여 간과 복부가 파열되는 중상을 입었다. 돌받이나무가 빠지면서 그의 복부를 친 것이다. 병원에서 치료를 받았지만 권형식은 끝내 숨지고 말았다. 장재림은 자신의 일기에서 권형식의 사고를 다음과 같이 적고 있다.

"금요일 일을 마치고 돌아왔다. 토·일요일은 쉬기 때문에 홀가분하다. 권형식이 중상을 입고 병원에 입원했다는 소식이다. 그것도 인술로 감당하기 어려운 복부파열! 운명의 신은 가혹한가보다. 충진을 하자면 우선 나무로 돌받이를 만들어 그 위에 돌을 받고 아래에서 일한다. 그 돌받이나무가 빠지면서 권형식의 복부를 치고 말았다. 간이 파열됐다고 한다. 1월 29일 새벽 1시 2분. 그는 영원히 갔다. 주인 '한즈' 영감은 친자식이 죽은 것처럼 슬퍼하고 있다."

(장재림, 1969.5, 346쪽)

파독 광부들의 피해는 계속됐다. 주독 한국대사관 등에 따르면, 1966년 10월까지 작업 도중 사망한 사람은 첫 희생자인 김철환을 포함해 7명에 달했다. 교통사고를 비롯한 기타 사건사고로 인한 사망자까지 포함하면 12명이나 됐다. 광부 파독이 이뤄진 지 겨우 3년 만의 일이다. 한국인 광부들이 지하에서 잇따라 목숨을 잃게 되자, 파독 광부 사회는 크게 동요했다. 1차4진이던 염천석은 당시 파독 광부들 사이에 짙게 드리운 불안의 그림자, 죽음의 그림자를 다음과 같이 묘사했다.

"이 곳에 온 지 불과 2년이라는 세월이 접어들기도 전에 세 사람의 귀한 생명을 앗아갔다. 속출하는 무수한 중경상자를 눈으로 보고 듣고 게다가 자신이 언제인가 당할지도 모르는 기가 막히는 현실이고 보면 삶이 저주스럽기까지만 하다."(염천석, 1966.4, 255쪽)

1967년 10월 4일 오후 6시. 1966년 파독했던 1차7진 임무호가 지하 작업 중 목숨을 잃었다. 임무호는 당시 독신이었다. 화장된 그의 유해는 10월말 그의 선배 손에 의해 고국으로 '서럽게' 돌아왔다. 죽은 자와 산 자의 선연한 분리. 당시의 풍경이다.

"우리는 짐을 부치고 체크 포인트를 빠져나와 대합실로 나가려는
데 김 통역이 유해를 안고 쩔쩔매고 섰다. 지난 10월 4일 오후 6시
쯤 (1차)7진으로 온 임무호라는 동료가 작업사고로 사망했다. 그런
데 그의 유골을 우리 비행기로 보내려고 나왔지만 아무도 그것을
맡으려고 하지 않는다는 것이다. 죽은 자의 설움! 어떤 자는 살아
서 돌아가고 어떤 자는 죽어 돌아가다니. 가족들은 얼마나 통절할
까. 나는 유골을 받아들고 대합실로 나왔다. 그곳에 모인 많은 시
선이 내게로 집중된다. 더욱 가슴이 아프다. 두 사람, 한 사람은 산
자요 또 한 사람은 죽은 자. 오후 4시 정각 전원 비행기에 탑승, 비
행기는 은익銀翼을 태양에 번쩍이며 창공을 난다."(장재림, 1969.5, 361쪽)

1970년대 초. 파독 광부 정용화가 굴진 작업을 하다 돌에 맞아
숨졌다. 통역으로서 정용화와 함께 일했던 홍종철의 기억이다.

"사무실에 있는데, 사고가 났다고 해 현장으로 달려갔다. 정용화
가 석탄가루로 범벅이 된 작업복을 입은 채 단가로 실려 나오고 있
었다. 그는 굴진 작업을 하다가 돌에 맞아 숨졌다. 그때가 아마
1970년대 초였다."

1980년대. 광부 파독은 이미 종료됐지만, 파독 광부의 희생은 계
속됐다. 그들이 파독 광부로 지하에서 일을 하는 한, 죽음은 언제
나 그들을 노리고 있었다. 삶이 있는 한 죽음은 결코 지치는 법이
없었다.

1980년 11월 오전 4시쯤, 캄프린트포트의 프리드리히 하인리히 광산 지하. 공이작업을 하던 문경호가 밤 근무를 마치고 밖으로 나오기 위해 선로에 기다리고 있었다. 이때 유고인이 운전하는 트랜스포터(수송 차량)가 쏜살같이 문경호 쪽으로 달려오기 시작했다. 여느 때와 마찬가지로 지하에는 안개가 자욱해 앞이 제대로 보이지 않고 희미하기만 했다. 트랜스포터는 기둥 옆에 서서 기다리던 문경호를 보지 못했고, 트랜스포터에 삐딱하기 실린 짐은 그대로 문경호를 치며 지나갔다. 문경호는 움푹 파인 구덩이로 그대로 나가떨어졌다. 그는 현장에서 숨졌다. 눈 깜짝할 사이에 벌어진 일이었다. 김일선의 증언이다.

"문경호가 구덩이에 쑥 들어가 쓰러져 있었다. 한국인 노동자 3명이 들어가 문경호의 시신을 들어 올렸다. 피냄새가 진동했다. 샤크트가 멈췄다. 작업장은 발칵 뒤집혔다. 나는 문경호의 모습이 떠올라 며칠 동안 일이 손에 잡히지 않았다."

파독 광부의 증언 등을 종합하면, 1977년 파독한 2차40진 문경호는 퇴직금을 타 돌아갈 요량이었다. 비행기 티켓까지 예약하는 등 귀국 준비를 서두르고 있었다. 미장원을 하던 애인을 독일로 초청하기도 했다. 하지만 문경호는 귀국을 얼마 앞두고 영영 돌아올 수 없는 몸이 됐다. 그의 유골만이 조국으로 돌아왔다.

이처럼 작업 도중 숨진 파독 광부 피해자만 수십 명에 달했다. 주독 한국대사관 등에 따르면, 1963년부터 1982년까지 독일 현지에서 광산 노동 도중 숨진 한국인 광부는 26명에 이르렀다. 이는 파독 광부 사망자死亡者 78명 가운데 가장 높은 비율이었다. 교통사고(21명), 질병(17명), 익사(2명), 자살(4명), 사인불명(8명) 등이 그 뒤를 이었다.

1989년 9월 23일 토요일. 이날은 캄프린트포트의 프리드리히 하인리히광산 지하막장에서 한국인 파독 광부가 마지막으로 숨을 거둔 날이다. 2차44진 최도현이었다. 최도현은 이날 오후 4시 기계를 이용, 화차에 탄을 싣고 있었다. 이때 갑자기 탄이 넘치면서 그를 덮쳤다. 순식간에 벌어진 일이었다. 최도현은 중심을 잃고 쓰러졌고, 탄이 그 위로 무수히 쏟아져 내렸다. 김일선의 증언이다.

"한민족체전을 하루 앞둔 날, 프랑크푸르트에 내려 왔다가 캄프린트포트로 올라가는 길이었다. 시내에 도착했을 저녁때쯤 (파독 광부들로부터) 연락이 왔다. 집에도 들르지 못하고 곧바로 사고 현장으로 갔다. 파독 광부 안원제 등과 함께 광산회사에 들어갔다. 다른 사람이 작업을 멈췄다. 탄을 파헤쳐보니 최도현이 탄에 깔려 숨져 있었다."

1944년생인 최도현은 1977년 6월 2차44진으로 파독, 캄프린트포트의 프리드리히 하인리히 광산에서 일하기 시작했다. 1980년 광부근무를 연장한 뒤 1988년쯤 노이켈켄으로 이사를 갔다. 그는 한국에 있던 부인을 초청, 2남 1녀의 자녀를 둔 가장이었다.

캄프린트포트 전 한인회장이던 파독 광부 2차47진 강선기는 사고가 나자 간이음식점을 운영하던 최도현의 아내를 찾아갔다. 강선기는 일단 놀라지 말라고 부인을 진정시킨 뒤 사고 경위를 설명하며 병원으로 데려갔다고 한다. 강선기의 기억이다.

"한밤중에 노이켈켄 회사에서 전화가 왔다. 노이켈켄 사장은 최도현 부인에게 놀라지 않게 얘기해달라고 부탁했다. 간이음식점에서 일하던 최도현의 아내를 만나러 차를 타고 갔다. 나는 '최 형에게 약간 사고가 났다, 문 닫고 잠깐 가자'고 말했다. 놀라지 말라고 하면서 차분히 얘기를 풀어나갔다. 참으로 가슴 아픈 풍경이었다."

하지만 한국 사회와 역사는 독일 지하에서 이름 없이 죽어간 파독 광부들을 제대로 기억記憶하지 못하고 있다. 누가 언제 어디에서 어떻게 죽었는지 제대로 규명하지 못했고, 그들의 죽음을 제대로 기억하거나 평가하지도 못하고 있다. 지하에서 죽어간 그들 파독 광부들은 물리적인 죽음에 이어 그들의 죽음이 주위 사람들과 사회, 역사에 제대로 기억되지 못하면서 '역사적인 죽음'마저 당하고 있다.

·
·
·
·
·
·
·

사건사고 사망자도 속출

죽음이 기웃거리기에 안성맞춤이었을 1965년 3월 26일 밤. 파독 광부 1차3진 조창훈이 아헨에 위치한 에슈바일러광산(EBV) 굴라이 광업소 인근에서 교통사고로 숨졌다. 야간작업 후 동료와 술을 마셨던 그는 도로 건너편 가게에서 술을 한잔 더하기 위해 길을 건너려다 택시에 치여 변을 당하고 말았다. 사고가 일어나기 불과 4개월 전인 1964년 11월 파독한 그였다. 장재림의 4월 1일자 일기다.

"3월 26일 밤, (조창훈이) 작업을 마치고 (동료) 이완과 술을 마시다가 거나하게 취해 뷰젤른에서 차를 기다리고 있었다고 한다. 차는 오지 않고 건너편 술집에서는 밴드와 간드러진 웃음소리로 떠들썩했다. 그래서 한잔 더할까 하고 길을 막 건너려는 찰라였다. 고속으로 달리던 택시에 치어 조창훈은 허공에 붕 떴다가 10여m 전방에 떨어져 즉사하고 말았다. 이튿날 아침. 현장에는 주인 잃은 구두 한 짝이 비를 맞고 있었다. 오늘 최덕신 (주독 한국)대사와 이 노무관 참석 하에 장례는 구슬피 거행됐다. 4월은 死月(사월)인 양 답답하다."(장재림, 1969.5, 340쪽)

　파독 광부들은 지하 탄광에서만 죽어간 것이 아니었다. 도로 위에서, 물가에서, 각종 병으로 푸르른 청춘을 이역만리 독일에 뿌려야 했다. 조창훈의 경우처럼, 역시 교통사고交通事故가 가장 많았다.
　오토바이 사고로 인해 목숨을 잃는 경우도 있었다. 1965년 8월 14일 오후 6시 30분. 전남 목포 출신으로 활달한 성격의 파독 광부 이의철은 8·15행사 가운데 하나였던 노래자랑을 구경하기 위해 오토바이를 몰고 축구장에서 근처 카지노로 향하기 시작했다. 그는 철도건널목이 시야에 나타나자 장애물이 없는 것으로 판단하고 직진했다. 이때 갑자기 기관차가 그의 앞에 나타나는 게 아닌가. 피할 수가 없었다. 이의철은 오토바이와 함께 기관차에 치였다고 한다. 사고 직후, 그는 근처의 바덴벡 병원으로 후송됐다. 이의철은 1개월 넘게 사경을 헤매다가 10월 7일 오전 3시 30분 끝내 숨을 거뒀다(장재림, 1969.5, 341쪽;『동아일보』, 1965.10.9, 7면 참고).
　루르탄광에서 탄과 자재를 운반하는 이른바 '후산부'로 근무했던 김호철도 교통사고로 목숨을 잃었다. 그는 1974년 5월 일요 근무를 위해 직장으로 오토바이를 타고 가다 교통사고를 당했다. 김호철은 트럭과 부딪쳤고, 사고 현장에서 즉사했다. 다행히 오토바이 진행 방향이 숙소에서 탄광방향으로 확인돼 업무상 재해로 인정받은 것으로 알려졌다.

연못에서 사고를 당한 경우도 있었다. 1971년 5월 파독한 2차8진 이수웅은 그해 7월 11일 동료들과 자주 가던 딘스라켄 하임 근처의 연못에서 실족사했다. 그가 오버하우젠 광산에 배속된 지 2개월만이었다. 언론에 소개된 당시 정황이다.

"이수웅과 함께 간 동료 광부 30명은 뜻하지 않는 사고에 눈물조차 흘리지 못했다. 날씨가 더워 함께 수영을 갔던 그들이었기에 더욱 경황이 없었는지 모른다."(정종식, 1972.1.18, 7면)

이수웅의 유골은 1971년 9월 한국 가족에게 보내졌다. 파독 광부들은 나중에 한국에 있는 그의 가족에게 돈을 부쳤고, 이 소식은 한국 언론을 통해 알려지기도 했다(정종식, 1972.1.18, 7면 참고).

자살自殺도 있었다. 1982년 8월 어느 날 오후 5시. 캄프린트포트 스메치가에 위치한 프리드리히 하인리히광산 기숙사의 B동 2층에서 한국인 광부가 목을 매 숨진 채 발견됐다. 침상에 허리띠가 걸려 있고 그 사이에 목이 당겨져 있었다. 2차45진 우병대였다. 1952년 강원도 태생인 그는 1977년 8월 독일 땅을 밟았다. 장례식은 바르바라병원에서 치러졌다. 김일선의 설명이다.

"누군가 죽었다고 연락이 와 (현장에) 가봤다. 방문이 잠겨 있었다. 하임 마이스터가 문을 열고 들어가 살펴보고 나오더니 우병대가 목매 숨겨 있었다고 했다."

파독 광부 문인철처럼 각종 병으로 목숨을 잃기도 했다. 특히 이런 경우 사건사고와 달리 통계 등에 잡히지 않는 경우도 있었다.

부상負傷도 속출했다. 한국인 광부의 부상 비율은 독일 광산에서 일했던 외국인 노동자 가운데 가장 높았다. 1965년 함본 광산의 티센과 베스텐데, 로베르크 광업소의 부상자 850명을 조사한 결과 한국인이 370명(43.5%)으로 가장 많았다. 터키(335명)와 칠레(76명), 그리스(49명), 스페인(12명), 일본(8명) 등이 뒤를 이었다(정해본, 1988, 110쪽 참고).

이는 기본적으로 당시 독일 탄광의 노동 도구나 스템펠 등이 체격이 적은 한국인에게 다소 맞지 않았던 측면도 있었던 것으로 분석된다. 독일의 광산 노동은 많은 부문에서 기계화돼 있다고는 하지만, 많은 곳에서 인간의 노동이 들어갈 수밖에 없었다. 특히 한국인 광부 대부분은 호벨의 전진에 맞춰 막장 후미에 세워진 60kg짜리 스템펠을 쉴 새 없이 뽑아 채탄기 3-5m 뒤에 1-2m 간격으로 세워야 하는 채탄작업에 투입됐다. 왜소한 체격과 약한 힘 때문에 상대적으로 더 위험에 처했던 셈이다.

'낙반 사고'도 많은 한국인을 노리고 있었다. 호벨이 지나간 뒤 스템펠을 세우기 전이나 세우는 과정에서 또는 후미에서 스템펠을 빼낼 때 붕괴 우려가 있었다. 너무나 당연한 위험이었고, 가장 많은 노동자의 목숨을 앗아간 위험이기도 했다. 많은 한국인이 낙반 사고를 당했다. 홍종철의 경험이다.

"이것은 전쟁이었다. 석탄이라는 적과 생사를 놓고 벌이는 전쟁이었다. 부상자도 많이 생겼다. 손가락이 잘리고, 발이 절단되고, 한 눈이 실명되고⋯ 암석에 깔려 죽어 간 동료들도 여럿 생겼다. 나도 석탄덩이에 깔려 정강이뼈가 부러져 오랫동안 병원 신세를 졌다."(홍종철, 1997, 183쪽)

한국인 광부가 가장 많이 다친 부위는 손가락이었다. 권이종을 비롯한 파독 광부 출신들은 "열 손가락 가운데 하나도 다치지 않는 한국인 파독 광부는 거의 없을 것"이라고 고개를 설레설레 흔들었다. 손과 팔, 다리 부상도 적지 않았다. 스템펠을 세우려다가 망치에 손을 다친 경우도 있었다.

"130cm 정도의 높이 때문에 한 사람은 앉아서 새 말뚝을 잡고 다른 한 사람은 망치로 쳐야 했다. 독일 사람들은 대체로 키도 크고 덩치도 크기 때문에 (함께) 작업을 하기가 상당히 힘이 들었다. 새 말뚝을 3개쯤 세울 때 독일인 반장이 때린 망치가 내 손가락을 때려 손톱에 피가 맺혔다. 어찌나 아픈지 잠시 동안 작업반장이 옆에 있는 것도 잊어버리고 고래고래 고함을 지르며 손가락을 부여잡고 뒹굴어 댔다⋯. 나는 반장에게 한 개만 더 세우면 네 개가 되니 네 개까지 세우고 올라가는 것이 다음 작업팀에게도 좋을 것이라며 다시 말뚝을 잡았다⋯. 작업을 끝내고 의무실로 가기 위해 지하갱도를 걸어 나오는데 울컥 서러움이 북받쳐 올랐다. 이런 생활이라면 고향 땅에서도 얼마든지 성공할 수 있으련만. 생각할수록 서러움이 북받치며 눈물이 앞을 가려 아무 것도 보이지 않았다. 지하에서 올라오는 승강기에는 나 혼자뿐이어서 서럽게 소리치며 울고 나니 조금은 후련했다."(장재인, 2002, 44쪽)

가정 파탄도 적지 않아

"신 씨는 파독 광부의 아내였다. 중학교에 다니는 아들도 있다. 그녀의 탈선은 많은 가정주부들이 파탄의 비극으로 빠지는 첫 문턱인 카바레였다. 1981년 7월 신 씨는 서울 동대문 K관광카바레에서 범인 이 모 씨를 만났다. 남편과의 오랜 떨어짐에서 외롭던 신 씨는 곧 욕정의 노예가 됐다… 서울 미아동 M여관을 무대로 밤낮없이 밀회를 거듭하던 이들은 아예 방을 얻어 동거까지 했다."(이석구, 1982.6.21, 11면)

1977년 광부로 서독으로 떠난 남편의 오랜 부재不在가 계기가 돼 가정을 버리고 일탈逸脫의 길로 들어섰다가 파멸한 어느 여성의 이야기가 실린 신문 기사다. 그녀는 1982년 6월 M16소총으로 은행 등을 털려고 모의하다가 발각된 뒤 범인에 의해 목숨을 잃었다.

일부 파독 광부는 가정이 파탄되는 아픔을 겪었다. 즉 가장의 장기 외유에 따른 구성원의 일탈로 가정이 무너졌던 것이다. 신문에 소개된 파독 광부의 아내 이야기는 결코 남의 얘기가 아니었다.

언론 보도(민병욱, 1982.6.22, 11면; 이석구, 1982.6.21, 11면 등 참고) 등에 따르면, 고향인 강원도 황지에서 초등학교를 졸업한 신 씨는 19세 때인 1968년 6월 가족의 중매로 결혼, 두 아이를 낳았다. 황지에서 일하던 남편이 1977년 4월 파독 광부로 떠나면서 그녀의 인생이 변하기 시작한다. 그녀도 처음에는 미장원에도 자주 가지 않고 옷도 특별히 꾸미지 않는 등 알뜰하게 생활하며 돈을 모으려고 했다. 하지만 남편의 부재가 길어지면서 외로움을 이겨내지 못하고 술을 마시고 춤을 배우기 시작했다. 카바레까지 출입하면서 '카바레 제비족'으로 알려진 이 씨를 만나 곧 욕정에 빠지고 만다. 신 씨는 1982년 3월 서울 정릉동에 보증금 30만 원, 월세 4만 원짜리 방을 얻어 이 씨와 동거를 시작했다. 하지만 남편이 서독에서 보내준 돈 600만 원을 유흥비로 모두 탕진하자 돈을 모으기 위해 이 씨가 꾸미는 범행에 참여할 것을 결심했다. 신 씨는 이 씨와 M16강도를 모의했지만 범행이 이뤄지지 못하고 자신의 불륜 사실만 밝혀지자 고민에 빠졌다. 신 씨는 급기야 이 씨에게 자신을 죽여 달라고 요청했고, 결국 이 씨의 손에 목숨을 잃고 말았다는 것이다. 이어지는 언론 보도 내용이다.

"이 씨가 M16소총을 구하기 1주일 전 그녀도 범행계획을 알고 스스로 가담하겠다고 제의했다. 탕진한 600만 원을 강도질로 되찾겠다는 생각이었다. 이 씨의 동생이 '총을 가지러 부대 주위로 오라고 연락했을 때는 백금반지를 전당포에 저당 잡혀 콜택시 비용 4만 원을 대주기까지 했다. 최근 남편이 휴가차 귀국하자 신 씨는 이씨와 동거하던 집에서 나오기는 했지만 낮에는 이 씨를 계속 만났고 밤에만 집에 들어가는 형편이었다…. 1982년 6월 18일 부산역 앞 여관에서 방 2개를 얻어 잔 이들은 19일 아침 용두산 공원에서 자수할 것을 상의했다. 유부녀로 남편이 송금한 돈을 탕진하고 간통한 사실까지 세상에 알려진 신 씨는 자수를 반대했다. 이들은 오후 자신들의 사진과 수배기사가 난 것을 보고 20일 오후 5시 서울 성북구청 앞 호수다방에서 만나기로 하고 헤어져 상경했다. 이 씨와 신 씨는 19일 오후 7시 동침 장소로 자주 이용했던 서울 미아동 M여관 209호에 투숙했다. 신 씨는 '남편이나 애들, 주위 사람들 앞에 도저히 나타날 수 없다. 나를 사랑한다면 죽여 달라'고 애원했다. 이 씨가 극약이 없다고 하자 신 씨는 원피스 허리띠를 풀어주며 목을 졸라 죽여줄 것을 간청했다. 이 씨는 '신 씨의 처지를 생각하면 죽는 게 더 좋을 것으로 판단, 그 동안 지은 죄를 속죄하는 뜻으로 그녀의 목을 졸라 죽였다'고 경찰에서 말했다."(이석구, 1982.6.21, 11면)

한국에 있던 아내의 일탈만을 탓할 게 아니었다. 파독 광부의 장기 부재가 아내의 그런 일탈을 촉발한 측면도 없지 않아서다. 그래서 파독 광부들은 가족 해체解體의 두려움으로 고통을 받기도 했다.

"가정 파탄의 사례가 신문이나 잡지에 실리고 기사가 다시 해외 취업자에게 알려지게 되자 현지의 취업 노동자들은 자기 가정을 더욱 걱정하게 됐다. 가정 파탄의 기미가 있다고 느끼고 현지에서 말썽을 부리거나 자해행위를 한 사례도 있으며 서둘러 귀국한 경우도 있었다."(박래영, 1988, 568쪽)

피땀 흘려 모아 조국에 송금된 돈이 사기詐欺 사건 등으로 사라지기도 했다. 친인척의 주머니에 들어가 속절없이 사라지기도 했다. 송금이 매형의 실패한 사업자금으로 탕진된 경우다.

"그 역시 굴진을 해야겠다고 한다. 그는 5항 굴진으로 왔는데 돈 때문에 채탄을 하다가 다리가 부러졌다. 위험이 덜한 충진으로 4개월 동안 아무 탈 없이 지냈는데 다시 굴진을 원하는 것을 보면 돈이 원수만 같다. 돈! 그러나 그가 그토록 절약하여 송금한 5, 60만 원이란 거액을 매형이라는 작자가 사업실패로 모조리 탕진했다니 피눈물 나는 이야기다."(장재림, 1969.5, 328-356쪽)

1960, 70년대 한국의 급격한 물가상승 등의 영향으로 상대적으로 실질 임금이 하락, '보이지 않는 손해'를 보기도 했다. 상당수 광산 노동자들이 돈을 모아 국내에 집을 사려고 했지만, 빠르게 오르는 물가와 부동산 투기열풍으로 인해 오히려 임금 하락의 고통을 겪기도 했다.

'한강의 기적'의 디딤돌이 됐던 송금은 이처럼 파독 광부의 목숨과 가정, 돈의 희생 위에서 가능했던 것이다. 그야말로 피땀 어린 송금이었다.

눈물로 피워낸 'Lotus-Blume(연꽃)'

연꽃은 피어 작열하듯 빛나며
말없이 높은 하늘을 바라보고,
향내음 풍기며 사랑의 눈물 흘리고
사랑의 슬픔 때문에 하르르 떤다.

-하이네, 「연꽃」 중에서

'Lotus-Blume(연꽃)', '백의白衣의 천사', '동양에서 온 미소'…. 많은 독일 시민들은 파독 간호사의 기술과 헌신을 이같이 격찬激讚했다. 특히 한국 간호사에 대한 호평은 환자를 중심으로 입에서 입으로 퍼졌다. 한국인 파독 간호사들은 독일 등 유럽 전역에서 선명한 인상印象을 남겼다(이수길, 1997, 328쪽 참고).

　1980년대까지 상당수 유럽인이 한국이라고 하면 '한국 간호사'를 연상할 정도로, 파독 간호사들은 독일과 유럽 사회에 선명한 인상을 남겼다. 1988년 서울올림픽 직전 독일과 벨기에, 네덜란드, 프랑스 현지 유럽인을 대상으로 한 설문조사에서 '한국이라는 말을 들었을 때 간호사를 연상한다'는 응답이 무려 11%나 됐을 정도다(구기성, 1992, 643쪽 참고).

물론 이 같은 호평은 그냥 생긴 게 아니었다. 많은 파독 간호사들의 땀과 눈물, 희생이 있었기에 가능한 것이었다. 실제로 일부 파독 간호사는 정신병을 앓거나 심지어 자살自殺을 시도하거나 자살한 경우도 있었다.

1966년 12월 25일 독일 베를린 노이쾰른(Neukolln)병원의 식당. 간호원장과 부원장 및 20여 명이 모인 가운데 한국 파독 간호사를 위해 조촐한 파티가 준비되고 있었다. 그런데 미혼의 파독 간호사 박 모 씨가 보이지 않았다. 동료 간호사가 그녀를 찾아 나섰다. 박 씨의 방문을 두드렸다. 아무런 대답이 없었다. 불길한 예감이 들어 사람을 불렀다. 강제로 문을 열고 들어갔다. 박 씨가 침대 위에 쓰러져 있었다. 수면제를 먹고 자살을 시도한 것이다. 다행히 일찍 발견돼 위를 세척, 목숨은 구할 수 있었다. 박 씨는 이후 정신병원에 입원했다. 몇 달 후 우울증이 더 심해진 그녀는 한국으로 돌아가야만 했다(김진향, 2002.3.4, 10면; 김진향, 2002.3.18, 18면; 김진향, 2002.3.25, 10면; 김진향, 2002.4.1, 18면 등 참고).

1972년에만 한국인 간호사가 3명이나 자살했다는 소식도 전해진다. 2명은 서독 남성과의 실연의 충격으로, 나머지 한 명은 고향에 대한 그리움과 외로움에 지쳐 자살했다는 것이다. 언론보도의 일부다.

"연초 휴가가 끝나고도 병원에 일하러 나오지 않는 데 의아심을 품고 숙소로 찾아간 병원 직원은 방에서 한국 간호사의 시체를 발견할 수 있었다. 외로움에 지친 자살이었다. 1972년 정초 서베를린에서 있었던 일이다. 이 밖에도 2명의 한국인 간호사 처녀가 서독 청년과의 사랑이 허사로 돌아간 것을 비관, 자살했다."(정준·고학용, 1974.6.13, 4면)

일부 파독 간호사는 정신질환을 앓았다. 1972년 한 독일인 의사는 "최소 10명 이상의 한국인 파독 간호사가 정신병을 앓고 있다"고 증언하기도 했다(남정호, 1972.1.23, 5면).

다른 일부는 힘든 업무로 인해 건강을 잃기도 했다. 파독 광부 정택중(1997, 232쪽)은 자작시 「마누라를 요양소에 남겨 두고」에서 아내가 파독 간호사 생활 15년 만에 건강을 잃었다고 다음과 같이 탄식했다.

이름뿐인 백의천사 독일 환자 똥바라지
간호사 생활 15년 만에 보석 같은 몸이 방가져
요양소로 떠나고 나니
귀에 들리는 것마다 모든 것이 공허하고
눈에 보이는 것 모두 다 쓸쓸하고

머리에 떠오르는 것 태산 같은 근심 걱정

가슴 속에 오직 그리움뿐이로다

때로는 잘못된 소문으로 고생했다. 대표적인 경우가 파독 간호사들이 고국에 송금하기 위해 병원 근무 후에 몸을 판다는 소문. 국내에서는 '파독 간호사와는 결혼하지 마라'는 말까지 돌았을 정도였다. 김정숙의 회고다.

"고국에 있는 동생으로부터 편지가 왔다. 내용은, 독일에 있던 한국 간호사는 한국에서는 결혼하기 어려우니 누나는 잘 생각해 보라는 것이었다. 독일에 있는 간호사들이 고국으로 더 많은 돈을 송금하기 위해 오전 병원 근무가 끝나면 오후에는 몸을 팔아 돈을 번다는 소식이 신문과 방송을 통해 전파돼 그렇게 생각하는 사람이 많다는 것이다. 이런 헛소문이 어떻게 방영이 될 수 있는지 기가 막힐 일이었다. 나는 지금까지 이곳에서 30년을 살면서도 아직 그런 일에 대해 들어본 적이 없다. (그래서 나는) 독일 계약기간 3년 근무를 마치고 스위스 취리히로 갔다. 본심은 한국으로 돌아가 독일에 있었다는 것은 말하지 않고, 스위스에 갔다 온 것처럼 행동해 좋은 곳으로 시집가야겠다는 계산이었다."(김정숙, 2002.11.18, 22면)

결혼한 파독 간호사들도 장기 부재에 따라 가족 해체 등을 겪기도 했다. 꼬박꼬박 송금했던 돈은 사라지고, 남편은 이미 바람난 경우도 있었다. 결국 남편과 이혼하고 다시 독일로 건너온 한 간호사의 얘기다.

"독일 뮌헨에서 간호사로 일하고 있는 50대 중반의 한 여성의 이야기다. 그녀는 1970년대 초 남편이 사업에 실패해 생계가 어려워지자 남편과 어린 남매를 한국에 남겨두고 독일에 와 간호사로 취업했다. '3년만 고생하면 우리도 남 못지않게 살겠지' 하는 신념을 가지고 열심히 일해 받은 월급은 꼬박꼬박 한국에 있는 남편에게 송금했다. 3년이라는 세월이 흘러 그녀는 희망을 안고 귀국했다. 한국에 도착한 그녀에게는 3년 동안 부적 자란 아이들과 바람난 남편이 기다리고 있었다. 기쁨도 만나는 순간 그때뿐이었다. 남편은 그녀가 없는 사이 다른 여자를 사귀고 송금한 돈도 온데간데없이 다 쓰고 말았다. 더구나 직업도 없이 실업자로 있던 남편은 술을 자주 마시고 그녀를 구타하는 등 부부 사이가 점점 멀어졌다. 그녀의 꿈이 이렇게 무너질 줄이야."(김홍현, 2005, 233-234쪽)

1966년 말 경찰 수사로 밝혀진 '한국난민구제회' 사건도 슬픔을 안겼다. 파독 과정의 경비조달과 사용 등이 파독 간호사들의 입장에서 투명하고 공정하게 처리되지 못했기 때문이다. 즉 이종수 박사를 통해 파독한 계약기간 3년의 간호요원들은 서울 강남에 200병동 규모의 '난민구제병원'을 건립한다는 취지로 월급 가운데 일정 금액이 의무적으로 공제됐다. 하지만 한국난민구제회 관계자들이 파독 간호요원의 돈을 빼돌리는 등 불법 행위가 드러나면서 경찰 수사로 관계자들이 구속됐고 난민구제병원 사업은 끝내 이뤄지지 못했다.

파독 광부의 절규, "우리를 잊지 말라"

"한국 경제성장의 기초가 됐던 외화획득에 앞장섰지만, 누가 늙은 우리를 대우할 것인가. 정부가 그것을 생각해야 한다. 베트남에 가 죽은 사람들은 국립묘지에 묻힌다. 하지만 외화획득을 위해 인력수출 차원에서 파독된 우리들이 죽으면 국립묘지에는 묻힐 수 없다. 우리는 조국에 묻히고 싶다."

독일 뒤셀도르프에서 노년을 맞고 있는 파독 광부 이용기가 2004년 독일을 찾은 필자에게 털어놓은 하소연이다. 파독 광부들이 한국 경제 성장에 기여한 만큼, 한국 정부도 최소한의 배려 또는 보답을 해줘야 하는 게 아니냐는 이야기였다. 그는 어려운 노후 생활에 대해서도 얘기했다.

"재독 파독 광부들은 연금이 넉넉하지 않아 불안한 노후를 보내고 있다. 보통 20세 전후부터 노동을 시작하는 독일 사람과 달리 한국에서 온 광부들은 상대적으로 나이가 차 독일에 왔기 때문이다. 계약기간 3년을 끝낸 뒤 연금을 찾아 쓴 경우도 적지 않아 독일인들에 비해 연금 불입揾入 연수가 상대적으로 짧았다. 노후 대책이 마련돼야 한다."

1977년 3월 2차40진 파독 광부 김우영은 2002년 백영훈 박사가 주선했던 국내 시찰에서 겪었던 '씁쓸한' 경험을 아직도 잊지 못하고 있다. 다른 파독 광부와 함께 4박5일간 한국에 초청돼 포항제철과 현대그룹 등 발전한 조국의 모습을 둘러봤다. 하지만 견학 뒤에 이뤄진 만찬에서 '한국 경제성장의 디딤돌'이라는 긍정적인 평가보다 '비렁뱅이처럼 얻어먹고 다닌다'는 일부의 부정적인 시선을 목도했다는 것이다.

"비록 우리는 잘 살지는 못하지만, 도둑질을 하며 살아오진 않았다. 미국의 일부 동포처럼 나랏돈을 훔쳐 정착하지도 않았다. 유산을 많이 가지고 오지도 않았다. 순수하게 우리 능력대로 떳떳하게 일해 부를 형성하고 사회를 만들어왔다. 국가가 돈이 없을 때 돈을 빌릴 수 있도록 밑거름이 됐던 게 바로 우리다. 우리를 비하하지 말라."

김우영은 1998년 대동맥이 기능을 발휘하지 못해 심장판막 수술을 받은 뒤 광산노동을 그만뒀다. 2006년 현재 연금으로 생활하고 있다.

2차43진 파독 광부 김일선도 그 동안 겪었던 한국인들과의 아쉬운 기억을 털어놨다. 한국이 고도성장 이후 어느 정도 살게 된 2000년 이후 일부 한국인이 파독 광부에 대해 비아냥거리거나 동정적인 시각으로 바라본다는 것이다.

"많은 파독 광부들이 핍박을 당해왔다. 독일 관광을 온 일부 한국인은 '왜 이런 곳에서 사느냐'는 비아냥거림과 동정의 시각도 없지 않았다. 가끔 한국에 들어가면 우리를 '완전히 별 게 아닌 사람'으로 보는 시각도 있었다. 우리가 바라는 것은 금전적인 혜택이 아니다. 우리에 대한 따뜻한 시각, 역사에서의 역할을 제대로 규명해주는 것이다. 정부 차원에서도 종합적이면서도 면밀한 검토가 필요하다."

1차7진 파독 광부 이원근과의 현지 만남은 아직도 잊을 수 없다. 그는 2004년 독일의 고속도로 어느 휴게소에서 취재를 위해 찾아온 필자의 두 손을 붙잡고 "광부 파독이 한국 경제성장에 어떻게 얼마나 기여했는지를 꼭 규명해 달라"고 부탁했다. 그러면서 "필요하다면 어떤 도움도 마다하지 않겠다"고도 했다. 이원근의 얘기와 간절한 눈길을 보면서 그의 진정성을 결코 의심할 수 없었다. 이원근의 하소연이다.

"한국 경제가 조금 발전하니까 이제 우리를 거들떠보지도 않는 것 같다. 광부 파독이 없었다면, 우리들이 없었다면, 현재와 같은 한국경제가 있었겠느냐. 아직도 한국에서는 광부 출신을 폄훼하고 평가절하하는 분위기다. 이런 분위기를 깨뜨려달라. 우리가 한국 경제성장에 기여했다는 것을 증명해달라."

재독 대한축구협회장을 맡고 있는 2차 파독 광부 장재인도 정부의 전향적인 자세 전환을 촉구했다. 그는 가장 활발하게 자신의 운명을 개척해온 파독 광부 가운데 한 명이다. 장재인은 파독 광부들이 묻힐 곳이라도 마련해달라고 부탁했다.

"우리가 낳은 2세들이야 독일에서 자랐기 때문에 앞으로 독일에서 살아갈 가능성이 높다. 하지만 우리는 한국에서 태어났고 자랐다. 우리에게 고향은 한국이다. 독일이 결코 고향이 아니다. 가끔 고향에 가 묻히고 싶다는 생각을 하곤 한다. 과연 우리가 한국에 묻힐 수 있을지 궁금하다."

독일에서 청춘을 불살라 한국 경제성장의 디딤돌을 놓은 파독 광부들. 우리는 그들을 기억하지 않았고, 그들은 그래서 고독한 삶을 살아오고 있었다. 그들은 지난 50여 년 동안 현실과 역사의 영역 모두에서 사실상 '잊혀진 존재'였다.

1979년 남편의 프랑크푸르트 부임을 따라 7년간 독일에 머물렀던 김지수는 단편 소설 「고독한 동반」에서 한 퇴직 파독 광부의 고독한 초상肖像을 그렸다. 그는 소설에서 '휴지 같이 구겨져버린 내 삶' '한 마리 똥개'라는 표현으로 퇴직한 파독 광부의 삶을 압축적으로 표현했다. 심지어 '더러운 꼬리털을 하고 한 덩이의 먹이를 위해 하루 종일 주인의 꽁무니를 어슬렁거리며 따라다니는 똥개' 같다고 탄식했다. 소설의 일부다.

"마지막 스페인 여자와 헤어진 후 내내 혼자 살고 있는 나는 고독감이 얼마나 견디기 힘들게 고통스럽고 가혹한 것인가를 점차 절감하고 있었다. 광산 사고의 후유증으로 온전치 못한 신체에다 이미 패기 잃은 나이가 나를 그렇게 만들었다. 아직도 멀쩡한 내 육신의 한 귀퉁이에는 빈손으로 유학을 하기 위한 변칙 수단으로 파독 광부 모집에 지원하던 20대 시절의 그 도전적이고 맹목적인 의욕과 열정이 희미하게나마 살아 숨쉬고 있는지 어쩐지 알 수 없는 대로, 나는 이미 휴지 같이 구겨져 버린 내 삶에 대한 무의식적인 포기와 머지않은 노쇠와 질병, 그리고 죽음에 대한 불안과 초조감으로도, 잔뜩 찌들어져 있었다. 아무 것도 이루지 못하고, 그렇다고 젊은 날의 웅대하고 무모한 꿈을 송두리째 내다 버리지도 못한 엉거주춤한 상태로 나는 아주 보잘 것 없고 초라하게 시들어져 가고 있는 것이었다. 그런 점에서 본다면 사실 나는 더러운 꼬리털을 하고 한 덩이의 먹이를 위해 하루 종일 주인의 꽁무니를 어슬렁거리며 따라다니는 똥개 녀석과 하등 다를 바 없는 처지인지도 모르겠다. 언젠가 그 양육자가 마침내 의무를 포기할 때 그 쓸모없는 친구는 혀를 빼물고 죽어갈 것인가. 내게 있어 쇠고기 한 덩이는 인색한 독일 정부의 연금일 것이다."(김지수, 1993, 8-9쪽)

한국 현대사에서 현실적, 역사적 성취를 이뤄낸 파독 광부. 하지만 현실과 역사의 영역 모두에서 그들의 피와 땀의 대가를 제대로 평가받지 못하고 있다. 이것이 바로 파독 광부의 고독孤獨과 울분鬱憤의 본질이다. 조국이 그들의 이름을 기억하지 못할 때, 그들의 눈물은 아리랑이 되고 있었다.

제10장

'전도된 신화'의
진실을 찾아서

．
．
．
．
．
．
．

서독 차관, 한국 경제성장에 보탬

"서독에서 차관借款하기로 확정된 1억5000만 마르크는 ①기술원조 ②정부차관 ③민관차관이 포함됐고, 그 중 정부차관은 ①전화설비 ②탄광개발 ③전차도입 ④조선공사능력 확장 등 4개 업종이고, 민간차관은 ①금광개발 ②종합제철소 ③시멘트 공장 ④비료공장의 4개 업종으로 되어 있는데, 실수요자 및 자원조사 실시는 내년 초에 결정될 것이라 한다."(『한국일보』, 1961.12.19, 1면)

서독 차관 교섭을 주도한 정래혁丁來赫 당시 상공부장관은 1961년 12월 18일 서독 차관 도입에 성공한 직후 차관의 사용처使用處에 대해 이같이 밝혔다. 정 장관이 발표한 내용을 분석해보면, 서독 차관의 용처로 1962년부터 시작되는 '경제개발 5개년계획'의 상당수 사업이 망라돼 있음을 알 수 있다. 실제 서독 차관은 시멘트공장 건설과 장성탄광 등 1962년부터 시작된 경제개발 5개년계획의 실행에 요긴하게 쓰였다. 서독 차관이 초기 한국 경제성장의 기초를 쌓는 '종잣돈' 역할을 톡톡히 한 것으로 평가되는 이유다.

한국인 광부 파독과 적지 않은 관계가 있는 서독 차관은 1960, 70년대 한국 경제성장에 상당한 기여를 했다. 먼저 한국 경제성장에 기여한 것으로 평가받는 경제개발 5개년 계획의 실행을 위한 초기 자본축적資本蓄積에 상당한 도움이 됐다.

이 '초기 자본'은 상당한 의미를 가진다. 한국은 1960년대 초 경제 재건을 위한 투자자본이 턱없이 부족한 상태였기 때문이다. 더구나 1961년 쿠데타로 집권한 박정희 정권을 탐탁치 않게 생각한 미국의 존 F. 케네디 대통령의 영향으로 대한對韓원조가 차관형식으로 바뀌는 시점이이서 돈은 더욱 귀해진 상황이었다. 정래혁 장관이 서독 차관 교섭을 성공리에 마친 뒤인 1961년 12월 18일 김포공항 기자간담회에서 만족감을 표시한 이유이기도 하다(『한국일보』, 1961.12.18, 1면; 『한국일보』, 1961.12.19, 1면 등 참고).

서독 차관 자체의 효용뿐만 아니라 '차관 유치에 따른 효과'도 적지 않았다. 박정희 정권은 당시 군사쿠데타로 집권한 탓에 미국을 비롯해 서방 국가로부터 따가운 시선을 받고 있었다. 하지만 서독으로부터 차관 도입에 성공함으로써 박정희 정권은 서방 국가나 기업 등에게서 추가적인 자본 유치를 받을 수 있는 유리한 환경을 만들 수 있었다. 즉 서독 차관 유치 성공은 서방 국가나 기업 등에게 한국 정부가 경제성장에 힘을 쏟고 있음을 보여주는 한편 이들 간의 경쟁 심리도 자극할 수 있었기 때문이다.

물론 아쉬움이 없는 건 아니다. 서독의 공공 또는 상업차관은 본래 의도 가운데 하나였던 차관 도입을 통한 기술도입 측면에서는 기대만큼 큰 성과를 내지 못한 것으로 분석된다. 이는 과학기술처의 용역으로 한국과학기술연구소가 1969년 12월 작성한 「차관업체의 기술도입 실태조사에 관한 연구」에서도 잘 드러난다.

한국과학기술연구소 보고서 등에 따르면, 1968년 완공된 공공 또는 상업차관 시설 가운데 독일에서 들어온 것은 모두 9건이었다. 시내 자동전화 교환시설 75만 회선을 설치하는 제3통신망 확장사업(1965년 11월 인가)과 요소비료 8만 5000t 등을 생산할 수 있는 호남비료 나주공장 확장사업(1966년 1월 인가), 1분당 7.5t의 나일론을 생산할 수 있는 나일론공장 사업(1966년 8월 인가), 150메가와트(MW)의 전력을 생산할 수 있는 부산화전 제3호 사업(1967년 6월 인가), 분당 12만 5,000t의 제철을 생산할 수 있는 제철공장 사업(1965년 12월 인가) 등이 그것이다(한국과학기술연구소, 1969, 16-18쪽 참고).

<표 9> 1968년 완공된 독일 외자사업 주요 현황

사업명	차관액 (달러)	조건 (거치/ 상환기간/ 연이율)	연생산 또는 시설규모	인가	준공	비고
제3통신망 확장	560만	10년/ 30년/ 4%	시내 자동전화 교환시설 75만회선	1965. 11.4	1968. 7.31	공공차관

도자기 공장	45만 7000	1년반/ 5년/ 6%	36만㎥	1966. 6. 30	1968.2.27	상업차관
무수후탈산 공장	85만 5000	6개월/ 4년/ 6%	1500 M/T	1966.9.1	1968.4.30	상업차관
나주 비료공장 확장	436만 2000	3년/ 12년반/ 6%	요소비료 8만5000 M/T (기존 시설보완) 메탄올 1만5000 M/T	1966. 1.16	1968.6.23	상업차관
나일론 공장	849만	10년/ 7%	월 7.5 M/T	1966.8.1	1968.7.26	상업차관
신문용지 공장	220만	2년반/ 10년/ 6%	신문용지 2만4000 M/T	1966.2.11	1968.8.30	상업차관
부산화전 3호	1047만	2년/ 10년/ 6%	150MW	1967.6.28	1968.10.31	상업차관
청량음료 시설 확장	23만 2000	6개월/ 3년/ 6%	콜라 1만9000 C/S, 사이다 3만4000 C/S, 주스 8000 C/S, 기타 3000 C/S	1967.8.10	1968.11.30	상업차관
제철공장	920만	3년/ 10년/ 6.5%	12만 5000M/T	1965.12.31	1968.12.31	상업차관

<출처> 한국과학기술연구소, 1969, 16-18쪽

차관을 통해 도입된 기술은 부수적 성격의 기술이 대부분이었고 공정 및 기기의 설계, 제작과 같은 핵심적인 기술은 미미했다고, 보고서는 분석한다. 일부 기술은 중복돼 도입된 경우도 있었다고 지적한다. 차관도입의 효과를 최대화하지는 못했다는 얘기다. 결론은 다음으로 이어진다.

"△턴 키 베이스(Turn-key basis·일괄거래)에 의한 공장도입에 있어서는 운전과 보수에 필요한 기술자료 이외에 동원된 공정기술의 기본자료, 기기장치의 설계자료 등 도입기술을 활용할 수 있는 분야가 인수되지 못하고 있어 파급효과가 제대로 이루어지지 않고 있다. △도입기술의 소화율이 저조하다. 순수기술 도입 중에서도 단위기술만을 도입한 경우에는 소화율이 높고 Turn-key basis나 종합기술의 경우에는 소화율이 낮다. △도입기술의 파급효과가 미미하며 파급효과를 기대할 수 있는 여건도 갖추어져 있지 않다. 다시 말하면 도입된 기술이 자료화돼 있지 않을 뿐 아니라 폐쇄적이다."(한국과학기술연구소, 1969, 152쪽)

서독 차관도입에 따른 산업시설을 만드는 것에는 성공했지만 핵심 기술技術의 이전이나 도입으로 연결되지 못했다는 얘기다.

독일 기업에도 '특수' 안겼다

　한국에 제공된 서독의 상업 차관은 한국에서 공장 건설, 생산재 부품 수입 등 경제성장을 위한 자본으로 긴밀하게 활용됐다. 아울러 서독 상업 차관의 상당액이 부품 수입 또는 공장건설 수주를 위해 다시 독일 기업으로 들어갔다는 점에서 결과적으로 독일 기업도 상당한 '과실果實'을 챙겼다. 즉 서독 상업차관은 한국 경제성장에 적지 않게 기여한 측면이 있지만, 서독의 기업에도 적지 않은 도움을 줬다.

　서독 정부가 미국의 눈치를 보면서까지 한국에 상업차관을 제공한 배경 가운데 하나로 이 같은 서독 기업의 이익 등도 고려했을 것으로 관측된다. 즉 서독 정부나 기업은 부족한 광산과 의료 노동력을 파독 광부와 간호사를 통해 확보하면서도 상업차관이 다시 서독 기업에게 돌아간다면 '1석2조一石二鳥'의 효과를 볼 수 있기 때문이다.

실제 한국 정부의 상업 차관 도입이 결정되자 서독 기업들은 사업 수주와 자사 제품의 수출을 위해 경쟁적으로 한국에 뛰어들어 각축전을 벌였다. 이름 있는 서독 기업이 줄지어 한국을 방문해 새 파트너를 찾아 나섰다. 독일 지멘스가 전화기 사업을 수주하는 등 독일 기업들은 서독 차관으로 시작된 사업을 잇따라 수주했다. 이른바 서독 기업들의 '한국 특수韓國特需'가 시작된 것이다.

백영훈(2001, 50-51쪽 등 참고)의 연구에 따르면, 한·독 합작으로 시작된 최초의 사업은 독일 지멘스와 금성사가 합작으로 시작한 전화 사업이었다. 당시 우리의 체신 및 전화통신은 일제시대 때 시설이 만들어졌기에 매우 열악한 상황이었다. 1960년대 초 전화가입 적체율은 평균 15대 1이나 될 정도였다. 이에 따라 당시에는 전화 한 대를 갖는 것이 집 한 채를 갖는 것과 비교될 정도로 희소가치가 높았다. 서독의 지멘스는 금성사와 손잡고 전화 사업에 나섰다. 다음으로 한국을 찾아온 기업은 루르기(Rurugi)였다. 루르기는 전남 나주에 건설 중인 호남비료 공장을 건설하는 자재공급 회사로 참여했다. 슐 아이젠버그라는 유태계 상인의 잘못된 상술에 따라 많은 문제점이 있었지만 농촌 소득향상에 요소 비료공장이 기여한 것 또한 사실이었다. 다른 서독 기업들도 잇따라 한국으로 몰려왔다. 폴리시우스(Polisius)사의 동양시멘트 건설, 만(MAN)사의 인천 한국기계 건설, 크룹(Krupp)사의 인천제철, 게하하(GHH)사의 관산 기자재 공급 등 수많은 기업이 한국 특수를 붙잡거나 겨냥하고 들어왔다. 본격적인 한·독 경제협력의 발판이 열린 것이다.

서독 차관이 결과적으로 독일 기업에 특수를 안기게 된 것은 차관교섭 과정에서 이미 어느 정도 예고돼 있었다. 즉 서독 차관교섭을 주도했던 한국정부 경제사절단은 서독 차관 유치를 위해 독일 정부가 기계류 등 서독의 생산재 제품 수출을 촉진하기 위해 자국의 생산재 제품을 사는 것에 대해선 그 수출가격의 70-80%를 보증해주는 '헤르메츠(Hermerz)법'을 활용해 서독 정부를 적극 설득했기 때문이다. 서독 차관 교섭을 주도했던 백영훈의 회고다.

"과연 어떠한 전략으로 서독에서 차관을 얻어 낼 수 있을 것인가. 우리가 이미 서울에서 조사한 바 서독은 라인강의 기적을 이룩하기 위한 정책수단으로 서독 제품의 기계류와 부품 등을 해외 수출을 촉진하기 위한 특별법이 제정되고 있었다. 이른바 헤르메츠법으로 부르는 이 법은 서독에서 구매하는 모든 제품의 수출에 대해 전체 수출가격의 70%에서 80%까지 국가 신용에 의해 보증해 주는 대對후진국에 대한 특별 지원법이다. 나는 하룻밤 사이에 이 법의 주요 골자를 번역해 사절단 일행에게 설명했고 어떻게 하면 이 법의 적용을 얻어낼 수 있을 것인가를 숙의했다. 이때 우리들은 이 법에 의한 특혜를 얻기 위해서는 서독의 민간 기업체와 사전 협력이 절실하다는 걸 깨달았다. 서독에서 현금으로 상업차관을 얻는 게 아니라 서독제품의 후진국 수출을 촉진하기 위해 기계류나 기타 부품 등 생산재 제품을 구입한다는 서독 메이커와의 사전 협조가 절실하다는 것을 알게 됐다. 그래서 서독의 유명 메이커들을 찾는데 혼신의 노력을 다했다…. '지멘스', '크룹', '만네스만

(Mannesmann)', '폴리시우스', '게하하' 등 유명한 서독 기업을 순차적으로 방문해 사장단과의 진지한 토론을 통해 장차 한국이 건설하게 될 공장에 대한 상세한 설명을 했고 그들의 적극적인 참여를 유도하는 데 혼신의 노력을 다했다. 처음에는 서독 기업이 냉대하는 기색이 농후했다. 하지만 우리는 경쟁 심리를 이용해 똑같은 기계 부품을 생산하는 복수업체를 선정해 직접 공장을 방문했고, 그 결과 서독기업 간의 자사제품을 수출하려는 경쟁의식을 높일 수 있었다."(백영훈, 2001, 37-39쪽)

　백영훈의 이 같은 설명은 서독 정부가 한국에 제공하는 상업차관 대부분이 자국 기업의 사업 수주나 생산재 기계 수출로 이어질 것으로 판단했을 것이라는 추론이 가능해지는 대목이다. 서독 정부 입장에서는 자금의 상환만 확실하다면 차관이 자국 기업의 사업 수주 및 기계류 수출 등으로 연결돼 오히려 독일 기업의 실적 개선에 도움이 되기에 상업차관 제공을 거부할 이유가 전혀 없었다는 얘기다.

　독일의 개별 기업들도 한국으로의 상업 차관이 자사 제품의 수출 확대로 이어질 것으로 인식했던 것으로 보인다. 이것이 바로 서독 기업들이 독일 정부에 한국에 대한 상업차관 제공을 강력하게 건의했던 배경이었을 것이다.

'일괄거래의 마술사' 슐 아이젠버그

서독 기업의 '한국 특수'를 설명하기 위해 반드시 기록記錄되고 기억돼야 할 사람이 있다. 바로 유태계 출신의 서독 '브로커' 슐 아이젠버그(Shaul Eisenberg·1921-1997)이다. 아이젠버그는 서독 기업의 '한국 특수' 정점에 서 있었던 인물로 보이기 때문이다.

문명자(1997.8, 48-55쪽 및 1999, 209-239쪽 등 참고)와 백영훈 등의 자료와 증언을 종합하면, 1921년 독일 뮌헨에서 태어난 유태계 출신인 아이젠버그는 나치의 유태인 학살 당시 박해를 피해 일본 가마쿠라鎌倉 지방으로 피신했고, 1941년 그를 구해준 일본 여성과 결혼해 아시아에서 활동했다.

그는 1950년 6·25전쟁이 터지자 한국에 지사를 두고 장사를 시작했다. 주로 수입품 중계를 통해서 돈을 벌었다. 오스트리아와 이스라엘의 이중 국적 소지자였던 그는 자유당 시절 서울 반도호텔

209호실에 사무실을 차린 뒤 이승만 대통령의 부인인 오스트리아 출신 프란체스카 여사에게 접근했다. 백영훈의 증언이다.

"지프차를 생산하던 윌리스 오버랜드 모터스(Willys-Overland Motors)의 대리점을 운영하고 있던 아이젠버그는 프란체스카 여사에게 윌리스 지프차 한 대를 기증했다. 그와 경무대는 이를 계기로 급속히 가까워졌다."

아이젠버그는 이후 이승만 대통령과 자유당 정부와 깊숙한 관계를 맺은 뒤 호남 출신 기업가 이문환 등을 매개로 호남비료 나주공장 건설권을 따냈다. 1959년 도입된 서독 지멘스사의 전화교환기도 중개했다. 특히 아이젠버그는 호남비료 나주공장 건설과정에서 농민들의 '쌈지돈'을 받았지만 독일에서 중고시설을 들여오는 바람에 부실시공 파문이 일기도 했다.

그는 한국을 비롯해 일본, 중남미, 동남아, 중동 등에서 많은 사업에 관여했다. 자금이 부족한 나라에 서독 또는 다른 정부-기업-은행-건설 회사를 연결시켜 자금도 마련해주고 사업도 성사시키는 '일괄 거래一括去來의 조정자調停者'였다(문명자, 1999, 220쪽; 조갑제, 2001a, 53-54쪽 참고).

아이젠버그는 한·일간 국교 정상화 협상과 일본 기업의 한국 진출에도 배후에서 적지 않은 영향력을 행사한 것으로 보인다. 1960년대 김종필 등 당시 실력자들에게 일본 기업을 소개했던 것으로 밝혀지고 있기 때문이다.

"김종필은 이미 1961년 10월 이래로 일본과 접촉해 왔음이 명백했다. 1962년 2월 (주한미국)대사관은 이스라엘의 사업가 슐 아이젠버그가 일본 기업인과 김종필의 만남을 주선했다고 보고해 왔다."

(미 하원 국제관계위원회 국제기구소위원회, 1986, 342쪽)

박정희 대통령 시절, 아이젠버그가 직간접적으로 관계된 사업은 실로 대단한 것이었다. 심지어 그가 엮어준 사업목록은 '한국 기간산업 총람'으로 보일 정도라는 지적까지 나왔다. △영월 화력 2호기 △부산화력 3-4호기 △영남화력 1-2호기 △인천 화전 △월성 원전 3호기 △동해 화력 1, 2, 3호기 △쌍용시멘트 △고려시멘트 △동양시멘트 △한일시멘트 △일신제강 △유니온 셀로판 △피아트 자동차 △석탄 공사의 채탄시설 현대화 △중앙선 전철화 △포항제철 증설 등등(조갑제, 2001a, 53-54쪽 참고).

아이젠버그는 서독 상업차관 유치과정에 개입한 뒤 이를 바탕으로 독일 기업들이 차관으로 벌이는 사업의 수주를 따낼 수 있도록 역할을 한 것으로 보인다. 특히 이 과정에서 서독 정부 등에는 한국의 상업차관을 유도하기 위한 로비를 펼치고, 반대로 사업 수주를 원하는 서독 기업으로부터 거액의 커미션을 받고 한국 정치권에 거액의 정치자금政治資金을 제공한 것으로 보인다.

이런 모습은 1965년 호남비료 나주공장 안에 메탄올과 질산 생산시설을 건설하는 500만 달러짜리 호남비료 제1차 확장공사 발주과정에서 드러난다. 1963년부터 1970년까지 호남비료 나주공장 사장을 역임한 김윤근은 아이젠버그의 행태를 기록하고 있다.

김윤근(1987, 241-244쪽 참고)에 따르면, 김윤근은 호남비료 제1차 확장공사에 필요한 외화를 구하기 위해 영국과 서독을 차례로 방문했다. 먼저 영국으로 갔다. 하지만 영국 은행은 "한국은 외환사정이 나빠서 차관제공이 어렵다"고 답했다. 이번에는 서독으로 날아갔다. 다행히 호남비료 나주공장을 건설한 루르기사의 소개로 서독 산업은행으로부터 "차관 신청이 제출되면 긍정적으로 검토하겠다"는 답변을 받아냈다.

김윤근은 귀국해 곧 서독과 미국, 일본의 엔지니어링회사에서 사업 견적서를 받아 비교 검토한 끝에 사업자 후보를 서독의 루르기와 미국의 코퍼스(Koppers) 두 회사로 압축했다. 그는 양사를 경쟁시켜 건설비 견적을 600만 달러에서 460만 달러까지 내려가도록 한 뒤 1965년 9월 20일 이사회를 열어 미국 코퍼스사에 공사를 주기로 결정했다. 코퍼스를 택한 이유는 건설비 견적을 낮추는 데 루르기사보다 더 성의를 보였고 루르기의 한국 대리점인 아이젠버그 상사가 나주 공장의 보수용 부품공급에 지나친 이윤을 추구해 왔다는 판단에서다.

아이젠버그상사는 완곡하게 항의해 왔다. 서독 산업은행의 차관을 주선해 준 루르기에 공사를 주지 않으면 서독 차관을 얻을 수 없게 된다고 압박했다. 김윤근은 이에 "코퍼스가 미국은행 차관을 주선해주기로 했으니 걱정 말라"고 응수해줬다.

아이젠버그는 자기 힘으로 안 된다고 판단되자 정치적 압력을 동원해 다시 공격해 왔다. 박정희 대통령이 호남비료의 확장공사를 루르기사에서 발주해주기를 바라고 있다고, 이후락 대통령 비서실장이 제3자를 통해 전해왔다. 김윤근은 이에 "대통령이 할일이 없어 400만 달러짜리 작은 공사를 누구에게 주라 말라 하겠느냐, 이것은 비서실장의 장난"이라고 응수했다.

하지만 며칠 후 김윤근은 대통령 집무실에서 박정희 대통령으로부터 호남비료 확장공사 사업권을 루르기사에 주는 게 좋겠다는 '말씀'을 직접 듣는다. 김윤근은 더 이상 고집을 부릴 수가 없었고, 박 대통령의 '말씀'대로 루르기사에 호남비료 확장공사의 발주를 맡기기로 했다. 며칠 후 아이젠버그가 김윤근을 찾아왔다.

"정치헌금을 준비해 왔습니다. 김 사장이 전달하시지요."

사업 수주의 대가로 당시 여권에 정치자금을 전달해달라는 것이었다. 김윤근은 정치자금 전달에 관여하고 싶지 않았다. 심지어 받은 돈에 얼마를 보태 전달해도 일부를 떼먹었다는 오해를 받을 소지가 다분했기 때문이다.

"노댕큐(No thank you)! 그것은 당신이 직접 갖다 드리시오."

결국 루르기사의 한국 대리점을 운영하던 아이젠버그는 서독 산업은행에서 호남비료 제1차 확장공사 발주 공사에 필요한 400만 달러의 차관을 빌리는 데 도움을 준 뒤 박정희 대통령, 이후락 대통령 비서실장 등을 통해 사업 수주受注를 따낸 것으로 보인다.

김윤근은 "공사비 견적을 깎을 대로 깎은 후에 정치자금까지 내게 했으니 공사는 부실해질 수밖에 없었고 결국 손해를 보고 피해를 입은 것은 호남비료였다"(244쪽)고 회고했다.

아이젠버그의 이 같은 행태는 이듬해 11월 있었던 호남비료 제2차 확장공사 발주에서도 재연됐다고 한다. 김윤근(1987, 245-247쪽 참고)에 따르면, 호남비료는 무연탄 가스화로를 경유가스 화로로 바꾸면서 비료 생산능력을 50% 증가시키는 공사도 함께 하기로 했다. 그는 외국 엔지니어링회사에 견적을 내도록 요청했다. 하지만 해외 기업들은 제1차 확장공사 발주 때 루르기사가 한 일이 소문이 나 보나마나 이번 공사도 루르기에 떨어질 것이라며 견적을 내지 않았다. 김윤근은 겨우 설득해 일본의 우베고상으로부터 견적을 받아 루르기와 경합을 시켰다. 건설비를 385만 달러로 깎은 뒤 우베고상으로 내정했다. 우베고상 대리점은 아이젠버그에게 당하지 않으려고 미리 손을 썼다. 즉 당시 민주공화당 재정위원장 김성곤 의원과 정치자금 협상을 끝내고 후원을 약속받아 뒀다. 김성곤이 오찬에서 김윤근에게 물었다.

"당으로서는 호남비료 확장공사를 일본의 우베고상에 주었으면 하는데 귀사의 사정은 어떻습니까?"

"회사로서는 별 지장이 없습니다. 그러나 이후락 (청와대 비서)실장과 미리 의논해 두시는 게 좋겠습니다."

"이후락 실장은 내가 책임지겠소."

김성곤 위원장은 자신 있게 말했다. 김윤근은 이로써 호남비료 확장공사 시공업자 선정문제가 말썽 없이 끝나는 줄 알았다. 1966년 10월 20일 이사회를 열어 호남비료 제2차 확장공사의 시공업자를 우베고상으로 결정했다.

하지만 다음날 장기영 부총리가 김윤근을 호출했다. 부총리 비서실에 가니 비서가 먼저 와 기다리는 사람들을 젖혀놓고 '기다리고 계시니 빨리 들어가라'고 전했다. 장 부총리는 김윤근을 보자

대뜸 말했다.

"호남비료 확장공사의 시공업자를 우베고상을 선정했다는 게 사실이오?"

"예, 그렇습니다."

"기술적으로 지장이 있다면 할 수 없지만, 그런 게 아니면 시공업자를 루르기로 바꿀 수 없겠소?"

결국 김윤근은 장기영 부총리의 '말'에 따라 호남비료 확장공사 시공업자로 우고베상에서 루르기사로 양보하기로 했다. 부총리실을 나오니 비서실에 아이젠버그가 기다리고 있었다. 아이젠버그가 김윤근을 보고 다가와서 말했다.

"김 사장 때문에 더블(Double)로 내게 되었습니다."

아이젠버그가 여권에 정치자금을 두 배로 내게 됐다는 뜻이었다.

"당신이 무슨 말을 하고 있는지 나는 모르겠소."

김윤근은 아이젠버그에게 이렇게 쏘아붙이고 부총리실에서 나왔다. 김윤근은 "손오공이 날고 뛰어봐야 부처님 손바닥에서 논다더니 호남비료가 그 꼴이 됐다. 아무리 용을 써봤자 아이젠버그 상사의 정치헌금 위력 앞에 꼼짝달싹도 할 수가 없었다"(247쪽)고 회고했다.

아이젠버그는 당시 여권에 거액의 정치자금을 제공하고 박정희 대통령과 이후락 대통령 비서실장, 장기영 부총리 등 정관계 최고위층 인사들을 통해 호남비료 제1, 2차 확장공사 수주를 독식한 것으로 보인다.

특히 박정희 정권에 정치자금을 제공, 각종 공사를 따내는 아이젠버그의 행적은 한국의 기록뿐만 아니라 1976년 '코리아 게이트 (Koreagate)' 사건이 터진 후 조직된 미국 하원 국제관계위원회 산하 국제기구소위원회인 소위 '프레이저위원회(Fraser Committee)'의 조사에서도 드러난다. 재미언론인 문명자(文明子·1930-2008)의 지적이다.

"프레이저위원회는 무기상인 슐 아이젠버그가 수년간 한국 정부의 최고위층에 정치자금을 제공했다고 밝혔다. 아이젠버그는 계약 성사를 위해 영향력을 행사할 만한 청와대 보좌관들에게 계약액의 25%에 달하는 커미션을 지불하고 계약을 따냈다는 것이다. 그 기간 동안에 아이젠버그는 공화당과 고위 관리들에게 차관, 증여, 상납금 조로 500만 달러 이상을 지불했다고 한다."(문명자, 1999, 230-231쪽)

아이젠버그, 베일 속 역할을 찾아서

슐 아이젠버그는 박정희(朴正熙·1917-1979) 정부 시절 서독 차관으로 촉발된 '한국 특수'를 주도적으로 챙긴 대표적인 인사였다. 그가 한국 특수를 대거 챙길 수 있었던 배경에는 아이젠버그가 서독 차관 교섭에서 많은 역할을 했고 따라서 이에 대한 보답을 해야 한다는 박정희 대통령의 '채무 의식債務意識'이 자리했던 것으로 보인다. 실제 호남비료 확장공사 수주 과정에서 드러난 박 대통령의 아이젠버그에 대한 채무의식은 대단한 것이었다. 박 대통령은 이 때문에 아이젠버그에게 사업 수주권을 넘기도록 조치한 것으로 드러났다.

김윤근(1987, 241-244쪽 참고)에 따르면, 아이젠버그는 호남비료 제1차 확장공사 사업자가 이사회에서 미국 코퍼스(Koppers)사로 결정되는 등 코퍼스사로 기울자 정치적 압력을 동원하기 시작했다. 1965년 9월 호남비료 이사회가 열린 며칠 뒤 국방부에서 열린 국군의 날 행사 축하 리셉션. 박정희 대통령은 이날 김윤근과 악수하면서 질문해왔다.

"호남비료 확장공사를 서독 차관에 공이 많은 회사에 주지 않고 다른 회사에 줬다던데 사실이오?"

박정희 대통령은 나중에 대통령 집무실로 김윤근을 다시 불렀다. 박 대통령은 집무실에 온 김윤근을 반갑게 맞이하며 소파에 앉으라고 했다. 그 자신은 맞은편 소파에 앉았다. 그러면서 거듭 호남비료 확장공사 사업권을 루르기사에 줘야 한다고 말했다.

"루르기가 서독 차관 1억불을 우리나라에 제공하도록 하는 데 막후에서 크게 도와준 회사요. 확장공사 발주는 그 회사에 주는 게 좋겠소."

김윤근은 루르기사가 호남비료 확장공사를 위한 400만 달러의 차관을 주선해 준 것은 잘 알고 있었지만, 1억 달러의 차관 주선에 힘썼다는 사실은 믿기 어려웠다. 하지만 근거도 없이 대통령의 말을 부인할 수는 없었다. 김윤근이 말했다.

"저희는 루르기가 그렇게 공이 있다는 것을 몰랐습니다…. 코퍼스를 선택한 데에는 두 가지 이유가 더 있습니다. 견적 가격의 인하협상에 코퍼스가 성의를 보여 줬다는 것과 루르기의 대리점 아이젠버그상사가 나주공장 보수용 부품공급에 폭리를 취하고 있어서 루르기와 거래를 더 이상 하고 싶지 않았습니다."

"그런 사정이 있었군…. 그러나 루르기가 서독 차관에 공이 많다던데…"

박정희 대통령은 김윤근의 말에 이같이 답하고 입을 다물었다.

김윤근은 국정의 최고책임자가 이렇게 말하는 상황에서 거부할 수 없었고, 결국 아이젠버그가 후원하는 루르기사로 호남비료 확장공사를 맡길 수밖에 없었다.

김윤근의 증언을 분석해보면, 박 대통령은 아이젠버그가 한국 정부의 서독 상업차관 교섭과정에서 결정적인 역할을 한 것으로 인식했고, 이런 인식에 따라서 서독 차관으로 촉발된 많은 사업 발주에서 아이젠버그에게 '특혜'를 준 것으로 해석된다. 이는 결국 박정희 대통령이 아이젠버그에 대해 과도한 또는 비정상적인 채무의식이 결과적으로 아이젠버그 측에게 여러 특혜를 준 것으로 해석될 수도 있다. 국부 유출을 비롯한 국익 훼손에 대한 박 대통령의 책임 논란도 일 수 있는 지점이다.

그렇다면 박 대통령의 판단 대로 1961년 우리 정부의 서독 차관 교섭 과정에서 아이젠버그는 결정적인 역할을 했을까(물론 박 대통령의 인식대로 아이젠버그가 결정적인 역할을 했다고 하더라도, 각종 사업수주에서 특혜나 이익을 주는 문제는 별도로 논의해야 할 것이지만). 1961년 서독 차관 교섭과정을 추적한 결과, 아이젠버그는 당시 한국 경제사절단과 동행했고, 정부 관료들이 서독 기업을 견학할 수 있도록 여러 조치를 취했다는 게 확인됐다. 이는 기록과 증언에서 일치한다.

"아이젠버그가 처음으로 서독 차관 도입을 중개한 것은 1961년 가을이었다. 아이젠버그는 정래혁 당시 상공부장관이 서독의 관료들과 기업인들을 만날 수 있도록 손을 써 놓은 뒤 정 장관과 함께 차관도입 교섭차 1961년 11월 13일 독일로 출발했다. 아이젠버그는 정 장관을 안내해 크룹사, 지멘스, 하노버 조선소 등 서독의 유수한 회사를 돌아보게 했다."(조갑제, 2001a, 53-54쪽)

하지만 아이젠버그는 기본적으로 한국 정부를 위해서라기보다 자신의 이익을 위해서 참여했으며, 실제 교섭 과정에서 많은 혼선을 초래해 도리어 방해가 되는 측면도 적지 않았던 것으로 확인됐다.

차관 교섭 핵심 관계자의 증언에 따르면, 한국 경제사절단과 함께 간 아이젠버그는 스위스 일정뿐만 아니라 독일 일정도 이미 자신의 의도대로 준비했다. 즉 한국 경제사절단의 시찰 일정을 자신이 에이전트로 있는 회사인 지멘스, 게하하, 획스트, 루르기 중심으로 잡았던 것이다. 특히 아이젠버그 측은 사절단이 독일에서 묵던 호텔 경비를 '주식회사 아이젠버그'의 부사장인 벨로크 만이 지불하도록 함으로써, 사절단에 금전金錢적인 '편의便宜'를 제공하기도 했다. 사절단의 일부 인사는 아이젠버그 측의 이 같은 조치에 '잘못하면 아이젠버그의 농간에 놀아날 수도 있다'는 위기의식을 느꼈다. 차관 교섭이 파행으로 치달을 것을 우려했다는 것이다. 이에 단장인 정래혁 장관은 특별 보좌관이던 백영훈에게 물었다.

"(아이젠버그와 관련해) 어떻게 했으면 좋겠는가? 아이디어가 있는가?"

"장관님께서 병원에 들어가는 게 좋을 것 같습니다. 그러면 자연스럽게 아이젠버그가 잡은 일정은 다시 짜야 할 겁니다."

건강 문제로 현지에서 한 차례 쓰러지기도 했던 정래혁 장관은 이틀간 병원에 입원했다. 아이젠버그가 준비한 방독 일정을 바꾸기 위한 고육지책苦肉之策이었다. 백영훈은 이 사이 아이젠버그가 정해준 일정을 바꿨다. 가급적 아이젠버그의 입김을 최소화하는 방향이었다. 국내에서 전화 사업을 벌이는 지멘스는 그대로 넣는 대신, 게하하나 루르기 등은 제외하고 슈투트가르트의 메르세데스 벤츠(mercedes-benz), 만네스만 데마그(Mannesman Demag) 등을 새롭게 추가했다. 아이젠버그는 이에 신응균申應均 주서독 한국대사를 통해 방독 일정과 대상 등을 놓고 정 장관과 백영훈을 강하게 압박했다.

하지만 정 장관은 소신대로 방독 일정을 밀어붙였다. 아이젠버그와 거리를 유지하기 위해서였다. 특히 정 장관은 이후 아이젠버그에 대해 공개적으로 경고하는 등 그의 영향력에서 벗어나려고 안간힘을 썼다. 고위 관리에게도 아이젠버그를 만나지 말라고 주문하기도 했다. 독일 측에서도 아이젠버그를 부담스러워했다는 후문이다. 일부 독일 고위 관료도 "아이젠버그가 끼어선 안된다"며 아이젠버그의 행태를 한국 정부 측에 귀띔하기도 했다는 후문이다.

결국 정 장관 등 사절단의 노력으로 한국 정부는 호남비료 나주공장 확장공사, 인천제철, 인천 대우중공업의 전신인 한국기계, 석탄공사의 전신인 광산기계, 동양시멘트 등을 건설할 상업차관을 얻는 데 성공했다.

물론 앞에서 밝혔듯이, 아이젠버그 측은 이 같은 '난관'을 뚫고 호남비료 나주공장 확장공사(루르기)와 동양시멘트 건설공사(폴리시우스) 등을 독일 기업이 수주하는 데 결정적인 역할을 했다.

인심 후한 자는 속임을 당한다,

인색한 자는 빨아 먹힌다,

따지기 잘하는 놈은 남의 꾀에 빠진다,

사리에 밝은 놈은 속 빈 강정이다,

강한 자는 따돌림을 당한다,

멍청한 자는 사로잡힌다.

이런 거짓말들을 꿰뚫어 보라,

기만당한 자여, 기만하는 자들을 기만하라!

-괴테, 「다른 다섯 가지」에서

'박정희 신화'와 파독 광부의 진실

　박정희 대통령에 대한 절대적인 긍정과 더 나아가 '박정희 신화神話'로 나아가는 보수保守, 박정희 시대의 역사적 성취를 원초적으로 부정하고 외면하는 진보進步.

　1960, 70년대 세계를 놀라게 한 한국 경제성장에서 박정희 대통령의 지위와 역할 등을 둘러싼 평가는 크게 두 가지로 집약될 수 있다. 보수와 진보 진영의 극단적인 평가가 그것이다. 하지만 두 진영 모두 '이념의 과잉過剩'에 따라 객관적인 사실과 진실을 총체적으로 바라보는 데 실패하고 있지 않는가 하는 비판도 적지 않다. 이병천은 두 진영의 이념적 접근법에 대해 다음과 같이 비판했다.

　"박정희 시대의 성취를 애써 외면하는 '근본주의적 초超비판'도 물론 문제지만 냉전 초국가주의, 돌진주의의 위험성을 망각하는

408 / 409

'무반성적 승리주의', 미성숙한 한국 민주주의와 시민사회에 찬물을 끼얹은 박정희 우상화偶像化 담론이야말로 탈냉전 민주화시대 박정희 바로보기의 최대 장애물이다."(이병천, 2003, 4-5쪽)

즉 진보 진영은 1960, 70년대 박정희 시대의 성취를 '초비판'적으로 애써 외면하고 있고, 보수 진영은 무반성적으로 승리주의, 박정희 우상화 담론으로 나아가고 있다는 것이다. 이같은 이념적, 진영陣營적 접근은 총체적 진실의 합리적 접근을 가로막는다.

물론 1960, 70년대 한국 현대사에 대한 좀 더 근원적인 문제제기도 있다. 이정우는 '경제성장(economic growth)'과 '경제발전(economic development)'을 구분한 뒤 '경제발전'은 단순히 소득의 증가만이 아닌 '자유로서의 발전'이란 개념이 추가된다고 주장했다. 이에 따라 1960, 70년대 개발독재 시절의 급속한 소득성장을 경제발전이 아니라 단순한 양적 성장으로 정의하기도 한다(이정우, 2003, 221-228쪽 참고).

특히 이정우는 박 대통령이 찢어질 듯한 가난을 없앤 공로는 크지만, 훨씬 인간적이고 민주적인 방법으로도 달성할 수 있었던 것을 극단적인 방법으로 달성한 것이라고 비판했다. 즉 노동자 농민 등의 희생 위에서 급격한 성장이 이뤄졌고, 오로지 효율성과 성장이 숭상된 나머지 형평과 인권은 무시돼 왔으며, 결과적으로 관치경제, 관치금융, 재벌의 폐해, 부정부패, 환경훼손, 공동체 붕괴, 불신사회, 인간성 파괴, 반칙사회, '빨리빨리 병' 등 현재 우리 사회가 겪고 있는 수많은 문제를 남겼다는 것이다. 그는 차라리 좀 느리더라도 정도正道를 걷는 것이 장기적으로 보면 오히려 빠르고 비용도 적게 드는 개발방식이었다고 주장했다.

"고도성장을 달성했다는 데에는 이론의 여지가 없다. 그러나 경제성장을 하기 위해서 반드시 그렇게 지독한 독재를 해야 했느냐 하는 질문을 던진다면 답은 '아니오'이다. 그리고 무리하게 고도성장을 달성하기 위해서 치른 각종 비용-관치경제, 관치금융, 재벌의 폐해, 부정부패, 환경훼손, 공동체 붕괴, 불신사회, 인간성 파괴, 반칙사회, 빨리빨리 병 등-을 우리가 아직도 치르고 있고 앞으로도 장구한 세월 동안 치러야 한다는 점을 생각한다면, 이 시기의 고도성장이 우리 민족에게 장기적으로 플러스인지도 의문이다. 차라리 좀 더 천천히 성장하더라도 정상적인 궤도를 거쳤더라면 지금쯤 훨씬 선진적인 나라가 돼 있지 않을까?"(이정우, 2003, 242쪽)

불균형不均衡 성장 모델론을 핵심으로 하는 1960, 70년대 한국 경제의 성격과 평가에 대한 이정우의 근원적인 문제 제기는 일리가 있어 보인다. 다만 여기에서는 시간과 역량 등의 문제로 깊이 있게 다루지 않는다.

이 같은 한계를 미리 가정하고 1960, 70년대 한국 경제성장 과정에서 박 대통령의 지위와 역할을 평가하기 위해서는 시민이나 민중, 박 대통령과 정부, 기업, 미국 등 국내외 변수 등의 지위와 역할, 성과와 한계 등을 종합적으로 검토해야 할 것이다. 각 주체별로 누가 어떤 역할을 수행했는가, 각 주체 간 역학 관계는 어떠했는가, 결과적으로 어떤 성과와 한계를 낳았는가. 이완범의 지적은 이런 맥락에서 시사적이다.

"박정희의 역할이 상대적으로 그 비중이 컸거나 아니면 박정희의 공을 과장했기 때문에 '한강의 기적'을 박정희가 한 것으로 치부하지만 1960년대와 1970년대 성장도 역시 복합적 결과였던 것은 틀림없다. 다만 당시 국부의 크기가 작아 상대적으로 단순하게 보이지만 말이다. 한강의 기적은 노동자의 피와 땀의 대가에 기반해 박정희 정부 정책이 주효한 결과이지만 다른 요인(미국의 지원과 중동 특수, 대일 청구권, 베트남전쟁 등 국제적 조건)도 복합적으로 작용했다고 할 수 있다. 지도자가 국민 역량을 동원해 당시의 시대적 요구에 부합하는 성공을 거둔 것이므로 크게는 지도자와 국민 양자가 복합적, 유기적으로 상호작용한 결과이며 여기에다 국제적 환경도 작용한 것이다."(이완범, 2006, 21-22쪽)

즉 이완범은 노동자 농민 등 민중의 피와 땀이 기반이 됐고, 박정희 정권의 정책이 주효했으며, 여기에 미국 및 서독 차관과 베트남전, 중동 특수 등 대외 변수도 복합적으로 긍정적으로 작용했기에 급격한 한국 경제성장이 가능했다는 설명이다.

1960, 70년대 한국 경제성장 과정에서 차지하는 파독 광부와 간호사의 지위와 역사적 평가는 이 같은 큰 틀의 평가 과정에서 자연스럽게 도출될 수 있을 것이다.

개인적으로는 파독 광부와 간호사들은 △독일 지하에서 근면 성실하게 일함으로써 서독 차관 도입과 한국에 대한 긍정적 이미지 구축에 적지 않게 기여했고 △독일 현지에서 획득한 외화를 국내에 송금, 초기 자본을 축적하는 데 결정적으로 기여했다고 생각한다. 즉 '한강의 기적'을 이루는 과정에서 적지 않은 기여를 한 셈이다. 실제 독일 지하에서, 병원에서 자신의 삶과 조국 경제에 기여하고자 했던 그들의 '땀과 눈물'을 보면 이해가 될 것이다. 자신의 청춘을 불살라 받은 월급의 70-80%를 조국으로 송금했던 그들이 아닌가.

"만났던 사람들 중 거의 모두가 첫 월급부터 80% 정도를 고국으로 송금하고 있었다. 우선 빚을 갚아야 했고, 동생들 학비와 생활비 책임을 당연하게 생각했던 우리 세대였다."(김도미니카, 2003.3.3, 11면)

따라서 파독 광부와 간호사들은 우리가 '한강의 기적'이라고 일컫는 1960, 70년 한국 경제성장의 첫 주역主役이라고 불러도 과언이 아닐 것이다. 파독 광부와 간호사들의 땀과 눈물은 시기적으로 한국군의 베트남전 참전과 그들의 희생에 따른 '베트남 특수', 중동 건설 붐과 건설 노동자들의 노고에 의한 '중동 특수' 등에 앞서 있다는 점에서 '한강의 기적'에서 첫 번째 자리를 차지해야 하기 때문이다.

하지만 파독 광부들은 현실의 영역에서도, 역사의 영역 어디에서도 제대로 평가받지 못하고 있다. 특히 또 다른 주체인 박정희 대통령이 '신화', '신드롬'으로까지 불리며 고高평가받는 것과는 크게 대비된다.

여기에는 여러 이유가 있을 것이다. 근본적인 이유로는 역시 조갑제, 이인화 등 일부 지식인이 박 대통령의 비중과 역할에만 과도

하게 주목하고 평가하면서 파독 광부와 민중의 역할을 의도적 또는 결과적으로 축소했기 때문이다. 즉 박정희 정권의 첫 해외 차관이었던 서독 차관 도입과 광부 파독과의 관계를 면밀하게 추적하지 않은 데다가 파독 광부 및 간호사들의 외화 송금 등이 한국 경제에 기여한 바와 그들의 땀과 눈물이 국제사회에서 어떤 평가를 가져왔는지 등에 대한 종합적인 검토를 하지 않음으로써 파독 광부의 역사적 의미와 평가를 가로막은 셈이다. 파독 광부들의 현지 생활과 이후 삶과 생활에 대한 정밀한 추적과 분석을 하지 않음으로써 그들의 땀과 눈물을 제대로 파악하지 못한 것이다. 그들은 대신 이 모든 성과를 박 대통령의 업적으로 돌려버린 '오류'에 빠짐으로써 파독 광부들은 제대로 평가받지 못하고 박정희 대통령만 신화로 만든 것으로 판단된다.

'박정희 신드롬'이 일기 시작하던 1997년 한국 경제성장의 진정한 주역은 박 대통령이 아니라 파독 광부를 비롯한 민중이었다고 외치는 박재순의 주장은 이런 맥락에서 경청할만하다.

"경제성장의 주역은 기업가도 박정희도 아니고 무에서 유를 만들어내는 이 땅의 민초民草들이다. 지난 30년 동안 피땀을 흘리며 허리띠를 졸라가며 세계에서 가장 긴 노동시간과 살인적인 작업환경에서 부를 축적한 것은 이 땅의 노동자와 농민들이었다. 배를 곯으면서도 자식을 대학에 보낸 이 땅의 수많은 어머니와 아버지가 경제성장의 진정한 주역이었다."(박재순, 1997.8, 60쪽)

．
．
．
．
．
．
．

지켜지지 못한 대통령의 약속約束

"여러분 파독 광부들의 건의사항이 차질 없이 이뤄지도록 최선을 다하겠습니다. 적극 검토하겠습니다."

1964년 12월 10일 독일 뒤스부르크시 시민회관에서 박정희 대통령은 파독 광부 300여 명과 파독 간호사들이 보는 앞에서 이같이 말했다. 파독 광부 유제천이 대표로 전한 파독 광부들의 건의사항建議事項에 대해서다. 한 마디로 파독 광부들의 건의사항을 적극 검토해 차질 없이 이뤄지도록 하겠다는 '약속約束'이었다.

유제천은 파독 광부들의 대표로서 이날 긴장된 목소리로 국내 귀국 후 일터 주선을 비롯한 6개항을 박 대통령에게 건의했다.

"저희들은 본래 3년 계약으로 이곳에 왔습니다. 3년 계약이 끝나 다시 조국으로 돌아가게 되면 안정적인 생활을 할 수 있도록 직장을 보장해 주십시오."

파독 광부들은 이어 △국내로 송금하는데 환율을 조정, 부담을 줄여 달라 △계약기간이 만료된 후 계속 서독에서 일할 수 있도록 조치해 달라 △국제노동기구(ILO)에 가입해달라 등 6개의 건의사항을 전달했다.

하지만 '신화'로까지 추앙받는 박정희 대통령은 '한강의 기적'의 또 다른 주역인 파독 광부들에게 한 이 약속을 지키지 못했다. 박 대통령이 이후 취한 조치나 정부의 모습은 당시의 약속과는 전혀 다른 것이었다.

6개항 가운데 첫 번째인 '귀국 후 일터 주선'은 거의 지켜지지 않았다. 실제 3년 계약기간을 마치고 귀국한 파독 광부 1차1진의 경우 귀국 후 한국석탄공사 등에 의해 취직이 알선된 사람은 겨우 32명에 불과했다.

"이들(파독 광부 1차1진 귀국자 115명) 중 32명은 한국석탄공사에 취직이 알선됐고 광부 대부분은 배워온 기술을 활용, 공장 등을 경영해보겠다고 굳센 생활의욕을 보여주기도(했다)."(이용승, 1966.12.22, 4면)

'고용기간 만료 후 체류 연장 지원'도 거의 이뤄지지 못했다. 파독 광부들은 체류 연장이 여의치 않자 체류 연장이 보장된 파독 간호사와 결혼을 서두르거나 대서양을 가르는 '선원'이 됐다. 정부의 대응에 따른 제도 개선을 통해 체류 연장이 이뤄진 게 아니라 파독 광부 개개인들의 노력에 맡겨졌던 것이다.

특히 'ILO 가입' 약속도 전혀 지키지 않았다. 오히려 박 대통령은 자신의 집권 기간 내내 권력 강화 및 연장을 위해 노동운동을 극단적으로 탄압하는 등 정반대의 모습까지 보였다. 한국의 ILO 정식 가입은 노태우 정권 시절인 1991년에야 이뤄졌다. UN가입과 동시에 152번째 회원국으로 가입했던 것이다.

파독 광부 1차2진 출신인 권이종이 이 같은 맥락에서 자신의 회고록에서 박정희 대통령의 약속이 아직까지 지켜지지 않았다고 지적한 것은 타당하다. "해준 것이 아무 것도 없었다"는 그의 말은 아프고도 아프다.

"이 글을 쓰면서 문득 깨달은 것은, 독일에서 일했던 우리 광부들에게 간접적으로 약속했던 몇 가지 사항을 정부가 지키지 않았다는 사실이다. 1964년 박 대통령께서 독일 광산촌을 방문하셨을 때, 연설 가운데 독일에서 열심히 일하고 한국에 돌아오면 한국에서 잘 살 수 있도록 도와주겠다는 내용이 있었다. 40년이 지난 지금 이 글을 쓰면서 그때 약속한 것을 떠올려보니, 우리 광부들에게 해준 것이라고는 아무 것도 없었다. 귀국 후 나를 포함해 학자나 다른 직종에 종사한 모든 동료 광부들이 정부의 혜택에 의해 한국에 다시 정착한 경우는 전혀 없었다."(권이종, 2004, 14-15쪽)

파독을 추진하던 한국 정부의 정책 과정政策過程을 봐도 아쉬움이 가득하다. 광부들의 파독이 서독 차관의 도입과 한국 경제성장을 위한 외화의 확보 차원에서 추진된 측면이 적지 않음에도 한국 정부는 파견된 광부들에 대해 인권 및 권리보장에 소홀했다는 비판에서 자유롭지 못하기 때문이다. 단순한 노무관리 차원에만 머물렀다는 얘기다.

"기능공과는 달리 특히 광부와 간호사 파독의 경우, 정부의 인력 수출 정책의 주안점은 가능한 많은 노동력을 해외로 내보내면 국내 노동수급의 원활화에 보탬이 되고 사회문제 발생이 감소되며 이들의 본국 송금으로 인한 외화획득으로 경제발전에 이익이 된다는 사회적·경제적 효과를 기대하는 데만 두어졌다. 해외취업 근로자들이 체재당사국의 경기변동과 노동정책의 변화로 인해, 또는 자신들의 잘못된 상황인식과 판단착오, 언어장벽에서 오는 의사표시의 불충분 등으로 인해 받게 될 불이익, 부당한 대우 등에 대한 권익보호 문제는 물론, 근로자들의 법규와 제도 또는 관습에 대한 무지에서, 혹은 이를 알고서도 악용하는 데서 야기되는 국가의 대외적 위신의 손상문제 등에 대한 이렇다 할 사후대책이 강구되지 않고 있었다. 무엇보다도 1960년대 말까지 이미 이탈광부가 적지 않게 발생하고 있었음에도 현지 노무관에 의한 지도·통제에만 의존하는 등 극히 미온적인 관심을 보였을 뿐이다. 적격자도 아니고 광부가 근본적인 목표도 아닌 무자격자들이 선발·파독될 수 있었던 파독 광부의 선발과정 자체도 많은 문제점을 안고 있었지만, 파독 후 광업에 적응하지 못하거나 독일을 단지 제3국으로 진출하기 위한 발판으로만 생각한 광부들의 광산 생활과 개인생활에 대한 지도와 통제는 물론 이들의 국가관과 직업관을 선도할 수 있도록 하는 정부의 배려와 노력도 반드시 뒤따라야 했는데도 이것이 배제됐다. 즉 정부는 단순히 인력의 해외진출과 외화획득만 중요시

할 게 아니라 근로자로부터 피땀의 대가인 외화를 받는 대신 이들의 권익보호에도 관심을 가져 주는 등 지도·감독의 의무를 수행해야만 했는데도 이를 너무나 소홀히 했던 것이다."(정해본, 1988, 156쪽)

파독 광부들은 국가와 정부에 적잖이 실망하고 분노하고 있었다. 가슴 속으로 '국가란 무엇인가, 정부란 무엇인가' 하는 근원적인 질문을 하고 있었던 셈이다. 오죽하면 파독 광부들은 "노동수출이라는 미명 아래 무계획하고 무절제한 방법으로 한창 피어나는 젊은이들을 이 가시밭길에 넘겼다"고 비판했을까. 파독 광부 염천석의 지적은 그래서 뼈아프다.

"이 처절하고 슬픈 싸움은 누굴 위해 하는 것일까? 어쩌면 서부독일의 금화를 땅속에서 긁어다가 소위 정치한다고 설치는 양반들의 호화로운 외유에 보태주는 갸륵한 충성심에서 인지 모른다고 생각하니 서글프기에 앞서 울분이 치솟는다. 매달 우리들의 손을 거쳐 보내지는 송금이 무시할 수 없는 금액이기 때문에 우리를 마치 외화획득의 선구자인양 추켜대는 밥맛없는 친구들도 있다. 물론 가난한 나라 살림과 국민의 쪼들린 생활을 위해 서독에 경제원정이라는 문호를 개방해 준 당국자의 노고에 심심한 감사를 표하지만, 한편 이들 당국자에게 다그쳐 묻고 싶은 것은 노동수출이라는 미명 아래 무계획하고 무절제한 방법으로 한창 피어나는 젊은이들을 이 가시밭길에 넘기고도 장한 듯이 착각하고 있다면 한번쯤 반성해 보라고 호소해 두고 싶다."(염천석, 1966.4, 255쪽)

에필로그

눈물 젖은 역사와 우리의 무관심

눈물 흘리며 빵을 먹어 본 적이 없는 사람은,
슬픔 속에 며칠 밤을 잠자리에서
울며 지샌 적이 없는 사람은,
그대를 알지 못하리라, 그대, 천상의 힘이여

-괴테, 「하프를 타는 사람(눈물)」에서

　우리는 왜 눈물 젖은 파독 광부와 간호사, 민중의 역사를 제대로 배우지 않았던가, 아니 배우지 못했던가.
　『독일 아리랑』을 처음 발간할 때뿐만 아니라 이번에 개정판을 내는 동안 가슴 속에서 내내 맴돌던 생각이다. 안타깝고 안타까웠다. 파독 광부에 미안하기도 했고, 앞으로는 잘하리라 수 없이 다짐도 했다. 늦은 감이 없진 않지만, 살아 있는 파독 광부들을 위해, 이미 저 세상으로 떠난 사람들을 위해 할 수 있는 뭔가를 해야한다. 늦었다고 생각하고 실천할 때가 가장 빠른 때이니까.

먼저 진실은 진실대로 기록記錄하고, 종합적이고 총체적으로 분석分析할 것은 분석해야 할 것이다. 이는 가장 먼저 이뤄져야 하고, 가장 중요하기도 하다. 과거를 기록하고 기억하는 사회가 그렇지 않는 사회보다 더 나은 미래를 열어갈 가능성이 더 많을 수밖에 없다. 역사를 통해 미래로 갈 수 있는 가능성을 하나 더 가질 수 있어서다. 기록과 기억이야말로 새 가능성인 이유다.

더구나 도저히 잊을 수 없는 '눈물 젖은 역사'야말로 '웃음의 역사'보다 오히려 더 깊은 반성적 성찰과 교훈을 주지 않던가. 그것은 아마 인간이 전지전능하거나 또는 이성으로만 움직여지는 존재가 아니기 때문이리라. 직접 또는 간접 경험을 해야만 더 깊이 깨치고 새기는 존재의 한계_{限界} 아니겠는가.

　다음으로 우리가 파독 광부들에게 할 수 있는 것을 찾아 작은 일이라도 할 수 있는 것부터 실천_{實踐}해야 하겠다. 그들의 역사를 찾아나가면 부분적으로 또는 전면적으로 개선하거나 실천해야 할 게 나타날 것이고, 드러나고 확인된 것을 종합적으로 검토 판단해 실천할 것은 실천하자. 다만 '거대한 것'은 어렵고 시간이 많이 걸릴 수 있으니, 우선 실천 가능한 것부터 개선하고 실천해보자는 것이다. 시간은 많기도 하지만 거의 없기도 하다.

　아울러 독일에서 '외국인 노동자_{外國人勞動者}'로 살아야 했던 우리 파독 광부들처럼, 우리 사회에서 '외국인 노동자' 또는 '외국인 소수자'로 살아가야 하는 수많은 국내 거주 외국인들과 더불어 사는 지혜를 이제는 진지하게 생각하고 모색할 것을 제안한다. 국내에 살고 있거나 또는 정주한 수많은 외국인들이 '다르다'는 이유만으로 차별받지는 않았는지, '외국인'이라는 이유만으로 고통 받지는 않았는지 둘러보고 살펴볼 때다. 외국인 노동자라는 이유로 차별하고 고통을 주는 건 인간에 대한 도리가 아닐뿐더러 우리 선배 파독 광부의 땀과 눈물을 안다면 도저히 그렇게 해서는 안 되고 또 할 수도 없다. 파독 광부와 간호사의 교훈을 새겨 우리 안의 외국인 노동자, 외국인 소수자와 손을 맞잡고 '화쟁和諍의 미래'로 가야 하지 않겠는가. 파독 광부 1차2진이었던 권이종의 호소가 가슴으로 파고드는 이유다.

"독일에서 광부 생활 3년, 다양한 아르바이트로 10여 년 이상을 외국인 노동자로 생활했던 사람으로서, 한국의 외국인 노동자들의 비참한 실상 앞에 마음이 착잡해진다. 어떠한 형태로든 이들에게 정당한 대우를 해줄 수 있는 제도적인 장치가 현실화돼야 하겠다. 그러기 위해서는 외국인 노동자들을 위한 정책이 구체적으로 정립돼야 한다. 외국인 노동자들에게 차별 없는 근로조건과 인권을 보장해줘야 한다. 노동 착취의 요인을 제거하고 각종 사회보장 제도를 적용하며 이들도 한국의 경제 발전에 중요한 역할을 했음을 인정해야 한다. 파독 광부와 간호사가 우리나라 발전에 기여한 바와 같이 이들도 우리나라는 물론 모국의 발전에 기여할 수 있도록 해야 한다."(권이종, 2009, 547쪽)

참고문헌參考文獻

· 강원룡(2003). 『역사의 언덕에서』, 제3권. 파주: 한길사.

· 강여규(2002.10.28). 파독간호사의 눈물37. 『시민의 신문』, 22면.

· 강준만(2000). 차범근. 『시사인물사전4』(161-170). 서울: 인물과사상사.

· 공지영(2004). 귓가에 남은 음성. 『별들의 들판』(68-93). 서울: 창비.

· 구기성(1992). 유럽 한인의 지위와 활약상. 『제1회 세계 한민족학술회의 논문집』(635-648). 서울: 한국정신문화연구원.

· 국정원 과거사 진실규명을 통한 발전위원회(2006). 『1967년 동백림사건』.

· 권이종(2004). 『교수가 된 광부』. 서울: 이채.

· 권이종(2009). 45년 세월이 흘러-외국인노동자와의 만남. 『한국파독광부백서』(545-547). 한국파독광부총연합회.

· 김경석(1999.3.13). 이미륵 탄생 100주년 기념행사 독일서 시작. 『연합뉴스』. http://news.naver.com/main/read.nhn?mode=LSD&mid=sec&sid1=104&oid=001&aid=0004520100

· 김경재 정리(1991). 『혁명과 우상: 김형욱회고록』, 제2권. 서울: 전예원.

· 김도미니카(2003.3.3). 파독간호사의 눈물54. 『시민의 신문』, 11면.

· 김수용(1983). 해외 인력진출의 경제적 효과분석. 『경상논총』, 제5집, 39-56.

· 김순임(2003.4.7). 파독간호사의 눈물59. 『시민의 신문』, 12면.

· 김순임(2003.4.21). 파독간호사의 눈물61. 『시민의 신문』, 12면.

· 김윤근(1987). 『해병대와 516』. 서울: 범조사.

· 김정숙(2002.11.11). 파독간호사의 눈물39. 『시민의 신문』, 22면.

· 김정숙(2002.11.18). 파독간호사의 눈물40. 『시민의 신문』, 22면.

· 김정숙(2002.12.2). 파독간호사의 눈물42. 『시민의 신문』, 22면.

· 김종혁·배노필(2009.8.17). 파워 인터뷰-존 던컨 미 UCLA 한국학연구소장. 『중앙일보』, 40면.

· 김지수(1993). 고독한 동반. 『고독한 동반』(7-50). 서울: 동아출판사.

· 김진향(2002.3.4). 파독간호사의 눈물6. 『시민의 신문』, 10면.

· 김진향(2002.3.18). 파독간호사의 눈물8. 『시민의 신문』, 18면.

· 김진향(2002.3.25). 파독간호사의 눈물9. 『시민의 신문』, 10면.

· 김진향(2002.4.1). 파독간호사의 눈물10. 『시민의 신문』, 18면.

· 김충배(2003.11). 육사 교장의 편지. http://blog.daum.net/hkc1070/16151294

· 김태원(1997). 서독광부. 『파독광부 30년사』(187-189). 재독한인글뤽아우프친목회.

· 김한용(1964.10). 호평받는 한국광부들. 『사상계』, 139호, 201-207.

· 김홍현(2005). 『나는 왜 독일을 선택했나』. 서울: 가람기획.

· 김화성(2006.7.11). 시들지 않는 인기 '獨 안의 차붐'. 『주간동아』, 543호, 66-67. http://weekly.donga.com/docs/magazine/weekly/2006/07/06/2006070 60500046/200607060500046_1.html

· 남정호(1972.1.23). 서독. 『한국일보』, 5면.

· 남정호(1997). 글뤽아우프는 파독광부사에서 애환의 대명사. 『파독광부 30년사』(168-169). 재독한인글뤽아우프친목회.

· 노상우(1963.12.23). 광부 제1진 서독에 안착. 『동아일보』, 7면.

· 문명자(1997.8). 문명자의 코리아게이트 취재파일-박정희의 비자금1. 『말』, 134호, 48-55.

· 문명자(1999). 박정희의 비자금 조달선 외자기업. 『내가 본 박정희와 김대중』(209-239). 서울: 말.

· 미하원 국제관계위원회 국제기구소위원회(1978). Investigation of Korean-American Relations, Washington: U.S.Government Printing Office.; 한미관계연구회 역(1986). 『프레이저보고서』. 서울: 실천문학사.

· 민병욱(1982.6.22). 사건기자수첩-용서받지 못할 죽음. 『동아일보』, 11면.

· 박래영(1988). 해외취업의 효과. 『한국의 해외취업』(540-583). 서울: 아산사회복지사업재단.

· 박재순(1997.8). 일본군 장교출신 독재자가 당신들의 우상인가. 『말』, 134호, 56-61.

· 박종세(2004). 『방송, 야구 그리고 나의 삶』. 서울: 나우북스.

· 백상우(1997a). 파독 광부와 태권도. 『파독광부 30년사』(222-223). 재독한인글뤽아우프친목회.

· 백상우(1997b). 한 광부의 여정. 『파독광부 30년사』(213-221). 재독한인글뤽아우프친목회.

· 백영훈(2001). 『한강에 흐르는 라인강의 기적』. 서울: 한국산업개발연구원.

· 송광호(1991). 『캐나다 이민 20년 한국인이 뛰고 있다』. 서울: 조선일보.

· 송금희(2002.5.20). 파독간호사의 눈물17. 『시민의 신문』, 20면.

· 송금희(2002.6.3). 파독간호사의 눈물18. 『시민의 신문』, 20면.

· 송금희(2002.6.10). 파독간호사의 눈물19. 『시민의 신문』, 20면.

· 송병승(2008.1.30). 인터뷰-派獨 간호사의 대부 이수길 박사. 『연합뉴스』. http://news.naver.com/main/read.nhn?mode=LSD&mid=sec&sid1=104&oid=001&aid=0001943131

· 안양수(1997). 물새 동기회에 대한 소고. 『파독광부 30년사』(193-196). 재독한인글뤽아우프친목회.

· 안차조(2002.4.15). 파독간호사의 눈물12. 『시민의 신문』, 20면.

· 염천석(1966.4). 어느 한국 학사광부의 현지보고. 『사상계』, 158호, 246-257.

· 오소백 외(1965). 『해방 20년』. 서울: 세문사.

· 오영모(1978). 우리 나라의 인력수출이 국민경제에 미치는 영향. 전북대 무역학과 석사학위 논문.

· 외교통상부 통상기획홍보과(2012.2). 주요 경제통상 통계.

· 외무부 영사국(1971). 『재외국민현황』. 서울: 외무부.

· 원병호(2004). 『나는 독일의 파독광부였다』. 서울: 한솜미디어.

· 유인혁(1964.12.11). 박대통령 우리 광부들 방문. 『동아일보』, 2면.

· 이광규(1996). 『세계의 한민족: 유럽』, 세계한민족총서7. 서울: 통일원.

· 이광규(2000). 『재외동포』. 서울: 서울대출판부.

· 이미륵(1946). *Der Yalu Fließt.* ; 전혜린(2010) 역. 『압록강은 흐른다』. 파주: 범우사

· 이병천(2003). 책머리에. 『개발독재와 박정희 시대』(3-11). 서울: 창작과비평사.

· 이상경(1992). '재유럽 한인의 후세교육 문제'에 대한 토론. 『제1회 세계한민족학술회의 논문집』(859-869). 한국정신문화연구원.

· 이석구(1982.6.21). "한탕주의" 사례 또하나. 『중앙일보』, 11면.

· 이수길(1997). 『한강과 라인강 위에 무지개다리를 놓다』. 서울: 지식산업사.

· 이영조·이옥남(2013.2). 1960년대 초 서독의 대한 상업차관에 대한 파독근로자의 임금 담보설의 진실. 『韓國政治外交史論叢』, 34집 제2호, 171-194.

· 이완범(2006). 『박정희와 한강의 기적』. 서울: 선인.

· 이용승(1966.12.22). 마르크를 캐고 귀향. 『경향신문』, 4면.

· 이정영(1965.5.1). 희비 2제. 『동아일보』, 1965년 5월1일자, 7면.

· 이정우(2003). 개발독재와 빈부격차. 『개발독재와 박정희시대』(213-243).
서울: 창비.

· 이한수(2013.1.16). 파독 광부·간호사 50년-그 시절을 다음 세대에게 바친다.
『조선일보』, A8면.

· 장석주(2000). 전혜린-불꽃처럼 살다 신화 속에 지다. 『이 사람을 보라』(66-73).
서울: 해냄출판사.

· 장재림(1969.5). 서독의 한국인광부. 『신동아』, 57호, 328-361.

· 장재인(2002). 『라인강변의 능금나무들』. 본: 유로저널신문사.

· 장행훈(1972.1.28). "소박한 애국심의 사형촌극". 『동아일보』, 3면.

· 재독동포50년사편찬위원회(2015). 『재독동포 50년사』. 에센·서울:
파독산업전사 세계총연합회·한국고용복지연금연구원.

· 재독한인글뤽아우프친목회(1997). 『파독광부 30년사』.

· 재독한인연합회 편(1987). 『재독한인주소록』. 본: 팬-코리아광고기획.

· 전경수(1988). 해외취업의 계기와 과정. 『한국의 해외취업』(459-511). 서울:
아산사회복지재단.

· 전산초(1974.6.15). 간호원 수출에 문제점 있다. 『동아일보』, 5면.

· 전혜린(2002). 『그리고 아무말도 하지 않았다』. 서울:민서출판.

· 정규화(2001). 민족의식과 휴머니즘-이미륵론. 『재외한인작가연구』(355-410).
고려대한국학연구소.

· 정규화(2012). 『이미륵 박사 찾아 40년』, 파주: 범우.

· 정규화·박균(2010). 『이미륵 평전』. 서울: 범우사.

· 정공채(2002). 『불꽃처럼 살다간 여인, 전혜린』. 서울:꿈과희망.

· 정래혁(2001). 『격변의 생애를 돌아보며: 정래혁 회고록』.

서울: 한국산업개발연구원.

· 정래혁·베스트릭(1961.12.13). 대한민국 정부와 독일연방공화국 정부 간의 경제 및 기술협조에 관한 의정서.『재독동포 50년사』(44). 파독산업전사 세계총연합회·한국고용복지연금연구원.

· 정성수(2000.8.28). 동국대 조희영 박사 파독생활–근황 등 회고.『세계일보』, 해외판.

· 정종식(1972.1.18). 바다 건너온 동료애.『동아일보』, 7면.

· 정주영(1996).『이 아침에도 설레임을 안고』. 서울: 삼성출판사.

· 정주영(1991).『시련은 있어도 실패는 없다』. 서울:제3기획

· 정준·고학용(1974.6.13). 해외 간호원은 고달프다.『조선일보』, 4면.

· 정택중(1997). 마누라를 요양소에 남겨 두고.『파독광부 30년사』(232). 재독한인글뤽아우프친목회.

· 정해본(1988). 서독진출.『한국의 해외진출』(54-164). 서울: 아산사회복지사업재단.

· 정화랑(1997). 광부의 아내.『파독광부 30년사』(227-231). 재독한인글뤽아우프친목회.

· 조갑제(2001a).『내 무덤에 침을 뱉어라』, 5권, 서울: 조선일보사.

· 조갑제(2001b).『내 무덤에 침을 뱉어라』, 8권, 서울: 조선일보사.

· 조국남(2002.8.26). 파독간호사의 눈물29.『시민의 신문』, 22면.

· 조국남(2002.9.2). 파독간호사의 눈물30.『시민의 신문』, 22면.

· 조국남(2002.9.9). 파독간호사의 눈물31.『시민의 신문』, 26면.

· 조국남(2002.9.16). 파독간호사의 눈물32.『시민의 신문』, 22면.

· 조세형(1961.12.12). 정 상공 서독경제상과 회담.『한국일보』, 석간 1면.

· 조세형(1961.12.13). 1차 년도에 약 5000만불 서독, 장기차관을 약속.

『한국일보』, 조간 1면.

· 조세형(1961.12.14). 서독 대한차관 결정.『한국일보』, 석간 1면.

· 조정래(2003).『한강』, 제4권. 서울: 해냄.

· 조희영(1975). 우리의 과제와 사명의 인식.『파독광부 30년사』(170-171).
재독한인글뤽아우프친목회.

· 진실·화해를위한과거사정리위원회(2009). 파독 광부·간호사의 한국
경제발전에 대한 기여의 건.『2008년 하반기 조사보고서 제1권』(173-257).

· 정해본(1988). 서독진출.『한국의 해외취업』(54-164). 서울:
아산사회복지사업재단.

· 최삼섭(1974). 우리나라 독일광부 지원자에 대한 건강상태에 관한 조사연구.
이화여대대학원 석사학위논문.

· 최영숙(2002.1.21). 파독간호사의 눈물1.『시민의 신문』, 10면.

· 최영숙(2002.1.28). 파독간호사의 눈물2.『시민의 신문』, 10면.

· 최영숙(2002.2.4). 파독간호사의 눈물3.『시민의 신문』, 10면.

· 최재천(1964.12.13). 서독의 우리광부.『한국일보』, 6면.

· 최종고(1983).『한독교섭사』. 서울: 홍성사.

· 한국과학기술연구소(1969).『차관업체의 기술도입 실태조사에 관한 연구』.
과학기술처

· 한정로(2002.12.23). 파독간호사의 눈물45.『시민의 신문』, 22면.

· 홍종철(1997). 독일땅 30년, 청춘을 불사르고.『파독광부 30년사』(180-186).
재독한인글뤽아우프친목회.

· 한국은행(2015.7). 경제통계시스템. https://ecos.bok.or.kr/

· 한국 정부·독일연방공화국 정부(1970.2.18). 한국 광부의 취업에 대한 한-독
정부간의 협정(제2차 파독광부 협정).『파독광부 30년사』(29-32).

재독한인글뤽아우프친목회.

· 한국 정부·독일연방공화국 탄광협회(1963.12.16). 독일탄광에서 한국 광부의
잠정적 취업계획에 관한 한-독간의 협정(제1차 파독광부 협정). 『파독광부
30년사』(12-16). 재독한인글뤽아우프친목회.

· 한국파독광부총연합회(2009). 『한국파독광부백서』.

· Crome, P.(1998). 혁명 정신이 우리를 엄습하다. 『독일 언론이 기록한
격동한국현대사』(338-840). 한국기자협회.

· Han, H.(2004.5). Der letzte Koreaner. *Steinkohle*, 10.

· Hinzpeter, J.(1997). 카메라에 담은 5·18현장. 『5·18특파원리포트』(119-130).
서울: 풀빛.

· 정 상공 귀국간담회(1961.12.18), "1차년도분으로 모자라도 운영 잘하면
추가차관 낙관". 『한국일보』, 1면

· 정 상공(1961.12.19), "대서독·이탈리아 등 차관교섭 순조". 『한국일보』, 1면.

· 한독 차관협정 조인식(1962.11.14). 『경향신문』, 1면.

· 출가광부 123명 등정(1963.12.21). 『서울신문』, 7면.

· 박 대통령 오늘 방독(1964.12.6). 『한국일보』, 1면.

· 허술한 종이에 싸(1964.12.21). 『경향신문』, 7면.

· 이역서 숨진 광부 김 씨의 유해 엉뚱한 곳에(1964.12.23). 『동아일보』, 3면.

· 서독 광부 유해 무언의 귀국(1965.1.26). 『경향신문』, 3면.

· 서독 한국 광부 파업(1965.4.10). 『경향신문』, 8면.

· 서독 파견 광부 순직(1965.4.29). 『경향신문』, 3면.

· 서독 광부 세 번째 부보 최대혁군(1965.4.29). 『동아일보』, 7면.

· 순직 동료 유족 위해 성금 모아 본사 기탁(1965.8.12). 『동아일보』, 7면.

· 서독간 광부 이이철 씨 사망(1965.10.9).『동아일보』, 7면.

· 북괴 '대남공작단' 검거(1967.7.9).『한국일보』, 1면.

· 북괴의 대남적화공작단사건 제4차 발표전문(1967.7.14).『한국일보』, 4면.

· 북괴의 대남공작단 사건 제7차 발표전문(1967.7.18).『한국일보』, 8면.

· 신민, 적화공작단 사건에 성명(1967.7.19).『동아일보』, 1면.

· 서독 광부들 제3국으로 탈출(1967.11.16).『동아일보』, 1면.

· 수당타기 위해 허위 혼인신고(1969.3.11).『중앙일보』, 7면.

· 파독광부 150명 추방될 듯(1972.1.20).『중앙일보』, 7면.

· 한국 광부 150명 추방(1972.1.20).『동아일보』, 1면.

· 파독광부 사형한 1명만 추방될 듯(1972.1.22).『중앙일보』, 7면.

· 추방될 한국인 광부 10명 안넘어(1972.1.25.),『동아일보』, 1면.

· 위로금 탐내 '아내 사망' 위조(1974.5.24.).『한국일보』, 7면.

· "아내 사망" "기혼" 서류 호적 위조 위로금 불법 타내(1974.5.24.).
『경향신문』, 7면.

시의 출처出處

· 김수영(1995). 풀. 『거대한 뿌리』. 서울: 민음사.

· 김남주(1993). 학살1. 『나의 칼 나의 피』. 서울: 실천문학사.

· 김춘수(1959/ 2005). 꽃. 『한국대표시인 101인 선집-김춘수』. 서울: 문학사상사.

· 문익환(1989). 잠꼬대 아닌 잠꼬대. 민영 외 편(1993). 『한국현대대표시선3』.
　서울: 창작과비평사.

· 백창우(1996). 길이 끝나는 곳에서 길은 다시 시작되고. 『길이 끝나는 곳에서
　길은 다시 시작되고』. 서울: 신어림.

· 안도현(2002). 가난하다는 것. 『그대에게 가고 싶다』. 서울: 푸른숲.

· 양성우(1977). 겨울공화국. 민영 외 편(1993). 『한국현대대표시선3』. 서울:
　창작과비평사.

· 정지용(1927/ 2001). 향수. 『향수』. 서울: 미래사.

· Brechts. 칠장이 히틀러의 노래. 김광규 역(2004). 『살아남은 자의 슬픔』.
　서울: 한마당.

· Fleming. 자기에게. 조두환 저(2000). 『독일서정시의 이해』. 서울: 한사.

· Goethe. 다른 다섯 가지. 최두환 역(2002). 『서동시집』. 서울: 시와진실.

· Goethe. 모작. 최두환 역(2002). 『서동시집』. 서울: 시와진실.

· Goethe. 자연과 예술은…. 박찬기 역(2005). 『괴테』. 서울: 서문당.

· Goethe. 잠언의 서. 최두환 역(2002). 『서동시집』. 서울: 시와진실.

· Goethe. 체랄-에딘 루미는 말한다. 최두환 역(2002). 『서동시집』.
　서울: 시와진실.

· Goethe. 하프를 타는 사람(눈물). 박찬기 역(2005). 『괴테』. 서울: 서문당.

· Goethe. 행복한 향진. 김주연 역(1992). 『순례자의 아침노래』.
  서울: 혜원출판사.

· Heine. 연꽃. 김광규 역(1995). 『로렐라이』. 서울: 민음사.

· Hesse. 깊은 밤 거리에서. 김희보 편저(1984). 『독일 명시선』. 서울: 종로서적.

· Hesse. 층계. 김재혁 역(2001). 『인생의 노래』. 서울: 이레.

· Hesse. 혼자서. 김재혁 역(2001). 『인생의 노래』. 서울: 이레.

· Jozsef. 제7의 인간. 존 버거 저·차미례 역(1996). 『제7의 인간』. 서울: 눈빛.

· Nietzsche. 친구들 사이에서. 박환덕 역(2001). 『디오니소스 송가』.
  서울: 혜원출판사.

· Rilke. 서시. 구기성 역(2001). 『형상시집 외』. 서울: 민음사.

· Rilke. 외로운 남자. 구기성 역(2001). 『형상시집 외』. 서울: 민음사.

· Sachs. 우리들 생존자들. 강영구 역(1996). 『신비주의 글』. 서울: 태학당.

index